陈旭麓文集 Ⅰ

时评与史论

陈旭麓 —— 著

上海教育出版社

著名历史学家陈旭麓教授(1918—1988)

在戊戌变法国际讨论会上发言

1983年9月,在纪念康有为诞辰125周年大会上发言

在北京编写《中国新民主主义革命时期通史》期间的合影
左一戴逸,左二李新,左四吴玉章,左五彭明,左六蔡尚思

与好友李新、孙思白的合影

与好友左步青在一起

华东师范大学1964年中国近代史、世界近代史专业研究生毕业留影

1988年7月,陈旭麓先生的学生为其祝寿(70岁)时所留合影

编辑说明

一、本文集在1996年出版的《陈旭麓文集》基础上增加了20多万字,由原来的四卷增为五卷。第一卷《时评与史论》主要为早年著作,收入1949年以前父亲所写的文字,包括时论及其他文章,也包括他于1942年编辑出版的《初中本国史》,还有20世纪50年代至60年代前期有关史学理论与方法的论文。第二卷《近代史两种》收入两本史学著作,一本是20世纪50年代写的《辛亥革命》,另一本是他晚年的著作《近代中国社会的新陈代谢》。第三卷《近代史思辨录(上)》汇集了父亲在建国后所写的中国近代史学术论文,包括总论与学术专题。第四卷《近代史思辨录(下)》收入父亲所作的近代史人物研究以及序评和散文。第五卷《浮想偶存》收入浮想录、诗词、书信,最后附录《陈旭麓先生著述系年》《陈旭麓先生主编书目》《陈旭麓先生传略》《怀念父亲》。

二、为了能更完整地体现父亲的学术思想及生活点滴,我们尽了很大努力去搜罗他的文字,由此所增加的内容包括论文、诗词、书信、所编的中学复习课本等。令人惊喜的是,我们找到了他学生时代的诗文,特别是刊载在1942年7月24日《贵州日报》文史版上的论文《司马迁的历史观》,这是他的学士论文。美中不足的是,由于受报章篇幅的限制,文章作了大幅度的缩减,使我们无法窥其全貌。另一篇值得提及的文章是，父亲在25岁之年任贵州修文中学校长所写的《论当前县立中学的几个问题》，这是他大学毕业后第一份工作的真实记录。

三、所收入的《初中本国史》是一本复习纲要，与一般意义上的历史著述有所不同。因成书于20世纪40年代，仍将其归于第一卷。

四、除本文集外，父亲还主编或参与主编了数十种书籍，倾注了他大量的心血，譬如他参与主编的《中国新民主主义革命时期通史》四卷本，由他撰写和改写的书稿就有30余万字，限于篇幅和体例，概不收入，仅在附录中存目。

五、考虑到这是一部学者的个人文集，更大的意义在于提供给学界作研究之用，保留诗文的原貌，尤其是保留著于1949年以前的文字，能如实完整地体现父亲思想发展的脉络，这对于研究者来说更有价值。所以，我们除了做文字上的校勘工作之外，尽量不作任何其他改动。由于所录文字起自20世纪30年代，跨越不同历史时期，文中的一些内容会与我们今天所认同的观点不尽相同，其文字的某些表达方式也与今天我们通常的用法有着明显的差别，敬请读者注意。

六、在文集编辑过程中，我们得到了父亲的学生们的大力帮助，在此表示由衷的谢意！我们还要衷心地感谢上海教育出版社所给予的热情支持！

陈旭麓子女于2018年1月

目 录

时评与史论

003　论当前县立中学的几个问题
008　江上秋风——记随母校复员
022　大夏大学内迁十年纪事
054　读书偶拾
056　文凭与工作——敬献给校友
060　小吴——大夏人之一
064　我们向哪条路走？
071　暑假话大学
077　中国还需要革命
088　论学术独立
098　知识分子的道路
110　当前的学生问题
111　吊"北京人"
119　美苏问题
121　英雄主义的丧钟
128　伪装和平比战争还可怕
130　新教育的任务
138　论大学普通必修科的社会科学

143　云台二十八将论赞
145　司马迁的历史观

151 怎样学习社会发展史？
166 论"厚今薄古"
174 如何理解"厚今薄古"
177 "两类社会矛盾"学说与历史科学
191 论阶级观点和历史观点的统一
204 对什么是历史主义的一点看法
214 论"史论"
236 论史与志

初中本国史（编）

243 第一编 总论
248 第二编 上古史
255 第三编 中古史
287 第四编 近世史（清）
303 第五编 现代史（中华民国）
311 第六编 名词汇释

索引

335 人名索引
349 书名、报刊名索引

Catalogue

Comments on Current Events and Histories

- 003 On Several Problems of County High Schools at Present
- 008 Autumn Wind on the Yangte River
- 022 A Chronicle of Daxia University's Inland Migration for Ten Years
- 054 A Thought in My Reading
- 056 Diploma and Job — Presented to the Alumni of Daxia University
- 060 About Xiao Wu — One of the People in Daxia University
- 064 Which Way Shall We Go?
- 071 Talking About Universities During the Summer Vacation
- 077 China Still Needs Revolution
- 088 On Academic Independence
- 098 Ways of the Intellectuals
- 110 Problem About the Students at the Moment
- 111 Lamenting for Sinanthropus Pekinensis
- 119 Problem About the US and the Soviet Union
- 121 The Knell of Heroism
- 128 False Peace is Worse than War
- 130 Mission of the New Education
- 138 On Social Science as General Compulsory Courses in Universities

143	Comment and Praise of Twenty-eight Generals in the Eastern Han Dynasty
145	Sima Qian's View of History
151	How to Learn Social History?
166	On "Esteem the Present over the Past"
174	How to Comprehend "Esteem the Present over the Past"
177	The Theory of "Two Kinds of Social Contradictions" and Historical Science
191	On the Unify of Class View and Historical View
204	My Views on the Definition of Historism
214	On Historical Comments
236	On History and Local Chronicles

Chinese History for Junior High School

243	Part 1	Over View
248	Part 2	Ancient History
255	Part 3	Medieval History
287	Part 4	Modern History (Qing Dynasty)
303	Part 5	Modern History (Republic of China)
311	Part 6	Glossary

Indexes

335 Names

349 Books, Newspapers and Periodicals

时评与史论

论当前县立中学的几个问题[1]

县为地方行政的基层单位,由新县制的实施,可知当局早已对此重视,然这基层单位的工作者,端赖地方教育机关的造就。就目的论,县立中学实负有重大的使命,因县中毕业生、升学者固有,即于此告一段落,在本县本乡服务者更多,如县政府科员、县党部干事,以及乡镇长和中心小学教职员,大概县中学生的年龄高于大都市的中学生,盖农村子弟就学较迟,所以毕业后即出而就业。由此可知重视县中的素质,也就是为地方造就优良的干部。

本省自抗战后,县中创设甚快,恐只有较偏僻的县没有设立了。但扼于人力物力,多因陋就简。如此欲望其作育而担任地方行政的基本干员不但知识的不够,即做人的起码要求亦未能养成,故我们对县中不能不有求全的期望,有更多的改革。笔者半年来从事县中行政,从实际经验中体验出许多客观的困难,在这些困难中,有许多固是当前学校的一般现象,然县中处境的困难,又为一般学校所无者,或在其他学校困难较少,而在县中却加倍难以解决。年来贵州教育

---

[1] 原载《贵州日报》1943年8月4日,第3版。

的发展,一日千里,质量均有长足进步,尤其是量的扩充,更不遗余力。然以国省县及私立的数量来比较,当以县立最多。爰就其困难之点,以为有责者共同商榷。

(一)延聘教师的困难,年来各级学校,未有不受此压力者。此固由于工作范围的扩大,国家需才孔多,私人事业日见发展,至野无遗贤,室乏闲人;另一方面由于教界太清苦,仰事俯畜皆成问题,个人最低限度的物质要求,亦捉襟见肘。在生命的压力下,离教他就者日多,影响师慌更甚,即位于人才荟萃通都大邑的学校,延聘已不容易,但尚可东拉西凑,多找兼任,不至课程开不出来,相反的县中皆在文化落后的山城中,交通不便,知识阶级多不愿屈就小邑,欲就地取材,更不容易。且有些课程,既不足一个专任教员,欲找兼任,又无适当人选,最终只有付之阙如。在这种情形之下,一个先生往往兼教四五科,虽可敷衍过去,终究不能尽己之所长,即于学生也不能给予更多的心得,可说两诸失之,尤其负学校行政责任者,找不着教师时,商量专任先生再加兼任,事如不成,又只好自己硬起头皮上课,不问对该科有无研究和兴趣。负责人上课一多,寻至顾此失彼,虽对学校想有所改革,终至心有余而力不逮了。

(二)无论任何事业,欲使之蒸蒸日上,非按部就班做去不可,要能按部就班做去,则须有专人长期负责。目前县中多在动荡不定的局面中,一因生活不安定,鲜有人能茹苦含辛地老干此苦差事;再因主持人多利用外才,流动性极大,不能贯彻始终。负责人好的固竭力维持,然刚有条绪,已萌去志。如此每学期只在人事纷扰中,哪里谈得上成绩。但县中系县属教育机关,县长的进退,学校行政也受其影响。如县长热心教育事业,欲奠定地方自治的干部来源,对县中尽量充实,设法改进,则尚有可为,否则只是维持一个中学的门面不至塌台而已,又安能望其奏效。

(三)学生程度的低落,为今日显然的事实。大学自身悲哀之余,也在诅咒中学拆烂污,没有把中学生教好。中学也回击大学没有造就优良的师资,这是互为因果,谁能怪谁呢!可是贵州外县教育,可说尚在萌芽时期,学生程度更比不上其他的学校,但当他们拿着小学证书或初中文凭,站在教育的原则上说,不得不予以学习的机会;如果严格一点,一百人报名投考,难得取录二十名。本来在中学对此不应认为是严重问题,然而外县却不同了,因为学生来源有限,不能容你多加选择,否则学生不够,并且使孩子们失学又何尝合理。但是你照样收了,如果大家程度低,可依照低的标准教学,先生逼紧一点,可以迎头赶上。为难的却是不整齐,程度好的学生希望按课程进度教去,程度不好的学生又不能跟着前进,教学上发生不少的困难,依前者则牺牲了多数的学生,依后者则耽误了优良的学生。如严格一点,学生即中途退学,至有在一学期有学生八十名,到毕业时则硕果仅存,余则为留级或转学生,这对地方教育何尝是好的现象。学生年龄亦太不整齐,竟有三个孩子的爸爸尚在读初中三学期,政府虽有入学年龄的限制,在外县很难行通,一则超过入学年龄的学生太多;再则此辈既有心求知,也不应完全摈诸学校门外,因许多确系环境上的限制。

(四)因抗战关系,印刷事业处处遭受打击,交通工具的不够,流通也不容易,即在通都大邑,欲多读书报,尚属困难,况在山国的小城市中,学生读的教科书,能人手一册,已不知要卖多少气力,遑论其他参考读物。学生因环境的关系,知识固塞,盖所见所闻有限,笔者曾经问过六十个投考初中的学生,没有一个知道贵州有什么报纸,而且是离贵阳不到百里的地方,本来外县困于交通,读报不容易,即能读到,已有明日黄花之感。所以学生挟着书包上了课,即自认满足和尽了责任,也不会想要另外找些精神食粮,这种最低限度的要求,尚且如此,想成立图书室,更是谈何容易的事。学生在课程外既不能获得知识,而课程又因种种的影响,或开不出来,或教而未完,这些缺限如不即谋解决,学生的智能永久受着限制。并且好学深思的教员,绝不会认为所学已足,必求自修上进,在县中教书,既没有较多的朋友获切磋之益,又无书籍可供参考,将教科书一看,下课完结,惟有躺在床上,仰屋兴叹,过此剩余的时间。故勇敢上进的青年,谁愿意留恋县中,如此欲望县中有较大的进步,奚啻缘木求鱼。

(五)中学生规定住校,原欲使之多过团体生活,明了团体的意义,也多有切磋问题的机会,县中多因设备不完全,仅有教室办公室和几间教职员宿舍,学生无法住校,就近学生可以住家,远者只有寄住旅店,农村子弟入学校,确是父兄不易的负担,住在校外比住校内伙食和零用所需必多,且社会许多不良的习惯,无形中染成,负学校行政责任者一天忙于上课和办公,更无暇时挨户查看,管理无法严格。这种太放任太自由的事实,遗害学生身心不少。

这些困难,许多固系事实上所不能避免,主要者还是经费和主持人没有适当的调济,县中没有固定的校产,仰给于县府,又多未能划出额定的数字,仅是量体裁衣,而县府每因收入延缓,上月经费辄到下月中旬才能发给,本来教员薪贴所得有限,在这物价暴进之际,尤不得不争取时间,最好能划出较合标准的预算,有适当的伸缩性,使对学校有所兴革不至掣肘,但须责成主持人实报实销,以防其不正当的行为。支付尤须按时,否则更增加许多人事上的困难,今日到处呈现着人才缺乏的现象,故为学校找一个学识优异办事认真的主持人,却非等闲,但能取其中得一个有热忱而能称职之士,尚在多有。如能就二者着眼,则其他许多难题,或可因此弥补。

当此暑假开始,各学校正在计划着下学期一切事宜,爰就管见所及,更胪列几点意思在下面,如能引起教育当局及负有此责者的注意,或为建设新贵州之一得也。

(一)学校主持人应尽量采用当地人才。一则比较固定,可以减少较多的流动性;再则熟悉地方情形和学生生活,做事当能得心应手。其他教职员则可任意,因为我们还须注意到文化交流的作用。

(二)当地家有藏书者,无论为学生参考读物,或可供先生研究之用。能请其捐赠学校固好,否则借存学校,使广流传,学校应竭力负责保持。

(三)应鼓励地方殷实人士损资兴学,尤当责成主管机关划定较充分的经费,建筑校舍,学生以寄宿为原则。

(四)程度方面,固盼望县教育科迅即改良中心小学。而程度不齐的学生,最好成立补习班以资补救,使不至影响教学,也不至失学。

江上秋风[1]
——记随母校复员

一

华泰公司自己没有码头，所以船停泊在重庆东水门的斜坡下；斜坡是堆积的石块和松土，松土上印着一个一个的足迹，中间渐渐变成了新的行径，这是乘客们践踏出来的，由这行径可以看得出停船的日子。

7月27日学校就与华泰公司订好了合同：9月2日开船，两周到京。留在赤水的人员于29日赶到重庆，休息了两天，大家又是一阵忙乱，收拾行李，2日却没有开船，船主今天推明天，明天又推明天，有些先生们4日就搬上了船。7日的早上，说是明天开，话比较肯定，我也想不至再延了，下午把行李搬去，谁知道又说要9日开，我只好把行李放在船上，自己还是随着送行的朋友们和几个学生仍回到赣江中学。记得当时口占了一首打油诗：

多谢云情送去船，斜坡浮板过江边，

行人都道舟延发，重庆又留一日缘。

8日午后传来的消息。后天是中秋节，要过了节才能走。决定

---

[1] 原载《大厦周报》第23卷第1期，1947年。

12日开船。11日的下午,同事们都上船了,我算是最后到的一个,见欧校长正向同事们一一地道着"平安"送别,他在暮色苍茫中又登岸了。

虽然秋天去了一半,白天的秋老虎依然逞着余威,闷热不亚于三伏天气,加之船上拥挤,热气与汗气混在一起,令人头晕欲呕。江上的夜是美丽的,虽是皓月当空,滚滚江水里,幻成银光万道,然而驱走不了心头的闷热。听着水手们的谈话和船的动静,明晨又是没有开船的象征了,我被一缕留恋的心情牵引,不自主地又步上了斜坡,穿过几条僻静的街,回到赣江睡了最后的一夜,听着起床的号音,我又静悄悄地回到船上,吃了第一顿早餐。

已经中午,欧校长又来了,见船依然没有移动,他折回公司里,跟着去了十几位同事,说些强硬的话,帮助办完海关手续,才确定2时开船。

二

吃过中饭,水手们一阵忙乱,有的解缆,有的拖锚,华泰轮随着发出拖锚的声音,和着乘客们一片"开船了"的欢呼。这小火轮终于挟着两个木船负重地离开了岸边。驶过朝天门,开出长江和嘉陵江的汇合处,栉比的大厦渐渐地消失了,现出疏落的村庄。

住在重庆一年多,街道的坡度和灰尘,宿舍里的耗子,酷暑的夏季,虽然是胜利的司令台,人们终究不易怀着浓厚的好感;可是一旦要离开了,总有些莫名的怅惘和眷恋;何况在艰难的岁月里,有许多天真的面庞和纯洁的友谊,给你打发了多少寂寞的日子!"何当共剪西窗烛,却话巴山夜雨时",在离别的须臾,怎不叫人神往?下面的四句,算是写我离重庆的心情:

马达声声只向前,又添离恨出巴川。

云浮山外山连水，回首山城已杳然。

第一天的旅程，止于离重庆 120 里的木洞镇，仍是巴县的属境，我们趁天色尚早，上岸喝茶。这里的街道宽敞整齐，上面扯着凉棚，出了重庆的烦嚣，倒觉此处别有风味。晚间坐于船头，看着月亮从山凹里露出半个脸，慢慢地全升起来，射着荡漾的水波，好像无数幽灵的眼睛向人献媚，这才领会"秋波"一词的奥妙。

第二天应该停在忠县的，却因在中途搁浅了时候，只开到离忠县还有 70 里的洋渡乡。这里人户稀少，但也是两面对立的铺屋，鸡蛋一个只卖 30 元，卤牛肉 400 元一斤。

大家都希望晚上停在一个较大的地方，可以浏览，偏不凑巧，14 日驶过忠县万县，在云阳县境的盘沱又下锚了。因为下雨，我们没有上岸。不知是怎样一个盘沱。

15 日过了云阳，驶经急滩，这时天色沉暗，狂风怒号，又碰上民生公司两只大轮上航，陡然惊涛骇浪，我们的船身跃起一丈来高，船头被浪花吞噬，莫不失色，携带救生圈的人，已经待枷上身。幸很快地过了险滩，船身的颠簸降低，然我们乘的木驳与轮船的联系索已断。我默默地记起在重庆一个顽皮孩子的话："翻了船，淹死你。"

因为风浪的惊险，上午 12 时，船到奉节即停驶了。

三

天已经黑了，点点滴滴的雨打在船篷上；如豆的菜油灯，被舱外的风吹得摇摆不定。我躺在铺位上，泛起着无数的思潮。蓦然听着陌生的声音："这里的治安不好，昨晚一只船，停在离你们这船不远的地方，被抢得精光……"说得很确实，接着由街上回船的同事们，报告了同样的消息，大家的惊魂方定，心弦又是一阵紧张。有些人在诉说以往的遭遇，土匪的可怕，有些人默默地沉思，苏希轼先生忙着叫人写公函，冒着雨去关照县政府，派来警察，大家才安心地入睡。

16日一早起来，秋云满布，江水上涨，今天稳定做奉节客了。转念尚有白帝城的古迹可访，一天的停留，不能说不是一种缘分，因为昨天已有人去游白帝城，我来不及同去，正怅惘失了凭吊的机会。

白帝城离奉节县城15里，奉节就是有名的夔府，本地人对夔府比奉节称得顺口。陆游的《入蜀记》里说夔府含接白帝城，不知从什么时候起又分开了。我们在船上虽望得见白帝城，然沿着大江北岸走去，要渡过一条小河，绕过一个大圈子，爬上628级的石道，才能置身这刘备托孤的地方。

我们如果把白帝城当作其他的城一样看待，那就错了。因为这里只是一座不大不小略似塔形的山，山正对着瞿塘峡口，看不出城池的痕迹，与别的山峰不同的地方，只有些年代相当久了的古树，尚呈着绿色。山上是一所普通构造的庙，入庙的大门上写着"白帝古刹"四个大字；穿过全庙，靠近瞿塘峡口的那一面，却书"昭烈帝庙"。一边是倒汉的公孙述，一边是护汉的刘备，正表现着历史的两面，倒像一幅矛盾统一的讽刺画。

据碑记的记载，东汉末年，公孙述据此，以龙腾府殿称帝，兴于西方，服色尚白，故称白帝。述后来兵败身死，人民追思，建庙纪念。事出于《华阳国志》。现在大家只知道刘备托孤白帝城，数典忘祖把白帝城的来源倒忘得一干二净，就是庙内也只供刘备君臣的神像，一切题咏也只有蜀汉的史迹，知人论世，就人民追念这一点看起来，刘备实在不会比公孙述高明，这是被几千年来罪恶的正统观念所歪曲了。

晚饭后，有人说上游翻了船，流下许多行李。随着出现在我们的船前的，是一些烧焦的木箱木条，也有沉重的黑铁柜，船夫一件一件地捞起摆在岸边。江心漂流着尸首,前面还有打救的活人,传说越来越多,是万县和云阳交界的地方,也是一只小火轮挟着两个双生子似的木船,被土匪架起机关枪抢了,再放一把火……事情越说越真,恐怖和同情笼罩了每个人的心。这蒙难的船无疑的我们猜知是怡康轮了。本来怡康轮航行在我们的前面,经过万县时,他们停了,所以反走在我们的后面。

17日的上午,茶馆里一个客人诉说怡康轮蒙难的经过,是由于油管的爆裂,并没有被抢,死了多少人,他也不知道,反正三只船全都毁灭了,他是被救起的一个……这时江面仍漂流着尸首,并没有人去捞,船夫们失望地瞪着眼睛,因为浮尸上仅挂着一条短裤了。

四

江水逐渐退落,退到十九日,已经降低了两丈多,我们满想可以开船了。可是"领桨"指着熟悉的江岸说:"要显出第二层石坎出来,才能开船啊!"谁不珍惜自己的生命,那里敢强勉!并且想,再搁一天,石坎总会显出来的。可是天有不测风云,入晚,忽下起雨来,江心翻着巨浪。二十日,水位又回涨一丈,继续的涨,一直涨高至四丈多,连日阴雨不展,闷在舱里,望着江水,万斛闲愁,二十四日上午,水的涨势已停,微弱的阳光从云缝里出来,感觉异常的温暖。也是水位落降的开始。

水手们告诉的定律:涨几天,退也是几天;吹东风要退得慢些,偏偏几天都是东风,我们自然只有耐心的等,插在江边测水的标记,人们都不断地注视着,数着标记上的白格,再瞧瞧手上的表,计算着一点钟退了多少,清晨,只听着报告式询问水位的声音:"退了一尺两尺……为什么退得这样慢!"

然而在这关怀江水退落的日子里,大家都寻找自己的闲趣去消磨时间,越过囤船和跳板,爬上六七十步的坡子,就是古城的外围,竖立着一排排高低不齐的草房,每所草房的屋檐下,摆着十来张竹椅,两椅之间是一张放茶杯的小方凳,都是供来往客人休息的茶店。泡一杯茶,任你在竹椅上躺上半天,可以遐想,可以远眺,可以看书,倦了也可呼呼入睡,有时望着江上长长的烟阵与山峰的白云融合,堆成银色的长城,你会沉醉在大自然里。

这里的核桃、石榴和枣子产量甚富,价也便宜,买两三百元,不但自己可以吃饱,还可以请客。尤其是核桃,敲破硬壳,挑取核肉,须经劳动过程,才能享受它的香脆。当你坐在船头上或菜馆里,心情没有着处的时候,核桃确是最可爱的东西。下面是停泊奉节的一首诗:

> 茫茫湖山道路赊,眼穿望不到京华。
> 东风吹涨一江水,秋雨羁留八月槎。
> 心伴马头云出峡,人同雁影渚为家。
> 看书睡起浑无事,细剥核桃数浪花。

在奉节整整两周,这是"扎水"给予我们的因缘。29 日,船从奉节开出,虽然退到了原来的水位,终没有见着领桨所指的石坎。船开到江心,马达不灵,又靠岸修理,大家争嚷着:"我们与奉节还有未了的缘啊!"可是半点钟内,船已修好,终别了奉节。

五

奉节驶出 15 里,进入瞿塘峡口,一个高入云霄的山峰,撑住峡口,如擎天大柱。江水奔流至此,被山势拥挤,面积缩小了三分之二,水势由缓慢而急促,白浪卷成洞壑般的漩涡,有时冒起一个一个的水山,向四面奔放。舱内没有了人,都拥在船头和船尾,甚至篷顶,争赏三峡的风光。往来一位同船的朋友这样说："固然我在欣赏风光,同时我也在注意一块木板,随时准备作鲁宾逊的漂流……"

中午到了巫山,县城贴在土山的斜倾处,面临大江,左右前后无处不是峥嵘的山峰,房屋更显得矮小寒碜。靠城的左边,渡过一条小河,插着入巫山峡的第一峰,上有老君庙,远远地望去庙后的一棵树,有人说是倒悬的扫帚,有人说是张翅的老鹰,都相仿佛。小河里的水,碧绿如油,与黄浊的江水比量,显然是两种清浊不同的色调。浊水卷入小河中,仍是浑浊的一团;清水流注到江里,起初还能保持着几分本色,久之也就分辨不清了。

在巫山只停了一个钟头,来不及登岸,凝眸那第一高峰,只有心向往之了。

离开巫山县,进入三峡的第二峡——巫山峡,越过十二峰,峭壁悬崖,一似瞿塘峡,山缝里间或露出破草帽似的茅屋,从石崖边凿开的羊肠小径,偶有行人,陆放翁句"人缘绝壁似飞猱",颇为入实。

下午时,泊巴东,上岸观光这春秋时巴子国的所在地,恐只有五六百家人户,依山结椽,坐落在大江的转弯处。从唯一的正街穿过,并没有看到小街,步出街道,我们继续沿着江岸上行,夕阳已挂上峰尖,峰尖以下被浓厚的阴影盖住了,数着点点布帆,不禁有"日暮乡关,烟波江上"之感。

晨曦刚爬上山顶,船由巴东出来,经过牛口滩泄滩,水流过急,船小马力也小,当被水势冲击转换方向,浪花洒入船头,不习水性的人,总有些惊惶。过了秭归,至兵书宝剑峡,开始第三峡——西陵峡的行程。这里包括许多滩峡,以黄牛滩最长。所谓"朝宿黄牛,暮宿黄牛,三朝三暮,黄牛如故",可见依赖人力行船在这里的困难。但江水流到黄牛滩,面积扩大了,两岸的山由峻峭而平迤,不是依山作岸,却现出了江的边沿,乱石纵横,田园庐舍,时隐时现,经过这样的地方约30里。出此又是崇山峻岭,江流狭窄,30日驶过宜昌峡,三峡的行程已完,地势豁然开朗,大江东去,浩浩荡荡,水已反宾为主。

六

经三峡,秋寒袭人,坐在船头,穿上毛线衣,尚感单薄。一到宜昌,满江秋阳,顿炎热,冰糕童贩,呐喊过市,隐约地又入重庆。

苏希轼先生等因着特殊的原因,在奉节改乘民彝轮先到了宜昌几天,还没有走,但已经在招商局买好了票,1日乘江顺轮东下,为了争取时间,早日到沪,并已登记一些舱位,同事们尽可能搭江顺轮,所以有几位先生又离开了华泰轮。

2日一早起来,就听着有人在说:"张经理因债务关系被押,船也给看守了……"的确这时船上站着武装警察。我就有些懊悔起来,应该昨天设法一道改乘江顺轮,这样一搁下来,又不知要拖延多少天。10时左右,那时胖胖的张经理满头是汗又动作有些仓促,挟着皮包上船了,有人问他哪天开船,他的回答是"只停三天",可是常失信的人永久是不会使人相信的,何况船又是被看守的囚犯。后来由学校出面调停,未了手续,保证移到南京办理,水上警察局才给予华泰轮以开行的自由。可另外的问题又发生了,水手们支不到薪在吵,同学们以不开船伙食变坏了也在吵,并且船上的米已不多,只有等着另找生意来解决这些问题。华泰这回收入的大批运费和票价,听说还了许多旧欠,所以不够。惯会拼老命的张经理这时也只有暗地里流泪了。

5日上午,船仍屹然未动。甲长埋怨地说:"昨天支薪,只拿到两千元,不够吃烟!"虽然船上这时递补了十几个客人,又加上一些货物,船还是开不了。吃过中饭,经理召集船上会议,向客人乞援,这一招得到相当的收获。不少的客人竟贷予了款。有了钱,发号施令,水手们一齐出动,被困在宜昌的华泰轮终获得了解放,漂动在江心。

宜昌停留的日子,我还是与茶馆结不解之缘。这里是长江水运承上启下的枢纽,复员的旅客到处都是,茶馆生意兴旺。听着东南西北的口音,你会意识到战时民族的大会合。沿江的房舍十之六七是破坏后的建筑物,有些尚未修葺的砖墙,现出遍体鳞伤的枪洞。我们从重庆出来,一直到此才目睹战争的血迹。旧日的中山公园,朋友指点我哪里是亭,哪里是阁,而今荒草没胫,有些地方,即破瓦颓垣也看不见了。

七

5日下午,我原来猜想歇在宜都,竟越过了宜都歇在枝江,这是最稀罕的几小时行程。

枝江滨于长江北岸,由船上岸跨过公路,钻入矮小的古装城门,就是正街。两边合起来只有三十来家新装修的铺面,铺面除了自家的人,似乎很少有顾客,过此尽是没有倒塌的砖墙。瓜藤蔓延在砖墙上,墙内的隙地,长着不同的青菜,旧日庭院尽变园圃,县政府的衙门也只剩下四壁在秋风中颤抖:要不是认识街道,你会感到这是一片荒郊。走到出城的大门,凭吊徘徊,没有花过30分钟。听说原来破坏余下的房舍,全城仅有二十几间,县政府仍流亡在乡下没有迁回。

6日,船上还没有一个人起来,从船篷的缝里看得出微弱的光线,马达的响声已惊醒每个人的鼾梦,船身似摇篮般在摇摆。上午12时,开到沙市,因为要找乘客,我们又在沙市玩了半天。沙市是荆州县的属境,街道整齐,看来比宜昌还大,虽经破坏,没有枝江那样剧烈,由于商业繁盛的关系,人力的建设也就加快了恢复的速度。

7日由沙市开出来十余里,大雾横江,为了安全,泊芦草岸边30分钟,雾收后继续航行,这是最卖力的一天。我们看着太阳升起来,又看着太阳落下去,月亮代替了太阳的运行,四面已经模糊,岸似水,水似岸,辨认不清,马达还没有停止它的吼声,好容易才发现前面一盏欲明欲灭的灯光,我们依着灯光靠了岸,认出这是一所三家村,迎来的是几个叫卖的妇孺。经过三家村的茅房,转两个弯,终出现了街道,吃食小馆子最多,家家都坐满着客人。因为由汉口驶上的一条船,也停在这里,加上我们这一伙,所以热闹起来,有些像四川贵州小市镇的赶场日期。我们问一个卖香烟的,才知道这是监利的属境调弦,到监利还有15里。

预想9日可以到军事要地的城陵矶,却没有如我们的预想,开到观音洲停下来,已是7时30分了,我们仍不放弃上岸的机会,跳板架好,大家争先恐后地往岸上跑。这里只有十来家小店,除了花生、香烟和一些土产糖果之外,门前是一张方摆桌,上几个茶杯,另外什么都没有。我们为了不使店主失望,泡了茶,吃些花生,才回船。

9日上午12时开到新堤,停船买煤,我们仍是在街上兜了一圈。街道狭窄,房屋十分之九是旧有的,没有经炮火的毁灭,鲜鱼便宜,大家都买了一条上船,没有家属的是例外,在山城里住久了的人,这确是一种欲望的满足。吃过中饭,正要解缆开船,一位教授的公子没有回来,母亲叫弟弟去找,路上相左,哥哥到了船上,弟弟杳然,于是,呼唤之声大起,全船哗然。延长了半小时,最后他从一条小巷子跑出来,大家都注视着,这时他确是船上的新闻人物。

聂绍经先生告诉我,从新堤下来几十里就是赤壁,谁知等我注意这历史上的大战遗址时,它早已在我们的船后。黄昏泊于嘉鱼,从停船的地方到街上,要绕半里许的长堤。我们在新堤没有吃鱼的几个人，为了要弥补这损失，叫一家靠近江边的馆子烧了一条鱼，对月清酌，纪念这以鱼命名的地方，算是旅途生活的一点闲趣。

八

双十节的下午，我们到达"中国心脏"的武汉三镇，船靠江汉关的右面。因为要将就人家的囤船，经过一番恳求，才完成下锚的工作。

晚上参观人山人海的提灯会，大街拥挤不通，但也看不出有什么狂欢的表现，只是在这大庆的日子里，提灯、花炮、标语、宣言……都是应有的点缀。走出了热闹的大街，转到江边的马路上，已是夜深人稀。踏着清凉的月色，秋风频频送来寒意，洋房的铁栅外睡着横七竖八的男女老幼，有的盖着破烂的棉絮，有的蜷伏地赤着上半截身体。我拖着沉重的脚步，回到船上，我想忘记悲惨与热闹。

大家知道，武汉有起岸的商货，也就要等待递补的生意，自然会耽误些日子，所以到了11日，有访问的，有回家看看的，也有游览的，船上变得清静了。12日我与几位同事渡江到黄鹤楼玩，黄鹤楼依然无恙，没有改变十年前的旧态，大兵之后，不遭毁灭，亦是游览者的幸运。

12日船上传出17日开的消息，有几位同学怕再遭骗误，赶不上学校注册，已经退票走了。14日学校来了电报，还汇到一笔款，除押运人员外，要我们全体改乘他轮，兼程到沪。不凑巧那天三北和民生两公司都挂着"近日无船下航"的牌告；另外虽有16日开京的小轮，大家怕是华泰第二，不敢尝试；剩下的只有招商局。我们拿起公函去交涉，获得准予优先购票的登记，但依然没有船，要等四天。这时我们是"脚踏两边船"的政策：如果华泰准期开行，从武汉到南京，应该没有再予耽误的理由了，我们就免得转船的麻烦，否则就等着招商局的船。18日早晨华泰确已准备开船,因海关的麻烦,延到黄昏才离汉口。

　　这里我要补述船上的吃饭问题。从重庆到奉节,每餐一荤一蔬,尚够下饭;出了奉节,取消了肉,中午是豆芽南瓜,晚上是南瓜豆芽,有时换一样,洋山芋;到达宜昌,没有下稀饭的菜了,午晚餐有了南瓜,不会再有豆芽或洋山芋,大概大家都自己预备了些菜,也没有谁去追究;自汉口以后,连一样南瓜也不会再给你看到,厨工也不依照从前的分席送上饭和碗筷,谁要吃饭,就自己下厨房。木船上的厨房狭小得可怜,几十个人,你拿一盆饭,我端一碗菜,挤在一堆,然后一个一个扁着身子走到自己的铺位上,咽下一两碗米饭。现在回想起来,倒有些难过。

九

　　18日在冥冥暮色中开出了武汉,不敢冒险夜航,只开行20里,泊于孙家嘴。

　　19日天还没有亮,乘着下弦的月色,4时就开船了,经过田家镇险要,黑夜8时宿武穴,走了400余里,算是行程最多的一天。我们仍摸索着到武穴的街上,吃了些东西,弥补这一天在船上不足的营养。

　　20日上午9时,船经九江,大家被瓷器吸上了岸。有的买齐席的碗,预备重建新家;有的按口计算,买两个同样的饭碗;买茶杯茶壶的人更多。这样足足耽搁了4小时才开船。回望九江,沿江大厦多遭破坏,马路旁摇曳着三五株衰零的垂柳,令人泛起"浔阳江头,枫叶荻花"的感想。

　　从九江驶出,我满希望晚上歇在彭泽,凭吊渊明先生的遗迹,一搅小孤山之胜。因为领桨看着斑云是暴风的象征,行30里,即停在九江与湖口之间的张家洲。洲上一望无际,环绕一片大平原,土色黑沃,聚散着百来家村落,水牛从田里曳着两轮大车,车上满满地载着豆茎,孩子跳跳蹦蹦地跟在车后,露出天真的笑脸,好一幅收获后的秋景。

21日上午,轻轻地渡过彭泽,从船头瞻望屹立江心的小孤山,颇为神往。下午5时到安庆,船主还想拉几个客人,22日停了一天。我们也就获此余暇攀登万佛塔——战前修理后改名振风塔,不免带着浓厚的政治渲染,反不如原来的名字好。闻国内除了浙江六和塔,要算这塔建筑完美,每一层的门户,回环变化,往往绕几匝找不着出处,登至最高层,不敢下视。同去的一位朋友,到第四层即退下来。本来那陡而狭的梯级,确也使人心悸。但是到安庆的人,不登斯塔远眺,不能说真的到过安庆。

23日黑夜赶到芜湖,船停江心,雇划子始可登岸,多了一层麻烦。江上又黑沉得看不见人,然小时读地理即憧憬着这五大米市之一的芜湖,怎能不去一看?一缕强烈的游览心终于战胜了麻烦,划子把我们送到岸上。穿过几条街,颇有富丽的感觉,从重庆出来,经过了不少的地方,就是汉口,我也没有过这样的感觉,然而在辉煌的电灯下,留声机和美化的玻璃柜,究竟又能看出什么?

24日从芜湖到南京很早,起初停在一个军用码头,不能自由上下,乃转驶到离市区较远的地方下锚。这里与靠在重庆的东水门一样,上面是一个小坡,还要叫划子绕转始能上岸,乘客们都不答应。争执许久,张经理终于就范,命令水手重新拖锚,开至下关招商局的二码头,才得到临时的归宿。几次来回转折,已是午后2时。走完半个秋天,我们总算平安到达复员水行的终点——南京。

十

24日下午后4时,欧校长到了南京。25日12时,欢宴全体复员教职员,并备卡车,招待游谒中山陵、明孝陵等名胜。南京校友会也推派了代表,携带大批罐头,登船慰劳。我却被朋友们拉着在玄武湖清游了半日,未获躬与团体游宴。在这繁嚣的都市里,玄武湖游艇上算是漏出的清凉世界。躺上藤椅,慢慢地剥着菱实,让游艇穿过稀疏的柳条、残零的荷茎,却是难得的享受。

26日清晨,我从朋友那里赶回船上,车票已购好,同事们都在收卷被盖,有的已经向火车站出发。我的东西幸先已收拾,搬上板车,就可成行。到了车站,磅过行李,上车时,车箱内站的地方都挤满了人。

火车开到镇江,许多客人下车了,我们才补上座位。想眺望京沪道上的风景,可是太阳正晒着这边,又满是煤屑和灰尘,不能不关上窗户,向对面的窗眼里望过去,复被人头挡住了视线;只好闷坐,听车轮碾在铁轨上,发出辘辘的响声,等到太阳沉落,已是上海北站。

当车轮还在缓慢地转动进入车站,我们已见到欢迎者的笑脸,给予每个人以不少的温暖。跳下车门,王副校长和夫人亦在倚杖迎候。约半小时,大堆的行李从火车里搬到板车上,拖出车站,搬上卡车。在人车的丛林里,抹弯转角,驶过一条又一条的街道,我们到了丽娃河畔的母校。这时凉风吹着微细的雨丝,送来阵阵的寒意,已是初冬之夜了。

大夏大学内迁十年纪事[1]

民国二十六年(1937)夏秋间,日本帝国主义者倾全力进犯我国,沪上首当其冲。本校王故校长伯群先生偕今校长欧元怀先生参与庐山谈话会归来,知中央有持久抗敌之决心,遂决议迁校,与友校复旦设联合大学于庐山及贵阳。而喘息未定,东南形势日急,王故校长洞烛机先;谓衡阳以东,将无净土,决群疑将庐山联大再迁崇山峻岭之贵阳。于时兵慌马乱,寒天万里,间关跋涉,十二月,一部分师生先后分抵贵阳,黔省府拨让次南门外之讲武堂为本校校舍,兴工庀材,修葺补理,聿启斯宇,得立学府于西南也。

洎三十三年,西南战局糜烂,敌窥黔边;自秋徂冬,贵阳一夕数惊,本校乃再接再厉,三迁黔北之赤水。复变生不测,王校长以摒挡校务,力疾赴渝,沿途劳顿,胃疾加剧,于十二月二十日病逝重庆陆军医院。迓时风声鹤唳,迁校未定,遽丧师襟,举校遑遑,不可终日,大夏生命,危如累卵。欧王两校长于危难之日,受校董会付托之重,出任正副校长,不以穷困易其操,不以简陋馁其气,奋二十年前创校之

---

[1] 原载《大夏周报》第23卷第3期,1946年。

壮志，劈荆斩棘，老而弥坚，本校乃得化险为夷，继闳讲舍于黔北。

日寇投降后，国内局势阢陧未定，交通阻梗，无殊战时。欧王两校长措置复员，仆仆于赤渝、筑渝、沪渝、沪昆之间，经时半载，始庆完成。数百员生，百吨公物，先后取道西北川湘等公路及渝京水运平安抵沪，秋季开学，为国内复员各院校之先。方贵阳紧急，已知穷寇深入，覆亡迫在眉睫，迁校赤水，以其水运通长江，胜利之日，可顺流东下也。

回溯十年，虽处境艰屯，经费奇绌，而于为国育才，倡明学术之旨，曾未少懈。尤以贵州偏处西南，前无大学之设立，今日教育文化之日跻兴盛，实胚胎于本校与夫毕业校友之深入每阶层也。然自西迁以后，山河隔越，战尘阻黯，旧日校友，散处各地，多失联系，学校战时之艰苦奋斗，鲜有能知其详者，爰将十年来校政之变革、人事之递嬗、学术之孕育，胪述于下，为校友诸君及关心本校之社会人士告。惟复员之后，百废待举，战前辉煌校舍，如大礼堂、科学馆、体育馆、群英斋、群力斋、疗养院及大夏新村等建筑，俱毁于兵燹，继往开来，兴复旧规，尚有赖于我校友诸君之精诚协助，方克有济也。

年	月	日	大事
二十六年（1937）	7月	中旬	王校长伯群、欧副校长元怀及吴院长泽霖应邀出席庐山谈话会。
	7月	下旬	中山路本校图书仪器装箱迁移分置王校长私邸及中华学艺社。全体员生疏散，环境极度紧张。
	8月	13日	日本帝国主义军队进犯上海，神圣抗战全面展开。

年	月	日	大事
	9月	15日	欧副校长赴京请示本校善后办法。
	9月	20日	王校长由京电黔省政府商借校舍。上午适敌机袭首都,王欧两校长避至何应钦校董地下室,译致电省府电稿。下午王欧两校长偕复旦大学钱新之、吴南轩两校长晋晤教育部王世杰部长,商定本校与复旦联合设第一联合大学于庐山,第二联合大学于贵阳。
		24日	欧副校长偕复旦吴副校长南轩抵九江,转庐山,筹备第一联合大学。
	10月	23日	王校长抵庐山。
		24日	王、钱两校长召开联合大学行政委员会,决定派欧元怀、章友三、鲁继曾、谌志远、邵家麟、王裕凯诸先生赴黔筹备第二联合大学,并派王祉伟先生为联合大学驻京办事处代表。
	11月	1日	庐山复旦大夏联合大学第一部开学上课。
		4日	欧副校长等由九江启程赴渝转黔。
		19日	欧副校长偕章友三、王裕凯、李青崖、杨麟书、丁勉哉等抵贵阳,并假贵阳中山公园为临时办公处。

年	月	日	大事
		21日	欧副校长偕黔教育厅长张志韩等往离贵阳19公里之花溪勘察永久校地。
	12月	2日	贵州省党部及贵阳文化界假民众教育馆,欢迎联合大学教职员。
		4日	驻贵阳讲武堂军队迁出,联大本校迁入办公。
		5日	贵州教育厅偕贵阳教育界在省立民众教育馆欢迎联大教职员。
		12日	举行新生考试。
		20日	新旧学生办理入学手续并举行教厅保送学生分组测验。
		23日	学生开始注册。
		27日	迁筑后第一学期开课。
		30日	特种教育委员会开第一次会议,决定每星期日上午举行集团唱歌及国防问题讲座,以提高抗战情绪。
二十七年(1938)	1月	3日	首次纪念周会,欧副校长讲"大学教育之目的"。
		23日	学生制服齐备,开始举行升旗典礼及精神讲话。第一次国防讲座,欧副校长讲"战时与战后之大学教育"。

年	月	日	大　事
		28日	全体导师会议,商讨导师制进行事宜。
	2月	8日	召开校务会议。
		21日	第八次纪念周会,欢迎王校长伯群自港经昆莅校。本大学与贵阳县政府合办之花溪农村改进区讲习会开始在本校举行。
		23日	欧副校长及熊子容、王裕凯两先生代表联大第二部,往桐梓出席联合大学行政委员会。
		25日	联合大学行政委员会在桐梓开会。到会者欧元怀、吴南轩、吴泽霖、熊子容、王裕凯、金通尹、沈子善诸先生,决议自二十六年度第二学期起,复旦、大夏分立,以由庐山迁渝之第一联大为复旦大学,以贵阳之第二联大为大夏大学。
		28日	纪念周会。王欧两校长报告大夏、复旦分立后之善后处置及今后发展计划。
	3月	6日	图书仪器由渝运抵筑校。
		10日	本校与贵阳县政府合办之花溪农村改进区在花溪举行开幕礼。
		12日	贵阳毕业同学会开会。

年	月	日	大事
		14日	全体教职员参加贵阳各界举行之第三战区阵亡将士追悼大会,由王校长主祭。
		25日	举行第一联大大夏员生返校欢迎大会。
		27日	春季新生考试。
		28日	期终考试开始。
	4月	1日	春季开学。大夏大学恢复原校名,《大夏周报》复刊号出版。
		5日	召开第一次校务会议,王毓祥校董由湘抵校。
		10日	全体教职员假座同乐社叙餐。
		11日	举行始业式,欧副校长演讲"大夏是怎样成立的"。
		14日	欧副校长偕王校董毓祥专车赴渝,欧副校长由渝飞汉会晤王校长,商决重要校务,并电约留沪负责人傅式说、吴浩然两先生在香港会商。
		21日	全体导师在同乐社举行会议。
		22日	教育学院师范专修科教授开联席会。
		26日	大夏剧社成立。

年	月	日	大事
	5月	2日	召开第二次校务会议,议决筹组大夏消费合作社。
		9日	员生参加兵役宣传。
		14日	第三批图书仪器抵校。
		16日	欧副校长及傅校董式说等由港抵桂。
		20日	欧副校长赴广西南宁,视察本校南宁附中并主持该校新校舍破土典礼。
		24日	期中考试开始。学生生活指导委员会开会。
		29日	王校长偕王校董毓祥由渝、欧副校长偕傅校董式说由桂分别到筑。留校服务毕业同学会成立。
		30日	纪念周会,王校长演讲"参加临全大会归来"。
	6月	1日	立校十四周年校庆纪念,《新大夏》创刊号出刊。
		5日	第七次国防讲座。王毓祥校董讲"中国不能征服论"。
		6日	纪念周会,欧副校长演讲"民族自信力与抗战到底政策"。
		7日	召开第三次校务会议,议决在贵阳创办附设中学。
		9日	傅校董式说由筑返沪。

年	月	日	大事
		19日	员生分队赴贵阳近郊农村宣传。
		21日	教务委员会开会,通过附设贵阳大夏中学草案。
		27日	纪念周会。滇黔监察使任可澄莅校演讲"抗战必胜与心理建设"。第十三届暑假毕业生毕业考试开始。
	7月	1日	本校与贵阳县政府合办之花溪农村改进区举行教育展览会三天,中午在同乐社举行毕业生话别会。欧副校长赴汉出席第一届国民参政会第一次大会。《新大夏》第二期出版。
		5日	召开第四次校务会议,通过应届毕业生名单。
		7日	抗战周年纪念,全体员生参加游行示威。
		17日	暑假开始。
		19日	暑期学校开始上课。
	8月	16日	暑期学校结束。鲁继曾教务长、邵家麟院长、王成组教授等赴沪主持沪校校务。
		19日	江问渔、黄炎培两先生莅校参观。

年	月	日	大事
	9月	5日	贵阳大夏附中第一学期开学。
		11日	集训学生入营。教育行政、教育心理两系合并为教育系,另增设职业教育系。
		19日	秋季上课,沪校同日在旧租界复校开学。
		27日	召开第五次校务会议。
		28日	欧副校长等赴南厂兵营慰劳集训同学。夏元瑮博士到校继任理学院院长。
	10月	3日	补行秋季始业式。
		7日	欧副校长赴集训总队演讲"中国边疆问题"。图书馆添设参考阅览室。
		21日	欧副校长赴渝出席国民参政会第二次大会。
		23日	大中两部学生参加保卫大华南游行。
		27日	学生金福祥被匪狙杀于离校半里许之鲤鱼湾。
		29日	王裕凯总务长接眷返校。沪校应职业青年之需,法商学院筹设夜班。
	11月	1日	《新大夏》第三期出版。

年	月	日	大　事
		8日	集训同学返校。
		12日	由渝添购图书10箱抵校。
		15日	王毓祥校董经筑返湘。
		17日	欧副校长由渝返校。
		23日	教育学院长邰爽秋赴渝出席教育团体年会。
	12月	11日	发动募集图书运动。本学期截止注册学生600人。
		22日	募集图书运动结束，获图书7 000余册。
		30日	举行除夕国难音乐演奏会。
二十八年（1939）	1月	2日	王毓祥校董由湘抵筑。
		5日	喻任声教授赴渝出席全国社会教育会议。
		13日	王校长飞渝出席五届五中全会。
		15日	举行节约储金篮球杯竞赛。
		27日	第十三届寒假毕业生考试及毕业考试完毕。
		28日	举行毕业生话别会。
	2月	3日	欧副校长赴渝协助教部筹备全国教育会议，并出席参政会第三次大会。文学院组织西南边区考察团。

年	月	日	大 事
		4日	敌机滥炸贵阳,死伤惨重。本校员生幸庆安全,除联合本市各高等教育团体电全世界宣布暴行外,并组织救护团及募款救济灾民。
		14、15日	招考新生。
		16日	王校长由渝返校召集第九次校务会议。
		27日	王校长偕吴院长赴渝出席全国教育会议。
	3月	9日	春季开始注册。
		13日	吴泽霖院长返校。
		15日	欧副校长偕邰爽秋院长等由渝返校。
		20日	贵州省政府拨予公地为本校职业教育系实习农场。
		22日	行政院任命欧副校长为湖北省教育厅厅长,员生开会挽留。
		23日	召开第十次校务会议。
		27日	补行春季始业式。下午王校长返校。
		31日	举行欢迎何应钦校董大会。
	4月	3日	欧副校长在纪念周会报告"出席参政会及全国教育会议感想"。

年	月	日	大事
		4日	章颐年先生由澳门抵筑。社会教育研究会、大夏青年会合办民众夜校开学。
		6日	全体教职员分别集会。社教研究会慰问受训壮丁。
		8日	吴泽霖院长兼长教务师范专修科主任,马宗荣兼任秘书。
		10日	文学院社会经济调查室举行贵州苗胞社会调查,吴教务长亲往炉山主持。
		11日	召开第十一次校务会议,议决设立出版委员会,聘章颐年、夏元瑮、吴泽霖、谢六逸、梁园东诸先生为委员。
		24日	王校长率领大中两部员生及工友举行国民公约宣誓典礼。
	5月	1日	举行第一次国民月会及全校清洁运动。期中考试开始。
		4日	沪校大学秘书兼教务长鲁继曾及附中主任孙亢曾抵筑,报告沪大中二部校务。
		9日	召开第十二次校务会议。
		10日	学术讲座开始。教育学院院长章颐年讲"催眠的科学观"。
		28日	全校学生分十队向贵阳市区及近郊扩大抗敌宣传。

年	月	日	大 事
		29日	王训导长裕凯赴渝参加党政训练团训练。
	6月	1日	举行十五周年校庆纪念。
		6日	召开第十三次校务会议。
		12日	纪念周会。李青崖教授讲"从历史上观察此次敌人进攻鄂北的企图及其失败的原因"。
		21日	欧副校长飞渝,续向教育部商洽国立事宜。
		28日	教育部战时教育委员会委员陶愚川莅校视察。
		30日	举行集团唱歌竞赛。
	7月	3日	学期考试及第三十四届暑假毕业生考试开始。
		9日	举行毕业生话别会。暑假开始。
		15日	教育部借本校举办贵州区二十八年中学教师暑期讲讨会开始,王校长、吴教务长为该会委员。
	8月	18、19日	第一次招考新生。
		28日	召开第十五次校务会议。
	9月	3日	欧副校长赴渝出席参政会第四次大会。

年	月	日	大　事
		8、9日	第二次招考新生。
		16日	秋季注册。
		28日	王校长赴渝出席六中全会。
		29日	欧副校长由渝返校。
	10月	2日	补行秋季始业式。
		3日	本学期升旗典礼及精神讲话开始。
		10日	大中两部学生参加贵阳市国庆纪念军训大检阅。
		23日	教育学院章颐年院长由沪返校。
	11月	5日	募集寒衣运动结束。
		6日	纪念周会。章颐年院长讲"孤岛教育动态"。
		10日	本校三民主义青年团第二十一分团筹备处成立。
		14日	期中考试开始。
		17日	欧副校长偕赵深建筑师察勘花溪新校地。
	12月	2日	举行音乐演奏晚会。
		14日	王校长由渝公毕返校。
		25日	云南起义纪念。王校长电播演讲"由云南起义二十四周年纪念说到抗战必胜建国必成"。

年	月	日	大事
		30日	教育学院举行师生联谊会,经济系同学举行贵阳市商业调查。
二十九年 (1940)	1月	1日	举行庆祝元旦大会。欧副校长出席贵州省会各界庆祝元旦大会,讲演"迎民国二十九年"。
		5日	召开第十八次校务会议。
		8日	纪念周会。美国学生代表毛礼祉演讲。
		10日	教育部长陈立夫偕高等教育司长莅校视察并致训。
		15日	第十四届寒假毕业生考试及期终考试开始。
		20日	举行毕业生话别会。
		21日	寒假开始。
	2月	1、2日	新生考试。
		5日	召开第十九次校务会议。
		15日	学生工作救济委员会成立。
		20日	召开第二十次校务会议。
		26日	举行秋季始业式。
	3月	5日	土木工程测量队应贵州企业公司之邀,赴黄果树测量两岸基地及瀑布流速。文史研究室成立,谢六逸任主任。

年	月	日	大　事
		25 日	教务处出版《教讯》。本学期截止注册学生 501 人。
		28 日	教育学院及师专科实习班学生赴本市各中学参观社会。研究部编辑之《苗胞影荟》第一集出版。
	4 月	3 日	王校长应贵州广播电台之请,讲"汪傀儡的伪组织对于抗战前途有害无利"。学生自治会筹备会成立。
		9 日	召开第二十二次校务会议。政经研究室筹备成立。行政院任命欧副校长为黔教育厅长。法学院学生进行县政调查。
		29 日	欧副校长由渝参加参政会第五次大会返校。
	5 月	1 日	欧副校长就任黔教育厅长。
		2 日	直属大夏区党部成立。
		14 日	召开第二十三次校务会议,组织毕业生职业介绍委员会。
		15 日	举行学业竞试初选。
		26 日	师专科教学实习班学生今起在附中试教。
	6 月	1 日	举行立校十六周年校庆纪念。
		8 日	举行社会教育系成立十周年纪念会。

年	月	日	大事
		9日	花溪新校舍举行破土典礼。
		18日	召开第二十四次校务会议。
		19日	文学院教授吴教务长夫人陆德音逝世。
		21日	第十五届毕业生话别会。
	7月	12、13日	暑期学校注册。
	8月	10日	花溪新校舍动工。
	10月	3日	本校教授马宗荣、吴道安当选黔省参政员。
		25日	召开第二十七次校务会议。鲁继曾、邵家麟、吴泽霖、吴浩然、陈铭恩五位先生荣获教部服务本校悠久奖状。
	11月	23日	第十五届寒假毕业同学会成立。
	12月	10日	召开第二十九次校务会议。
三十年（1941）	1月	1日	举行师生大乐大会。
	2月	3日	举行期终考试。
		19日	召开第三十次校务会议。贵州富绅华问渠先生捐赠田地为本校花溪新校舍。社会研究部分三路向偏远各县调查苗胞生活及文化。

年	月	日	大　事
		24日	春季开始注册。马宗荣总务长及吴道安教授赴渝出席第二届国民参政会首次大会。
		11日	召开第三十一次校务会议。吴教务长泽霖请假,夏院长元瑮兼教务长,谢六逸继任文学院长。
		17日	欧副校长返校训话。本学期升旗典礼及精神讲话开始。王校长赴渝出席八中全会。
		31日	邓公玄来校视察本校党务及团务。
	5月	2日	王校长由渝公毕返校。
		3日	化学系主任陈景琪赴渝参加化工标准起草会。
		6日	召开第三十二次校务会议。
		23日	潘子农应中国语文学会之请,莅校演讲"我从事电影戏剧的经验和感想"。王校长偕夏院长赴平越交大演讲。
	6月	1日	举行立校第十七周年校庆纪念。
		2日	花溪新校舍第二期建筑奠基。
		10日	召开第三十三次校务会议。

年	月	日	大事
		25日	期终考试开始。
		26日	傅训导长启学赴渝接洽团务。
		30日	举行第十六届暑假毕业生话别会。
	7月	2日	夏院长兼教务长期满,谌志远继任。
		15日	暑期学校开始注册。
		18日	举行第三十四次校务会议。
	9月	12日	秋季注册。
		15日	举行秋季始业式。
	10月	11日	截止注册学生629人。
		15日	召开第三十五次校务会议。
		25日	王校长因公赴渝。
		27日	社会研究部展览苗夷文化。
	11月	2日	纪念周会。欧副校长返校训话。
		24日	张钰哲莅校演讲"观察日食之经过"。
		27日	沈鸿烈莅校参观。社会研究部举行社会调查。
	12月	8日	黄炎培莅校演讲"四十年来的感悟"。

年	月	日	大　　事
		15日	教育部嘉奖本校社会教育系所制社教挂图，颁给奖金。
		29日	纪念周会。欧副校长返校演讲"太平洋战争吾人应有之感悟"。
三十一年（1942）	1月	1日	举行师生同乐大会。
		15日	文史研究室主编之《文史半月刊》出版。
		26日	第十六届寒假毕业生考试及期终考试开始。
	2月	1日	寒假开始。行政院会议通过改本校为国立贵州大学。
	3月		王校长偕王裕凯、企渊两先生赴渝交涉国立事。校董会在渝开会，根据留筑校董欧元怀、杨秋帆、何纵炎三先生之提案，决呈请政府保持"大夏"名义。各地校友会及在校教职员群起响应护校运动。
	4月	1日	财政部盐务局委托本校附设盐务专修科，训练盐务会计业务人员，第一期学生全体到校。
		19日	校友总会发动为母校募集百万基金运动。

年	月	日	大事
		20 日	举行春季始业式。
		21 日	行政院会议复决"大夏大学照旧维持"。
		27 日	本学期升旗典礼及精神讲话开始。
	5 月	1 日	王校长在渝公毕返校。
		7 日	召开第三十八次校务会议。
	6 月	1 日	举行立校十八周年校庆纪念。
		16 日	召开第三十九次校务会议。社会研究部出版《贵州苗夷歌谣》。
	7 月	20 日	第十七届暑假毕业生考试及期终考试开始。
	8 月	1 日	暑假开始。
		7 日	训导长傅启学出任黔省党部主委,谢嗣升继任训导长,窦觉苍任总务长。
	9 月	21 日	举行秋季始业式。
		28 日	王正廷校董莅校演讲"太平洋之过去与将来"。本学期注册学生 642 人。
	10 月	1 日	本学期升旗典礼及精神讲话开始。
		9 日	召开第四十次校务会议。

年	月	日	大　　事
	11月	2日	王校长赴渝出席十中全会。
		17日	蔡廷锴将军莅校参观。
	12月	12日	史社系举行座谈会。
三十二年 （1943）	1月	1日	举行元旦庆祝大会。
		11日	徐悲鸿莅校演讲"中外艺术"。
		14日	召开第四十一次校务会议。
		25日	第十七届寒假毕业生考试及期终考试开始。
	2月	1日	孙教务长亢曾由沪经粤转黔到校视事。
		13日	春季开学。
		22日	召开第四十二次校务会议。
	3月	1日	举行春季始业式。
		10日	截止注册学生579人。本学期升旗典礼及精神讲话开始。
	4月	6日	召开第四十三次校务会议。
	5月	4日	召开第四十四次校务会议。
		17日	英国何明华博士莅校演讲。
		28日	张廷休莅校演讲"边疆教育问题"。
	6月	1日	举行立校十九周年纪念。

年	月	日	大 事
		15 日	黄文山莅校演讲"战后文化建设的理论与计划"。
	7 月	12 日	第十八届暑假毕业生考试及期终考试开始。
	8 月	23 日	召开第四十四次校务会议。本学期人事更动：高承元任训导长，钟泰任文学院长，任宗济任盐务专修科主任。
	9 月	4 日	王校长赴渝出席国民党十一中全会，膺选国府委员。
		20 日	举行秋季始业式。
	10 月	16 日	举行第一次国防科学讲座，夏院长讲"物理学的要点"。
	11 月	12 日	王校长在渝公毕返校。
		15 日	期中考试开始。
		26 日	边疆建设讲座第一讲，欧副校长讲"贵州边民教育"。
	12 月	14 日	江苏省主席韩德勤莅校讲"战时江苏情况"。
		15 日	《自强》杂志创刊号出版。
三十三年（1944）	1 月	1 日	举行开国纪念大会。
		10 日	第十八届寒假毕业生考试及学期考试开始。

年	月	日	大　事
		15日	寒假开始。
		20日	前总务长及师范专修科主任马宗荣逝世。
	2月	7日	梅贻琦莅校参观。
		11、12日	春季注册。
		13日	召开第四十六次校务会议。司法院派贵州高等法院院长刘含章视察本校法律系。学生自治会正式成立。
		17日	陶希圣莅校演讲"中国宪政问题"。
		28日	举行春季始业式。
	3月	3日	王校长赴渝。
		20日	发动本年校庆纪念劝募基金，征求名家书画展览义卖。
	4月	17日	期中考试开始。
	5月	3日	王校长返校未久，本日又赴渝出席国民党十二中全会。
		29日	王校长返校。
	6月	1日	举行立校二十周年校庆纪念。
		17日	第十九届暑假毕业生考试及期终考试开始。
		25日	举行毕业生话别会。

年	月	日	大 事
	8月	2日	熊佛西莅校演讲。
		18日	理学院长夏元瑮逝世。
	9月	10日	日寇大举进攻西南,由广西入黔边,贵阳震动。
	11月	25日	王校长在住宅召开紧急会议,成立疏散委员会,本校决定迁设黔北之赤水。
		29日	王裕凯先生前往赤水接洽校址。
	12月	2日	教职员偕眷属及图书仪器离筑。
		6日	王校长力疾赴渝。
		9日	王校长抵渝,沿途劳顿胃病加剧。
		13日	王校长进陆军医院医治。
		20日	上午6时20分王校长病逝陆军医院。王夫人保志宁女士及何夫人王文湘女士均在侧。校长临终以"公诚"两字勉全校师生。
		21日	学校及贵阳校友总会分推孙亢曾、何纵炎赴渝协办后事。
		24日	重庆校友会集议追悼王故校长,王校董毓祥莅会指导并商讨母校善后计划。

年	月	日	大　事
		28日	重庆各界假长安寺公祭王故校长。
		30日	校董会在渝交通银行开会,到董事长孙科及校董吴铁城、钱新之、王正廷、许世英、虞洽卿、王毓祥等。当时公推副校长欧元怀博士继任校长,校董王毓祥先生任副校长,并发动募集王故校长永久纪念之基金。召开第五十二次校务会议。
三十四年(1945)	1月	3日	本校疏散委员会改为迁校委员会。
		19日	贵阳大夏中学校董会在筑开会,欧校长主席。该校决定迁设花溪,借用大学部校舍。
		21日	本校及贵阳十余团体假省党部追悼王故校长。
	2月	1日	欧校长卸黔教育厅长职,本校前训导长傅启学氏继任。
		4日	贵阳校友会欢送欧校长赴渝转赤水,主持校务。
		10日	迁校车一辆在遵义附近之凉风垭翻车,员生三人轻伤。
		20日	重庆校友假中苏文化协会公宴欧、王两校长。

年	月	日	大事
	3月	8日	全部图书仪器及文卷先后分由重庆及茅台抵达赤水。
		12日	欧王两校长抵赤水,本校员生、社会人士数百人前往码头欢迎。
		13日	本校员生假博文中学大礼堂举行大会,欢迎欧、王两校长。
		14日	赤水各界人士假县府公宴欧、王两校长及全体教职员。
		15日	三十三年度第二学期开始注册。
		24日	装置无线电收音机,收听国内外时事新闻,逐日出刊《大夏快讯》。
		26日	举行赤水复课第一次国父纪念周及春季始业式典礼。
		27日	举行第五十次校务会议。
	4月	1日	国府明令褒扬夏故院长元瑮。
		9日	本学期开始举行升旗典礼及精神讲话。
		14日	本学期截止注册学生420人。中文系主办第一次文艺晚会。
		16日	王副校长赴渝发动募集王故校长纪念基金。教育部聘梁总务长瓯第为边疆教育委员会委员。

年	月	日	大事
		24日	召开第五十一次校务会议。
		28日	本校与贵州省立赤水中学联欢。呈请教育部增设教育学系并恢复土木工程系。
	5月	1日	校董会在渝开会,商讨募集王故校长纪念基金。
		14日	社会研究部拟定赤水社区调查计划。
		15日	纪念夏故院长设置"元瑮奖学金"。
	6月	1日	举行立校二十一周年校庆纪念,开放展览三天。
		26日	召开第五十二次校务会议。贵州省政府主席杨森应聘为本校校董。
	7月	8日	召集第二十届暑假毕业同学话别会。
		17日	召开第五十四次校务会议。
		30日	分在渝、筑、泸、赤四地先后招考新生。
	8月	10日	收音机收到日本投降消息,即夕全校员生鸣放鞭炮狂欢。
		11日	举行庆祝抗战胜利大会,晚火炬游行。应地方人士之请,《大夏快讯》增刊。

年	月	日	大事
		24日	校董会在渝开会决议,本校迁回上海,秋季仍在赤水开学,并电慰沪校员生。
	9月	3日	王副校长赴渝飞京转沪,与上海军政当局洽商接收中山路校址。
		17日	举行秋季始业式。欧校长赴渝出席教育复员会议。
		19日	盐专科毕业生29人东下就盐政局分发工作。
		24日	本学期升旗典礼及精神讲话开始。
	10月	3日	上海校友会组织复兴母校委员会。
		13日	欧校长在渝公毕返校。
		15日	文学院长黄淬伯莅校。本学期截止注册学生401人。
		30日	召开第五十五次校务会议并组织教职员福利金委员会及复员计划委员会。
	11月	25日	举行第二十届寒暑毕业同学师生联谊会。
		27日	召开第五十六次校务会议,议决不放寒假,春季仍在赤水开学。发起夏故院长元瑮遗族养育金运动。

年	月	日	大 事
	12月	2日	文学院举行院务会议。
		5日	欧校长由渝飞筑接洽要公。
		20日	举行王故校长逝世一周年大会。
		25日	召开第五十七次校务会议。欧校长由筑抵渝。
三十五年（1946）	1月	1日	新年师生团聚。欧校长由渝飞筑,接洽募捐及接收伪华中矿研所器材。
		3日	春季开始注册。
		8日	新聘文学院长吴澄华莅校。
		14日	举行春季始业式。
		16日	王副校长赴渝接洽复员事宜,并出席立法院会议。
		29日	欧校长返校。
	2月	21日	孙教务长赴渝。
		27日	为维护东北主权,本校师生领导赤水各界游行示威。
	3月	15日	欧校长赴渝主持复员事宜。
	4月	1日	在渝成立办事处,策进复员。
		17日	王副校长由渝飞京转沪。
		25日	第二十一届暑假毕业生考试及期终考试完毕,暑假开始。

年	月	日	大事
	6月	1日	赤水、上海两校分别举行立校二十二周年校庆纪念,赤水并竖立迁校纪念碑,由孙教务长主持。
		20日	王副校长由沪飞昆筹募复员经费,当月返沪。
	7月	20日	欧校长由渝飞京转沪,与教育部接洽要公,并调整黔沪两校教职员及决定建筑大礼堂、秋季合并、在中山路原址开学事宜。
		25日	图书仪器等公物自赤水运抵重庆。
	8月	6日	欧校长在沪公毕飞渝。
		26日	包雇华泰公司轮,驳运送员生及公物。本日订立合同。
		29日	最后一批复员生及眷属自赤水抵重庆。
	9月	1日	图书仪器等公物开始装置华泰轮驳。
		11日	复员员生全部上船。
		12日	华泰轮驳启淀下驶。
		16日	欧校长由渝飞京转沪。
	10月	11日	秋季上课。
		24日	复员轮驳平安到京。

年	月	日	大　事
		25日	欧校长到京欢宴复员教职员并招待游览明孝陵、中山陵等名胜。
		26日	复员员生由京乘火车抵沪。
		28日	在新建大礼堂举行复员后黔沪两校合并秋季始业式，出席教职员及学生两千人。是日并为王副校长六十华诞。
		31日	十年前运黔图书仪器等公物全部由南京运到。韩锺琦、来雷押运，在学校附近西站卸货。

读书偶拾[1]

一

"民可使由之,不可使知之。"这两句话,大家认为是孔子主张愚民政策的铁证。孔子在当日虽为贵族,然确以平民教育家的姿态出现,三千弟子,只要送给束脩;好像现在的私立大学,只要缴得起学费,并没有平民和贵族的选择。我想这两句话是由于句读的错误,至引成相反的意义,应该为"民可,使由之;不可,使知之"。明白地说:人民的程度够了,就叫他去实行;程度还不够时,就叫他们去学习。

二

孟子:"方里而井,井九百亩。其中为公田,八家皆私百亩,同养公田。"又"夏后氏五十而贡,殷人七十而助,周人百亩而彻,其实皆什一也"。据此井田共为九方,一方百亩,一井共为九百亩,一般人的研究,八家同养公田,不另纳税。然而一井九百亩,公田占一百亩,实际是九取其一,与"人百亩而彻,其实皆什一也"的话,大相矛盾。作于井田制

---

[1] 原载《大夏周报》第23卷第2期,1947年。

度原始史料的孟子,这是一个不可忽视的漏洞!特提出请高明指示。

三

郭沫若先生的《十批判书》里说:"至少八家共井式的井田制是为殷、周两代所共通,不同的仅仅殷人以七十亩为单位,周人以百亩为单位而已。"井田既有固定豆腐干式的规划,每井又有固定亩数,殷周果共行井田,周由七十亩变而为百亩,则井田的划分非全部改变不可,这一废旧更新的大测量工作,实在太艰巨了,周去殷未远,假使没有彻底的社会改变和特殊经济意义在内,周代的统治者为什么要讨这个大麻烦?盘庚迁都,殷之顽民尚且大肆反对,井田的重新划分,比迁都影响于人民者岂止十倍,何以无史籍的记载?郭先生轻轻的一笔写过去了,究竟七十亩的土地单位改换为一百亩,绝不是一件太简单的事啊!

文凭与工作[1]
——敬献给校友

"文凭",似乎是青年与社会之间的契约,也是青年步出学校,走进社会的桥梁。不论它是否系全能的信物,或者是否合理,在当前的社会制度里,它确具有证券的作用。青年初入陌生的社会,自然有赖于团体的证件作媒介。战时需人孔多,到一个机关服务,填上某某大学毕业,只要做得相宜,审核文凭的事实较少。胜利复员后,时移势易,一方面政府在减政裁员,人事日趋紧缩,益求资历的合格;一方面在树立人事制度的呼声下,铨叙机关甄审公教人员的资历渐严。于是压在箱底久不见用的一张纸,获得了向你效劳的机会,没有这张纸的人,也在想方设法怎样获得。因此许多校友急如星火地向母校追领文凭;"如果不缴上正式毕业文凭,眼看人家晋级,我的底薪还有降低的危险",也有"无毕业证书,将被淘汰"的话。这些紧急的呼吁,就个人前途说,确有很大的关系。学校负责人接到这类信以后,何尝不想即行办理,以满足校友们的要求?可是没有领到文凭的校友,都有着不同的因素。

---

[1] 原载《大厦周报》第 23 卷第 6 期,1947 年。

（一）母校当抗战初起，即迁入内地。为了救济失学青年，民国二十七年（1938）秋天，上海仍设立分校，分校毕业同学例须由内地总校转报教部，多了一层转弯的手续，遇着不能直接解决的问题，遂遭搁浅，且自太平洋战事爆发后，孤岛陆沉，交通断绝，沪校学籍文凭报部，完全停顿。因此历年沪校毕业的许多校友，只拿到学校发给的临时证书，现已早失时效。这几年的老案，复员后，正在重新清理，最大的困难，是入学证件不全，照片欠缺，因之学校无法办理学籍报部手续，曾经在各报登载启事。数月来校友照办者固多，然未办者亦不少，沪上内迁大学，都有同样情形，只有积极进行补报手续，来弥补以往的缺陷。然而在艰苦的复员过程中，人事纷繁，积案如山，短期内是不容易爬梳清楚；并且呈部验印，开档查案，也需要相当多的日子。学校对这些校友另外的补救办法，如确因工作上的必需，只有请寄照片来校，再发予临时证明书，以备应用。

（二）当八年抗战岁月里，许多校友在流离颠沛中失去了证书，有些在抗战期内虽未遭到意外，却毁灭于内战的炮火下，或者留放在被内战隔断的家里，无法寄出，且亦存亡莫卜了。这些校友接踵地向母校请求补发证书。然照章已将文凭发给的校友，因意外的遗失或毁灭，须就所在地登报声明遗失作废启事一则，剪下来，连同报告和半身照片两帧，并证书费两千元，汇寄母校教务处。许多校友不明了补发证书的这些手续，多经过好几次的函札往来。

（三）前两学期毕业的校友也屡屡来信追问文凭为什么没有发下。即以过去而论，毕业后，文凭呈部验印，也需几个月甚至一年才能具领，何况政府复员未久，百废待举，延宕日子，更不能避免。一经发还，自然会分别寄来，因为学校知道校友们的需要。

这三种情形之外，也有极少数的校友，因着当时特殊的情形，学年或学分有所未足，但服务社会已多年，成绩日著，希望学校能给予毕业证明书。以人与人的关系而论，何尝不可通融，可是学校是一个不能法外施惠的法人，她的生命和荣誉，是需要多数人的爱护和成全，尤其是参加的份子。也偶有毕业一二十年了的校友，从没有向学校领取文凭，最近因铨叙的关系，才记起这久被遗忘的证书，此时此地已有借重它的机会。在悠长的一二十年中，经过大战时几度的播迁，能够保存，确也值得珍视。

文凭与工作固有着相互的关系，在当前社会经济濒于破产的前夕，一片失业声，如你注意到各种日报的社会服务栏，求业和征才的数目是怎样的悬殊，有时只有求业，压根儿没有征才的机会，这是一个日趋严重的社会问题，所以许多人丧失了就业的权利，文凭也失去了它应有的边际效用。且这些年来，公教人员的收入，朝不谋夕，今天失业，明天就是极严重的生活压力。最近三个月内，接到请母校当局介绍工作的信和自己来校的，不下两百起，百分之九十以上都写给介绍信，获得工作的也不算少。就是有些不满现工作的校友，离家十年，羁留在遥远的西南，思归心切，想抓一个工作机会回到久别的江南，学校也在念念如何解除这些校友职业上的苦闷，做到校无弃才的地步。

人才的区域分布，过去发展本不平衡，知识阶级醉心都市，当前这种情形尤甚。京沪到处人浮于事，就是介绍个中小学教员，也得有相当人事关系，否则一溜，即被捷足者先登。然而好些较远地方的校友向母校征才，却很少人愿意去，自己宁可在等待徘徊中过日子。过去大夏倡导青年为地方服务，获有相当成果，这优良传统，今日仍有保持和发展的价值，人弃我取，正好另辟途径。况当宪政伊始，政治普选，乡村形势决定都市，都市决定乡村的因素日渐减少。

校友服务各界，声誉日著者不少，他们站的岗位，常有直接用人或间接介绍的职权，希望多予校友以工作的机会，这虽然渗杂着感情的成分在内，但为人择事，为事择人，都是智慧的社会活动。并且工作上的需要，母校对毕业校友的能力和兴趣比较了解，因人因事，能尽可能地选择。就是知道什么地方和机关有用人的机会，也请函告学校当局。就道义讲，给予了校友以至上的帮助；就社会讲，解除了失业者的苦痛，于自己却是光荣而值得骄傲的举动。

前些日子，一位毕业很久的校友，担任十年以上的中学教师，也做过报馆的编辑，报馆以经费困难停刊，他就跟着失业了，狼狈地跑回学校，请求介绍工作。自然是多方面地给他设法，校友会送了一笔旅费。当他第二次来到学校的时候，学校当局恳切地先向负责的人说："昨天那位校友如果来了，你拿给介绍信，并好好地安慰他，总得给他想法子……"一个失业而潦倒的人，固然需要物质上的帮助，尤需要精神上的慰藉。在今日千孔百疮的社会经济情形下，一个毫无奥援的青年在外，谁能保证失业之神不降到自己的头上，因此更盼望校友们的互助互荣，己达达人。

小 吴[1]
——大夏人之一

小吴是本校具历史的工友,他已 40 岁了,大家却呼他"小吴",就是比他小上 20 余岁的伙伴们,也是这样称呼他,他从没有愠色,老是那笑嘻嘻的脸答应着。由这个称呼,我们可知道他在大夏的年代了。大概他初来的时候,确是小吴,大家叫惯了,一直就沿用到现在,叫一声"老吴"反觉有些不顺口。

现在留在收发室工作的彭敬五,理学院工作的许学明及木工张鹤生,抗战时期,随学校迁徙内地;小吴和朱家和却是孤岛的留守者。民国二十九年(1940),本校一度在香港设分校,小吴曾随孙亢曾先生在分校做过些时候,后来太平洋风云紧急,分校解体,他重又回到了上海的老巢,依然默默地工作于沦陷期间设在重华新村的本校里。如果说彭敬五、许学明、张鹤生是大夏蒙难时期的"岁寒三友",那末小吴也就当得起沦陷区域的"大夏孤臣"。

去年复员,学校轸念他们的劳绩,朱家和、彭敬五、许学明、张鹤生都升充雇员。小吴还是在校长室供使唤,老的校友回来了,见着小

---
[1] 原载《大夏周报》第 24 卷第 6 期,1947 年。

吴都打招呼:"喂！你还在学校!"小吴总以愉快的脸色敬上一杯开水,问一声好,又悄悄地退去了。那时电话间设在校长室的门口,小吴兼负接电话的责任,当时复员伊始,全校只此一架电话,集中使用,铃声不断地响,你也就经常听着小吴"喂,喂……你哪里？找哪一位……"地喊着,声音是那样清晰而仔细,有时你也会知道对方是什么地方人,因为小吴会跟着对方的口音转变接应。

凡是做事认真又不出毛病的人,事情也就会集中于他,所以小吴是学校里忙人之一。有时你会听到办公室里一片"小吴"的呼声,于是小吴依旧声浪不停地穿梭着。如果你叫几声"小吴"还没有答应,小吴准是被别的部门拉去远征了,因为需要慎重的地方,他们都会借重小吴,尤其是会计室好些回,我们以他太忙,有些过意不去,问他的同伴到什么地方去了,他总是这样答复:"有事去了,就会来了,还是我去罢！"因此我们不期而然地说:"我们要向小吴学习！"他的忍耐性,他的服务精神,他的容人之量……

有一天,我们发觉小吴不在办公室的外房,接应我们使唤是另一个陌生的面庞,原来电话间改到了总务处,小吴转移了阵地。大家都有些怅惘,向总务处交涉,想要回小吴,可是找不出一个再适合接电话的人,事情看来是无法勉强的。小吴却利用时间的隙缝,还是跑到我们这边来应接,然而未免太苦了他。第二天,一件要函尚未经签署,新派的侍应者见卷宗内有信封,即封贴送给收发室,待我们发觉,这信早已到了邮局,又苦了小吴,拿着公函到邮局才取回原件。我们同声发出:"校长室不可一日无小吴!"这样,小吴又复员了,皆大欢喜。

小吴于做事勤慎灵巧之外,还有一桩人所不及的美德,就是他那诚恳接事的态度,自校长以至书记的交待,他都一样地沉着应付,其迅速的标准也都是一样地尽其可能,决不会在这里面分出什么轩轾,并不像我们孔老夫子对大官说话和对小官说话,有"訚訚"与"侃侃"的不同,他确有"助人为快乐之本"的态度。

小吴是一个虔诚的基督徒,你常可见到他的桌子上摊开圣经一类的书,遇有闲空,他会用心地看着书上的每一个字,所以博爱平等的观念,常可见于他的行动。他认识的汉字,也许不亚于一个初入大学的学生,就是写出来,也很能表达自己的意思,甚至不常见的篆字,他也能认识一些,晚上他还常练习写字呢。

几个月以前,我们觉得小吴担任的工作,除了通常的杂拌外,还有些是一般工友所不能胜任的,而且他在校的年资,也已十六易寒暑了,我们提议援例签请学校升为雇员,这个目的后来算是达到了。由我们开始谈到这事的时候,小吴谦逊地说:"不够啊!"过了许久我们还没有办,小吴却从未说过半句提醒我们的话,可见他那毫不强求的态度。

凡与小吴有过较长时期接触的人,离开了之后,对小吴都有些怀念。所以他常常接到别人的信,他也不吝惜给予别人回信,虽然邮资是这样高。

小吴有妻和三个孩子的家,却不住在学校里,因为没有一间余下的房子,不能不住在外面,每月要付出十万元的房租,这是他整个的收入内一笔难堪的负担,他的内心急想解决这个问题,可是他不愿苦着脸说话。

前些日子,小吴来说:"我要请四小时的假。"这在他是稀有的事,我好奇地问:"你有什么事?"他愉快地答复:"想送我的大孩子到一家西服店里做学徒。"这时那个十三四岁的孩子就站在他的身边。我知道小吴正展开着希望的远景,我也为他笑了。

小吴姓吴名元麟,老家住在安徽,多年没有回去了,生成一个五短的身材,却又不觉其矮。

最后我得向小吴道歉,我写这文,没有得着他的同意,他并向我提过抗议:"我不要人家知道啊!"

我们向哪条路走？[1]

语云："穷则变，变则通。"中国当前的局势，已届山尽水穷，正需要"变"，事实上亦在"变"，只是交叉于十字路口，不知变向什么方向去。处处是可通的路，处处又是不可通的路。因为各有去的方向，你不同意我走的，我不同意你走的，互相阻挡，拥塞在这交叉路口，乱作一团，开交不得。就是残存着指路的标记，也被血肉涂抹得看不见字迹了。然而，摆在眼前的，究竟是些什么走不通的路呢？概括言之，不外"武力统一""和平统一""革命统一"的三个去向。这三个去向的阻力和可能性又到底怎样？

（一）武力统一，就是剿灭政策。本来中国历史上各个朝代统一局面的形成，莫不是用武力打出来的，哪一个开国皇帝不是南征北讨、身经百战的英雄？汉高祖之所谓"马上得之"，足够代表这种武力统一的英雄气概。同时一个朝代里要是遇着了反对势力的出现，政府唯一的对策是剿灭。

如果反对势力一天天地扩大，剿灭不了，最后只有自己毁灭或肉

---

[1] 原载《观察》第 2 卷第 21 期，1947 年 7 月 19 日。

祖请降的一条路，让新兴的武力建立起新的统治朝代，所以说"天无二日，人无二王"，绝没有两者并存的和平政制。今日的政府，不容讳言是沿着这一条老路走。宁汉分家至于"七七"前夕以及所谓"国民革命"的完成，一直没有改变过这一个趋向。自胜利以迄于现在，虽然政治解决国内的纠纷高唱入云，实际只是有权者的遁词，拿政治来搪塞，做做美丽的幌子而已。去年12月，国大开幕颁布宪法以后，连这幌子也给撕去了，只是碍手碍脚的没有把讨伐令明白地公布出来。依据6月29日最高法院对毛泽东下的通缉令看起来，已是破釜沉舟灭此朝食的办法，这个通缉令也就等于历史上讨什么檄一样。但是我们要明白这里不是讨伐式的檄文或命令，而是叛国有据的通缉，从法律上找到根据，虽只是文字上的出入，却也说明了武力统一的动摇性。所以中国历史上遭遇了空前的比期，也是整个民族的一次大考试。这考试是否可以拿着及格以上的分数，突破两千年来的因袭，还有待于我们的努力。征之二十年来的斗争经过及当前的许多客观事实，这一历史传统是在发生蜕变的作用。第一，两个政治集团都握有充分的武力，虽有众寡强弱之殊，而在战争过程中的盈虚消长，预示一种均势的出现。第二，国际上美苏两大潮流，反映于国内的斗争更趋尖锐化，在精神或物质上可获得相当的奥援，五十年前朝鲜的新旧党依附于中日的两大势力，结果造成不可挽回的悲剧，如果我们继续地陷入不可拔的泥淖中，不能自己把握自己的命运，则我们国家的形势将由美苏的决斗来决定。第三，战事一日不停，国家财政和社会经济只有糜烂而至于崩溃，任何紧急措施都没有用处，这是武力统一最不可凭借的一点，同时却又是反对力量最可凭借的一点。第四，由于官僚政治的无能和颠顶，人民普遍的不满现实，尤其是知识阶级中多数自由分子已寄希望于新生的政治力量，无疑这是武力统一者不可弥补的损失。在这样的情形下,剿灭政策因为自己和环境造成的牵制,反给予反对势力一种生存发展的保障。曾经有人问到美国政府所承认为自由分子的中国当局:"这样地打下去,政府是否有把握?"据说他只是摇头叹息。为什么硬要打这样没有把握的仗?因为要保持过去的光荣和现在的面子,可是他们没有想到面子将有更难堪的一日。

（二）和平统一,要使两个独立的武力集团融合在一起,而且融合之后,不是一的扩大,而是数学式的一加一等于二（中共要求否决权意即在此）,确非易事。中国过去虽然有过"周召共和"的故事,究竟他们不是冰炭不相容的政党,只是一个主子下的两大重臣合作来辅导天子治理国家,自然不难。现在要使两个仇深似海又握有武力的集团携起手来,除非出现奇迹;这奇迹正待我们去创造。不过我们怎样去创造这一个奇迹,能否创造出这一个奇迹,实在需要着人类最大的容忍和最大的智慧。去年召开的政治协商会议,虽未能尽如人意,却用过高度的智慧和努力,确是一种成就。可是这一场努力仅是昙花一现,转瞬间变成了历史上的陈迹。从表面上看起来,和谈确是千头万绪,有不知从何处谈起之苦,实际不外军队国家化和政治民主化两大主流,这两大主流就是由分裂达到和平统一颠扑不破的定律。但是怎样使历史传统的个人军队或政党军队变为国防军,怎样使一党掌握或独裁的政权走向民主的实践,这是症结之所在。一年多来,许多爱国之士及中间政团举出过不少良法美意的方案,无奈忠言逆耳,丝毫不能打动黩武者的心。改组后的政府,不但没有改变本质,连形式也原封未动,似乎战争的悲剧将无终止地演下去,一直要演到曲终人散的时候。现在关内关外的烽火扩大得不可收拾,四平街的争夺战,死亡枕藉,惨绝人寰,没有死亡的人,也正向着死亡的路上走,这到底为了什么事!许多人说要打到两败俱伤,彼此明了了谁也不能消灭谁的时候，和平之门才可重启。有些熟悉中国情形的美国人士也是这样的看法：Nathaniel Peffer 在《细看中国》一文里说："中国的内战不免还要继续一年半载，然后政府才会再度发现共产党是消灭不了的；而中共也会明白纵令全国性的崩溃也不一定会使他们获得政权，然后也许和谈方能重开。"[1] 如果现在还没有到两败俱伤的阶段，到底还要多久才能达到这个死里求生的标准？假使在加深了痛苦之后，他们真的可以产生智慧，人民倒希望痛苦高度地发展，缩短痛苦的时间，借以获得和平的日子。然而上两月的和平呼吁，甚嚣尘上，立法院和参政会有过热烈的讨论，全国学生有过如荼如火罢课游行的表示，在这些呼吁和平者的感觉，目前已迫临最危急的阶段，因为人民已经不能再苦下去了，如果没有了人民，任何的政党都要失败。然而握有和平权力的人始终干着与和平背道而驰的工作，他们对血肉模糊的战尸、家破人亡的难民，熟视无睹。因为他们都不败不伤，败的伤的正是他们不过视为战争工具的老百姓！

当马歇尔离开中国时，曾寄意蒋主席领导温和的自由主义者建立民主的新中华民国。前些日子，伍宪子氏在《大公报》上发表的时局主张，赞同蒋主席辞去国民党的总裁，处于超然的地位，做各党各派或全国的领袖，国共双方的所役军人都脱离党籍。这并不是伍氏的创见，早就有人作如此主张。但这仅是一种愿望，没有丝毫可能的迹象。

说来国共的合作是这样的困难，但是北伐和抗战的辉煌成就，不曾经有过并肩作战的事实吗？难道他们的友谊只能同患难而不能同安乐？可是目前的局势，安乐的道路已被内战摧毁得一干二净，各处的变乱，复杂的外交关系，尤其值得我们警惕的，麦克阿瑟一手扶持

---

[1]《观察》第 2 卷第 18 期，1947 年。

的日本，咄咄逼人。尾崎竟主张以公民投票来决定满洲、台湾、琉球、朝鲜的命运。他们已如何蔑视胜利的中国！兴念未来的国家民族，大家也应该回头了，一味地僵持下去，只有同归于幻灭。然而国府总动员的命令已预示今后是一个怎样悲惨的局面。

（三）革命统一。革命是人类历史的突变。构成人类历史突变的因素：第一，社会财富的集中，少数人利用着特殊的手段，掠夺大众的资本和劳力，砌成自己的金字塔，骄奢淫逸，无所不用其极，而大多数人却在水深火热的死亡线上挣扎。因此贫富的悬殊，社会关系极端的尖锐化，一边是暴戾残忍，一边是仇视报复。第二，社会经济的发展，需要在新的基础上建立起新的系统，不能不彻底地扫除废墟，重新建设。今日中国的社会情形，是否已经具备了这些突变的因素？我敢肯定地说：今日的中国社会没有一处不是火药库，较之1789年法国大革命和俄国十月革命的前夕有过之无不及。据统计数字，10%的人口，占70%的土地；90%的人口，仅占30%的土地。这个估计纵然不能说绝对正确，但土地的集中是有目共睹的事实。笔者所知的一个贩卖商人，20年的经营，拥有两万担稻谷的田地，都市中所占的房屋不下百所。仅是一个纯粹的贩卖商人业已如此，官商的勾结和豪门资本的垄断更可想而知了。生活指数较战前已涨至25 000倍，公教人员的薪给还停滞在2 000倍，这样的畸形发展，这样无底止的糜烂，确已届于彻底改革的阶段。某部长说："二十年前我们革人家的命，想不到现在人家要革我们的命了。"这是一句沉痛的话，由此我们看出中国现阶段不但有着革命的事实存在，同时也有了革命的恐怖心理。且自17世纪末叶以后，世界各国先后完成了工业革命，大踏步前进，中国始终在帝国主义和封建残余的枷锁下，没有获得适当发展，胜利后似可解除一切的枷锁，然而枷锁的钳制，仍有需要革命的手段。

今日企图推翻社会制度的，无疑是中共。我们要推究源委，何以有革命的背景而不能完成其任务？就社会的腐烂面看，谁也不能否认这种需要。可是现实的阴影限制着历史的发展。第一，中华民族依然没有摆脱不为已甚的儒家思想，一切都以中庸之道为社会是非的标准，革命的过激行动，是不合于中庸之道，人民遇着了横逆和暴戾，只有扩大他们的忍耐性；自然也有忍耐到不能再忍耐的时候。第二，自鸦片战争百余年来，中国人民无时不在战争的蹂躏和恐怖中，尤其抗战八年后，人民实在需要一个休养生息的机会，所以他们所祈求的是过些和平的日子，厌战的心过于望治之切，视革命为畏途，谈起中共，大有洪水猛兽的看法，宁可咬紧牙根吃苦，没有勇气革命。第三，革命的对象，却也有一些值得原谅的地方，尚未达到土崩瓦解之势。第四，官僚政治的腐败，虽已招致"时日曷丧，予及汝偕亡"的诅咒，但封建残余和外力扶植，给予了相当的维系力。第五，辛亥革命是人民难忘的教训，三十余年来除了战乱外，什么都没有。在这样错综复杂的社会关系里，所以产生的革命力量无法使革命一气呵成。同时知识分子中的不少自由主义者，知道这个社会要"变"，也希望"变"，彻底地"变"，却有一个共同的观念，以为不要用流血的革命方式去"变"，想用改造的方法完成不流血的革命任务。这不是不可能，英国的工党执政以后，正想用不流血的革命来挽救资本主义的危机，似乎已经收到了相当的成效。但是移植到中国来，是否也能收同样的效果？何况中国两个武力集团的对立，怎样使他们放下武力，和衷共济地改造社会？由近来局势的发展，除非上帝给我们好好地安排。

从上面许多事实的分析，武力统一已遭到了国内国际的阻力，革命统一也受着种种的限制，或者说尚未到瓜熟蒂落，和平统一又是那样的翩若惊鸿、不可捉摸,似此中国只有在战争的混乱下,永坠浩劫不能自拔。然而人类历史应该不会这样的伊于无底,总得有一个交代。这个交代到底怎样?似乎还有待事实的证明。王芸生先生在《中国时局前途的三个去向》[1]一文里,认为除了革命和平的途径外,可能走向南北朝的对立,各据半壁以自雄。曾经有人主张国共分地而治,即是促成南北对立的局面。然而南北对立的可能性究竟怎样?我是否认有这一个去向的。因为南北朝只是统治权的斗争,与今日政权和民主的争取大异其趣。统治权的斗争过程,到了谁也不能打倒谁的时候,只有各守原有的防地,互相窥伺。中国历史上已经出现了不少的这种场合。但是当前的形态是错综复杂的,被不同的信仰和势力打破了固定的空际范围。例如中共原来建立在陕甘宁的边区,但极南的广东和海南岛也有过他们的势力。就是政府的自身也未必尽是真正的政府主义者。所以在联合政权的形式出现了以后,只有战争或和平的两个途径,战争则包括剿灭和革命,和平则不出于联合政府的范畴,绝不能有不战不和的执中办法。

人民是迫切地在祈祷和平,希望尝一点安宁生活的滋味。如果和平不可急得,只要能用快刀斩乱麻的方式,不问其为剿灭或革命,阵痛之后,即可获致安祥的局面,则战争亦有所希望。若战争徒惹成长期的纷乱,打个你死我活,依然不能解决问题,还要从和平求出路,则目前一切的决策需要有智慧者的重新考虑,不要让历史铸成了不可收拾的大错。

---

[1]《观察》1946年创刊号。

暑假话大学[1]

一

当一长列穿着学士服戴着方帽子的青年，鱼贯地步入大礼堂，温文尔雅坐在前几排的椅子上，点着名字，一个个地走上讲台，接受校长授予大学士学位的临时毕业证书，深深地一鞠躬而退，这多富于喜剧性的排场。各大学十年来没有举行过毕业盛典，今年暑假好些学校都经导演这一幕喜剧，以示隆重。青年在这金榜题名的仪式里，应有难得的欢悦，一吐十数年寒窗的郁结，可是欢悦之色掩盖不了恐怖的阴影。毕业了，天经地义要为社会服务，有如"男大当婚，女大当嫁"的道理一样。"未谙姑食性，先遣小姑尝"，固然是出嫁时的苦痛，际此普遍地闹着毕业的时候，人缘关系较好的，出了校门，能钻到一阶半级，已是侥天之幸；然许多人正在彷徨徘徊，欲一试"先遣小姑尝"的苦痛机会也没有，纵有欢悦之色也早被工作问题驱走了。回忆学生时代自由自在的生活，此时此地怎不苦上心头！所以他们都异口同声地说："没有毕业，希望快毕业，现在想来还是不毕业好。"某校长答记者

---

[1] 原载《大公报》1947年8月7日。

的访问："毕业生就业情形不大好,因为各地机关社团都在紧缩,而我们今年的毕业生特别多。"学生没有出路,学校当局也是感到失望的。

中国读书人的出路,一向只有教书和做官的两条路,实际只是一条路,即时下所谓的公教人员,或者由教书改名而做官,或者由做官失意而教书,总是如此相互地交织着。现在读书人的范围扩大了,就业的门径也应该不如过去的狭隘了。可是工商的落后,私人事业的不发达,读书人的出路,依然不能脱出以往的窠臼。政府的组织虽够庞大而复杂了,但这有限的庞大总不能容纳无限量的毕业生,至形成供过于求,盖我们完全抄袭了资本主义的整个教育制度和理论,而人才的应用,却停留在封建残余的关系里,供给与消费脱了节,安得不与社会经济一样的闹出不景气的现象来?

做官外的另一条路是教书。说到教书,今日的青年,已望而却步。如要征求他们教书,十个有九个是这样的回答:"别处想不到法子,再作决定罢!"有的竟干脆地说:"我不愿意教书。"似乎教书已成为没有路走的一条路,青年再没有想到文庙里吃冷猪头肉的意思了。然而正在教书的人,一年一度,又唯恐无书可教,因为他们多年来守着自己的岗位,寄希望于遥远的未来,也靠着这一张聘约来啃饭,一旦失去了它,是会影响着生活的维持。要是放了暑假很久,还没有得到聘约的人,他们会提心吊胆,到处打听消息,有无问题。这里充分地表现着学人的辛酸,当政嘴里响亮地喊提高学术,事实是怎样在糟塌教育文化!你想朝气蓬勃刚离学校的青年,谁愿意学中年以上的人再死心塌地地吃这碗怄气饭,何况又是吃不饱的饭!

二

年来每逢暑假,总有大量的教授解聘。除了极少数是由于个人的因素外，多数是因着政治的关系，他们不能授业解惑吗？而这些被解聘的人，往往都是青年衷心所崇敬者，唯其如此，就是被解聘的理由。今年暑假，经5月全国学潮之后，这一件事尤为教育界所注意。暨大30余位教授讲师的解聘，复旦法学院院长张志让先生等的辞职，已是众所周知的事，只要我们熟悉辞职者、解聘者的名字，我们就不难知道是何意味。我们一面看到大学教授的缺乏，却有许多优越的学者被踢出大学的门外，这是使人不能索解的矛盾。6月底教部举行教育座谈会，有人主张提高学术研究以消弭学潮，可是教授没有讲学的自由，研究经济的指定《资本论》作参考书，教哲学和历史的讲些唯物辩证法，也会遭到歧视，也会有解聘的可能，学术又从何研究，更从何提高？如以提高学术研究为消弭学潮的手段，则更南辕北辙！在一个政治上轨道、社会经济安定的环境里，自可收到预期的效果，否则适得其反。因为学术的提高，首先要有研究自由，一个自由地追求理想的人，对中国当前的环境谁不痛心疾首，动于中而形于外，何能抑止他们那种当仁不让的心理，社会运动或学生运动又何能避免？风雨如晦，鸡鸣不已，这或是一元来复的先兆。

本来绞脑汁一向是视为高贵的工作，"劳心者役人，劳力者役于人"，这种观念和事实已支配了中国数千年的社会关系，可是现在一个大学教授的收入，远不及一个汽车夫或工厂里的工友。自从生活指数解冻，工资增至23 000倍，公教人员的薪给还停滞在二三千倍之间。这里并不是说汽车夫或工厂里的工人所得过多，而是说明公教人员今日的厄运。瞻望经济的现状，公教人员的厄运尚方兴未已。经济控制一切，一切由经济控制，所谓"士"已是社会最低的一层。一个教育工作者，固不必自视过高，但眼看人家的教授在研究原子能，我们的教授，下了课要挑水煮饭抱娃娃，早晚为柴米油盐分心，这不仅是教学者的辛酸，亦是整个教育的危机。不过当前的中国，一切都脱出了常轨，民族集体自杀的内战一日不停，人才浪费、教育浪费、教学者的死活又何足轻重。

三

教授既有思想上的问题，学生自然更不能避免这一课题。去年寒假，北大曾以退学办法，处理所谓过激分子。本年暑假，经全国学潮袭击之后，好些学校提前放假，也有期终考试都来不及举行了。大家都会意识到，学校当局为釜底抽薪计，退学办法将有普遍应用的可能。暨南大学默退50余人，业已见诸报端，其他亦不一而足。学校当局之比较开明者，凡已列黑名单之学生，碍于事实，未便保留，其他或从轻发落了。并闻各校默退的学生，互相抄送名单，任何学校不得取录，有似友邦之不能互纳逃犯。为了防范未然，曾经有人在本市专科以上学校校长联席会议席上，强调新生入学口试，严密注意思想问题以凭去取。如此，所谓有思想问题的青年，已入校者将被摈弃于校门之外，未入校者，已绝升学之望。

不可否认的，二十年来的教育，政治的压力多于教育的启导。孟子说："以力服人者，非心服也，力不赡也。"教育不能启迪青年，而用政治的威力，这是党化教育的完全失败。其实不满现实的过激青年，除极少数或含有政治的因素，大多数都是优秀而纯洁的分子。我们毫不珍惜青年的前途和社会未来的需要，凭一时的意气，断送其求学的机会，衡之教育本旨，未免背道而驰。就是这样严密的防范，何尝能真正地解决问题！因为学潮的产生，并不是青年本身的问题，问题在青年正义的呼声里，就是整个国家症结之所在。如果不解决症结的本身，而禁止说出症结的声音，何异慈禧太后不许太医说出同治帝的花柳病,结果同治帝的病情怎样？况且青年的思想有无毒质,既不能从血液中去化验,也无法用显微镜去透视,入学之始,何从知其向背。事实上思想行动,往往随环境为转移,在合理而顺适的环境里,青年可驯若羔羊,一旦受了刺激,羔羊也可变成怒吼的狮子。

四

日来天热如火,各校还纷纷举行新生入学考试,考生较之往年更为拥挤,这并不能说是坏的现象。拥挤的原因,主要是全国高中毕业生与大学招收新生的比例,相隔过于悬殊。但是今年暑假还有其特殊的原因。第一,总动员法颁布后,各地征抽壮丁雷厉风行,买一个壮丁要二三百万元,有些不打算升学的子弟,为了逃役,逼着也非升学不可！甚至毕了业没有职业的青年,也为了逃役,重新申请入学。第二,各校复员未久,校舍建筑有限,不敷应用,无法多容收录新生。第三,恐学生过多,生活不安,易于滋事,为防患未然计,各校均紧缩取录名额。以中央大学之庞大,只取 700 名,于此可以概见。后面的两点,为求学校的安定,无容疵议；但就整个教育来说,这样的深闭固拒,使大多数青年无校可进,又无就业机会,除抽当壮丁以充炮灰外,似又无路可走。因为入学的不易,考试舞弊之风更甚,代考者已为司空见惯之事。作者曾监考仅 70 余人的考场,即发现两个代考的学生；请求学校当局录取子弟戚属的信,更加雪片般飞来,以人情为重的民族性,安能规避这些现实的纠缠。

在一个政治上轨道的国家里,或者说这个国家有一个贤能的政府,总会处处给予人民以各种方便,我们国内一切的组织却恰恰相反,只会与人为难,连熏陶青年的学府对青年也会如此！过去考生,可以在各大学里搭宿,今年为了防备意外,所有大学不许考生寄住。

外地的考生，没有了寄住学校的方便，住旅馆，所费不菲，平添几许困难。政党的裂痕，社会的忌刻，我们可以归之政治道德，社会心理的陷溺，连师保于青年也划出一条鸿沟，猜疑横生，变成劳资对立的形态，教育的危机，莫此为甚！

年来许多人都在埋怨学生程度的低落，抗战期中，事实上的迫使，无法改善。胜利迄今两年，不但无好转的征兆，且有每况日下之势。去年是复员的一年，摒挡一切，旷时费事，4月即放假，好些学校延至10月至2月[1]才开学，偷工减料，草草结束。今年想来可以向安定中求进步，可是学潮迭起，抗议美军强奸女学生，护权运动及反内战反饥饿的高潮。这一大半青年干涉政治的活动，立意并未可厚非，可是闹到这样，谁应尸其咎！结果牺牲的不是别人，正是青年。交大据说实际只上了六星期的课，英大上课的日子恐更少，东北大学因内战事的关系也没有上足两个月。被目为激进分子的学生，连读书的机会也遭剥夺了。这样不安的局面，要提高学生的程度，不是痴人说梦吗？

五

当前的高等教育，跟着大局的矛盾也加深其矛盾，依然地走着下坡路。学校当局与教授的失调，教授与教授之间的党同伐异，学生与学校之间的对立，要读书的无书可读，要就业的无业可就，一个辛勤数十年的教授，衣不蔽体，食不果腹，社会与学校不曾给予他什么同情，即在一辆校车里，四周坐着年轻貌美的学生，尽管60岁的老教授抱着厚厚的皮包，颠来颠去，但不容易见到一个学生站起来让给座位，这是教育界呈现着的一幅悲惨相。

---

[1] 即指1946年10月至1947年2月。

中国还需要革命[1]

一、未完成的革命

中山先生留下"革命尚未成功"的誓言,赍志以殁,"出师未捷身先死,长使英雄泪满襟",这是历史的恶作剧,中国不可弥补的损失。当他弥留之际,自然希望继起革命的志士,完成其未完成的遗志,使全部三民主义的理想能够完整地实现,以达到富强康乐的民主政治。但是他40年刻苦奋斗,民族革命表现了很大的成效,推翻了清朝;民权方面,也消极地做了些破坏专制政体的工作;唯有民生主义或社会革命,则尚未开始。国民党自肩负起这部未成功的革命史,20余年来,还是在民族革命的过程中兜圈子,一直到1945年8月15日,日本投降,才算告一个段落。民权主义虽然暂由消极的破坏进到积极的建设,召开国大,颁布宪法,可是触着了难拔的暗礁和作茧自缚的矛盾。民生主义则仍是一张未填写的白纸,迟至今日,又已危机四伏,谁知中华民族的革命道路,是如此艰险而遥远!

何以法国经1789年的大革命以后,自由平等博爱即已抬头;俄

---

[1] 原载《时与文》1947年第4期。

国经1917年的大革命以后,以最短的时间,彻头彻尾地完成了社会革命,提高了社会生活水准,巩固了国家基础。我们呢?从太平天国的革命运动起,经过洋务运动、戊戌政变、辛亥革命、五四运动及国民革命军北伐,以至于现在,过去了一个多世纪,时间不可谓不长,还是"革命尚未成功"这句话,好像已变成了玄学上的名词,永久得不着具体的结论,因此我们不能不追问下去,到底为了什么?

法俄的革命,是比较单纯的政治革命。工业革命先已给予法国社会经济一个大的改革机会,俄国沙皇所领导的大地主政权,也已到了登峰造极,因此政治和社会的改革运动,获得了顺水推舟的助力。而我们这百数十年来宝贵的血肉,却始终为民族革命而捐输。洪秀全领导太平天国,浩浩荡荡地进行着推翻清朝的工作,偏偏遇着曾国藩、李鸿章一班人又要把它扶起;辛亥革命,算是完成了驱逐鞑虏的工作,谁知帝国主义者一齐闯入,如决江河,莫之能御;驱走了一个鞑虏,却来了无数的鞑虏,几召瓜分之祸,直至抗战胜利,才挣脱帝国主义的枷锁,可是新的枷锁又在摆布了。自18世纪后,工业革命风靡了欧美及东方的日本,物质建设,日新月异,而中国的社会经济始终停滞在半封建半殖民地的昏迷状态中,所以20年前"五四"时代反帝反封建的口号,今日还没有失去它的时间性。其次,法国有卢梭、伏尔泰等的自由思想做了革命的先驱;俄国有革命的先知列宁全部接受了马克思主义,确定了无产阶级革命的道路,我们的革命经典三民主义呢?却作了赞美诗、护身符、升官图,原来革命斗争的意义,被冲淡得看不见形迹了,因此旧的一套归于破坏,新的一套又不能建立,结果变成一个残破不全的社会!

我们如果追溯上去,五千年的中国历史,可以说就没有革过一次命,所谓顺乎天而应乎人的"汤武革命",所谓汉高祖、明太祖的"平民革命",也只是朝代的递嬗,张三打倒李四,李四打倒张三的戏法而已。从社会经济的意义上看,汤武的新朝代和桀纣的旧朝代有什么两样,汉之于秦、明之于元有什么截然的不同?就是震古铄今的辛亥革命,也只是打倒了一姓的皇帝,分作数十家小朝廷。当时各省的军阀,割据一方,拥兵称雄,不是"一花一世界,一叶一菩提"吗?谁能否认他们不是独立的皇帝?就是今天,在某些地方尚残存着这一种形态。唯其如此,五千年来的历史重担,压在这一代炎黄子孙的身上。如果我们把这一副血腥的重担有了交代,便算是我们的功绩,替下一代子孙造了幸福;如果仍是一个血腥的重担留给下一代的子孙,则积垢愈多愈难洗涤,血腥愈重愈难负担,也就是我们这一代人的罪恶。看我们如何洗涤这罪恶!

二、 封建势力在中国社会生了根

中国人民虽然流过了无量的鲜血,经过百数十年变法图强的斗争,终没有完成革命的使命,这是中华民族吃亏的地方。谭嗣同谓:"各国变法,无不从流血而成,今中国未闻有因变法而流血者,此国之所以不昌也,有之请自嗣同始。"所以戊戌政变时,他可以逃避而不逃避,卒及于难,那种义愤填胸的气概,与闻一多先生的"前脚跨出大门就不想回来"先后辉映,直欲以自己的鲜血,激起社会的改良运动,换取无数人的幸福,这种先知先觉成义成仁的态度,是中国民主运动的启明星。

革命志士的牺牲,固然可以激起革命的浪潮,唤醒多数人的觉悟,但亦可减少革命的力量。在每一次革命的过程中,革命斗士在暴力下不断地牺牲,反革命者却未受到应得的膺惩,袁世凯并不送上断头台,溥仪逃到东三省依然大模大样地做起皇帝来,北伐时代许多罪大恶极的军阀,变来变去,花样翻新,有的竟是高据要津的"革命元勋"。所以每一次革命斗争的结果,反革命者的气焰高涨一次,不但不能使社会起沉淀的作用,相反的,渣滓浮在上面,压制了革命的力量。

清朝末年到北伐时代,国民党代表革命新兴的力量,始终与专制毒焰的爱新觉罗氏、封建割据的军阀相周旋,经过无数惊风骇浪,才建立起中华民国的基础,曾几何时,自己又是封建主义和资产阶级的代理人,变作了受箭的鹄的,依然中了历史的遗毒——泗上亭长的刘邦、皇觉寺小沙弥的朱元璋,一旦做了皇帝,作威作福比别的皇帝还要厉害,龙袍披上,再也不能代表那来自民间的身份了。这也无怪他们,我们的教主孔夫子就有这样的教条:"素富贵行乎富贵,素贫贱行乎贫贱。"做小和尚的时候,敲着木鱼化缘,是你的份内事;如果做了高高在上的万岁爷,必须"君权神授""朕即上帝"地摆布起来,才不失贵为天子的身份,要是不快意的话,割下几个脑袋来解解闷,仿佛只是踏死几个蚂蚁一样,这也是分内事。从夏商周代代地传递下来,政治构造和社会阶层已变成了这样一副伟大的机器,人类不过是机器里的原料,经过机器的那一阶段,即变为那一阶段的塑型;历史是这样的作弄人类,使原料变成作品,作品变成渣滓,人类就永久走着这样的连环路。因此封建势力在中国社会已生了根,成为社会牢不可破的基石,政府只是基石上的堡垒,新的老了,又被新兴的推翻,是这样的一代代新陈代谢着,基石始终没有动摇过。如果我们要走出历史的连环悲剧,我们必须以全力去摧毁这顽强的基石和基石上的堡垒。辛亥革命之后,在"五四"时代,固然也做过些摧毁基石的工作,可是没有长出新的土壤,动摇过的基石磐然如故。"不遇盘根错节,安别利器?"我们现在就处在这样一个执锐攻坚的时代。

三、革命的必要

我们既然面临着这样一个积重难返而又万分需要革命的时代，但是在这五千年历史四万万六千万人口的泱泱大国里，究竟存在一些什么事实，这些事实又怎样使革命的力量不能尽情地发挥？

第一，豪门资本、官僚资本的集中。这些特殊人，可说自国民政府成立以来，即获得了特殊的卵翼，一天天地膨胀升华，利用政治上的优越地位，掌握国家财政，垄断金融事业，投机国际贸易，巧取豪夺，无所不用其极，战时发国难财，胜利发接收财，吞噬了国家的一切资源。据最近报载：自（民国）三十五年3月至本年2月，中央银行共售出外汇51 000余万美元，孚中扬子两公司购去22 000余万美元，这两个公司的主人，大家都很清楚，他们不但田连阡陌，洋房遍都市，亦且存款充于国外，闻各家在美存款共有41亿美元，较之昔年和珅的家庭有过之无不及，因为他们在封建关系剥削之外，还以买办的姿态出现。财富愈集中，穷而无告的人愈多，社会的病态即由此产生，美国各托拉斯的财产尽管大得不可以数计，然而一般人的生活尚能维持，所以不至马上影响整个社会的健康。人类的通性，只要活得下去，谁又好为已甚？就是吃苦，只要是大家共同的，社会仍可获得维系的力量。如果少数人穷奢极欲，大多数人却被困在饥饿的死亡线下，"朱门酒肉臭，路有冻死骨"，这就是社会的危境。

第二，战争和饥荒，是造成革命的要素。无论哪一个朝代，革命势力的兴起总离不了天灾人祸的驱使。近年来各地的水灾旱灾，无日不在啃噬着人民的生命，亦无日不在呼吁救济，可是所谓救济，也只是大人先生们的口惠，饥民真能获得恩施的，恐微乎其微。曾来华观见乾隆帝的英国首任大使马加特尼（马戛尔尼），在他留华的日记里,记述着这样一件事:那年广东有一县饥荒,上震天听,乾隆帝在打猎费内拨了5万两去赈济灾民,款发至礼部,扣下了2万两,还要经过好几层官爷们的手,等发到饥民的身上,已经不到2万两了。所以每经一次饥荒,人民对官爷们即多一层认识,也增加一次仇恨,况且今日无处不是贪污的事实。八年的抗战,大家尽管艰苦备尝,却知道这是国家民族生死存亡的关头,非战无以图存,谁不怀着打败日寇我们翻身的希望?而两年来的内战,却又为了何事?"争地以战,杀人盈野;争城以战,杀人盈城",使人民流离失所,谁甘受此横逆!谁忍睹此残暴!非战区的人们,征兵征实,也已被压得死活不得。剿灭政策,固视之为天经地义,可是事实告诉我们,这是抱薪救火,火哪里会熄灭呢!此种长期的内战,形成一个最不平的现象:政府对官僚资本、豪门资本不能抽得一丝一毫;提用美国存款,闹了几年,你休想拔一根毛;所有军粮税收,都是从纯良的商人、中产以下的地主和一般农民头上刮下来的。这许多小资产阶级也早已喘息在无产阶级的边沿了,一旦革命从他们的口里喊出,是最可怕的;且许多难民和逃役的壮丁,流离转徙,逼上梁山做了中共的外围的,大有人在,战事一日不停,这种人势必不断地增加,政府应视为隐忧。

第三,土地问题,愈趋愈重。"耕者有其田"的土地政策,只是政纲中美妙的条文,纵然有决心去改良,如果不拿出断然的手段,终是积重难返。中国以农立国,80%以上的人口,依靠着自然生产来养活,自然生产的唯一对象——土地,不能有合理的分配,而让土地需要者与土地所有者完全对立,这是一个极端严重的问题。从上年各地抢米的风潮,也可看出囤积者与需要者关系的尖锐化,因此土地问题构成了有历史性的革命要素;早在宋代,四川的王小波、浙江的方腊、湖南的杨幺,即已提出了"均产"的口号;接着太平天国提出了土地改革的问题，民生主义内且已确定了土地政策，共产党更以改革土地为其施政的核心。中国社会近世纪来不断地转变，可是土地分配依然停滞在小农经济和手工农生产关系的阶段里，工业革命始终翻不出它的掌心，所以中国要谈社会革命，必须从土地革命做起。

第四，"官逼民反"，久已成了历史的定律。早些日子，湖南沅江县政府，因统制大粪，惹起人民的反感，数百农妇围击县长。举此一端，以概其余，其实类此的事情，几无日无处不有。"只许官家放火，不许民家点灯！"今古如出一辙。但是过去官场还有一副森严的假面具威胁老百姓，现在这副假面具早已撕下了，官场的狰狞贪婪面目，暴露无遗，何况今日中国，已集古今中外贪污政治的大成，人民的仇视报复心理，与日俱增，揭竿而起的事实，已经层出不穷了。

上面的这些事实，都是极其明显的，谁能否认当前政治的腐败和社会的黑暗，又有谁不希望对腐败和黑暗有所改良？但是一点一滴的改良，对这半身不遂的麻木社会，不会发生丝毫的刺激作用。我们不也常看到处贪污者以极刑么？可是主刑者本身即在贪污；而公教人员的不能养廉，又无异鼓励贪污，贪污何从敛迹？我们不也常见到政府引用社会贤才，可是他们一任要职之后，于实际究有何补救？汉高祖明太祖不也是民间去的吗！所以今日不谈改良则已，欲谈改良，只有用革命的手段，才能使这僵化的社会有新的转机。如最近政府提倡节约，表面上看，何尝不是良法美意？但是90%的人口，他们早就束紧裤带过日子，要他们节约，除非节约仅够维持生命的米麦；而日食百万的豪富阶级，他们决不会因节约而降低他们的生活，这即露骨地存在着社会革命的问题。

四、谁能担当革命的重任

来中国数十年的司徒大使,对中国国情确有相当的了解,曾几度发言,主张革命运动。谁来领导革命？司徒大使没有接着说下去,也许有难言之苦。摆在我们目前的,能担当革命重任的,不外下列三方面：

第一,由于政府自发的,来完成革命的使命,实现中山先生的遗志。政府中确有不少此种期望和抱负的人。美国名教授裴斐,去年应我国教部之请,来华讲学,回国后,在《哈布斯杂志》发表《退出中国此其时矣》一文,该文主张："由中国改革政治,成立为人民所拥戴之政府,并实行社会改革,庶不至引起极端分子的革命。"裴斐教授的高见,不出所谓政协路线,希望政府派自动地彻底改组政府,实行中山先生改良派的民生主义,以缓和激进分子的流血革命,完成不流血的光荣革命。当去年政协开会的时候,也许有这种迹象。可是毕竟这是一条走不通的道路,两年来的事实,已经告诉了我们。政协开会后,不是有许多忠心耿耿的人物,吞声饮泣吗？一向被认为金字塔的上层结构,既由自己所占有,又要由自己拱手让人,我们除了做唐虞揖让政治的梦,现实的道德和智慧是不容易有的,因为既得利益集团,为了要保持既得利益,正好像革命者要完成革命的使命,是不择手段的。

第二,抗战期中以至于胜利以后,知识阶级的社会意识,有一个大大的转变,好些象牙之塔的学者,因环境给予的刺激,走上了时代的道路；如闻一多先生本是一个连报都不愿意看的学者,竟积极参加民主政治活动,即其一例。美国教会世界服务社理事长穆斯博士游历远东返国后谈："中国除共产党外,尚有不少自由分子,彼等不能参加蒋主席所领导之政府,故有单独发动变乱的可能。"(见香港8月1日《星岛日报》)穆斯博士的观察,有部分的真理,在中国知识阶级的领域中,无疑的有大量的自由分子,他们不愿走入共产党的集团,更不满意政府的一切,他们拥有舆论和民气的反抗力量。大概穆斯博士所见到的,便是国共以外的许多自由分子以及五月间学生运动的表现。这许多自由分子,固然怀着满腔热血,但是如欲单独举起革命的旗帜,是不容易的:一则缺乏坚强的组织,再则没有革命手段的武力;并且愿意挺身出来干涉政治的自由分子,占全国人口的百分比究竟太少,这是中国的中庸主义在作祟。但是虽然他们没有革命的力量,却有左右社会的影响,如果国民党能够领导政府突破当前的难关,实现中山先生改良主义的社会政策,以达到民主的道路,则这些自由分子正是民主的新血液;如果政府继续腐化恶化下去,他们到了忍无可忍的时候,将有走入左方革命集团的可能。不可否认的,此种现象,已日趋显著。

第三,握有武力领导革命的中共,已有了二十余年实际的斗争经验,现时拥有的地盘和人力,谁也不能否认其为国内第二大政党的地位,这次,魏德迈将军之来华调查,据说"中共是否威胁国民政府的存在"为其调查主要课题之一,此处不是"政府是否可以消灭中共",美国人的观察,已大可玩味。本来近十年中共的发展,为许多人始料之所不及,其为社会矛盾之时势所造成,毫无疑义;尤其在西北的艰苦环境里,竟能够扩大成长,树立相当的政治基础,与江西时期,已完全不可同日而语,而国内外人士也随着环境的转移,给予不同的看法,其现行的土地清算政策,固为地主们所不满,然土地的重新划分,中国社会经济早有此种必要。"无产阶级起来!"原是共产党固有的口号,近年来中共的态度,固然仍是争取农工阶级,但开明的知识分子和工商界人士，也已变成了他们拉拢的目标，这与他们的新民主主义同样是适合中国目前的环境。然而就当前多数人的观察，中共虽然拥有相当大的政治力量和军事力量，但其不能立即倾覆政府却与政府之不能剿灭中共无异。此时此地说起来，这观点正是事实，就是说中共领导的革命力量还没有水到渠成之势，似尚有待于国际局势的彻底转变。

中国现阶段的阶级意识，大资产阶级不论，商人和地主式的小资产阶级，为了他们有足够温饱的享受，他们本反对流血革命，然而这阶级里的人，在官僚政治的剥削和内战的压力下，已有转变的趋势。为渊驱鱼，谁应负这个责任！大多数的青年知识阶级及开明绅士，希望改良派的社会主义者或革新派抬头，如果国民政府能够达到改良的目的，实行真正的民主政治，他们正是政府的诤友；可是政府的一切设施，正与相反，益增加他们的离心力。改组后的政府，所谓混合内阁，徒增加几个花瓶而已，其实质不变，一如往昔：物价依然高涨，官吏依然贪污，金融依然无法调整，乱糟糟的情形依然无丝毫的好转现象。现在"剿匪"政策雷厉风行，大规模的战事究竟何日戢止，谁也不能有肯定的答复。魏德迈将军所获得的调查材料，固是满箱满匦，把这些材料分门别类地整理出来，也许可以得到一个切实的结论——一切的症结在内战，要解决这症结，魏德迈将军的锦囊和马歇尔特使有何不同，除了积极协助"剿匪"政策，以武力恢复"和平"外，恐亦无断然的办法。

在这里，我们可获得了本文的结论：中国需要革命，无论政府来完成未完成的革命也好，共产党来革命也好。换句话说，国民政府如不能拿革命的手段刷新社会，则"革命"必假手于人。可是你要革命，你要和平，人家都不点头，结果革命也不能，和平也不成，就演为现在你打我、我打你的局势,这局势要维持多少日子,刀柄又拿在别人手里,可以痛哭流涕者在此。

五、国际因素

有人把中国的历史与苏联作对比,俄国的二月革命推翻沙皇,与辛亥革命推翻清朝相近;二月革命后,孟雪维克和社会革命党做了俄国的领导者,沙皇的政权又转移到了资产阶级的手中,列宁和斯大林继续领导布尔塞维克走向社会主义革命,这才完成了十月革命。国民政府面临中共的民主运动,很可能比拟自己的地位处于十月革命的危境。不过与俄国不同的,我们的国家有国际的两大势力在激荡,自发的革命受了压制。

因此中国的问题,一方面固然在于中国人民自己的努力,另一方面也随着国际的寒暑表为转移,美苏间的症结有了合理的解决,中国问题才能彻底地解决。《美国新闻周刊》编辑大卫·劳伦斯在该刊发表的社论说:"美国也许不能征服苏联的军事首脑,如说那时欧洲完全成了屠宰场,美国也可能被炸为屠宰场,那时人力大失,债务剧增,捐税奇重,另一次战争的结果必定造成美国的社会主义,目前的制度不能存在。"如果大卫·劳伦斯的话是正确的,中国的难题也就在那个时候随着获得了解决。

论学术独立[1]

胡适之先生在本年九月间发表他的《争取学术独立的十年计划》，除撰专论刊于《大公报》外，且向新闻界反复声明，唯恐别人有所误解。其立意之要点：（一）鉴于留学政策的失败，免得外汇浪费，主张一意发展国内的大学及研究院；（二）十年内以国家力量扶助10所大学尽量发展，第一个五年的5所大学，胡氏曾举出北大、清华、武大、浙大、中大为发展的对象，后五年的5所大学，将待时间的抉择。以胡先生在今日国内国外的声望，作如此主张，是有相当影响，可能为施政者所借镜的，故教育界人士纷纷表示意见。附和其说者，认为当前的中国环境，有饭大家吃的看法是错误的，只有从"重点教育"求取速效，以达到学术独立的目的。反对的人，一部分站在区域和学校立场上争长短，不免以私害公；一部分则完全否认这种主张，并责以特殊发展的偏私；也有人对原来的主张作原则上的赞同，提出了修正和加强的意见。虽见仁见智，互有短长，然有一个共同之点，即大家集中于讨论学术独立的成果，很少探本寻源之论，也许各有苦心，要

---

[1] 原载《时与文》第2卷第24期，1947年12月12日。

是逐层追问下去，则增加问题的复杂性，不免又要搔到许多痛处，百祸从口出，岂不冤哉！可是学术独立的本身，原是不能使之孤立的，何况加上中国社会许多的特殊因果关系，在牵连学术的独立，若徒断章取义，不顾首尾，问题是不会晓畅明白的，势将离题愈远。

所谓学术独立，是比较的含义。当海禁未开以前，我们遗世独立，自尊自大，一切不依赖别人，我们绝没有学术赶不上人的感觉。赶不上人的感觉，是由于海禁大开以后，别人有更好的学术文化出现在我们的眼前，而为我们所远不及，由不及而有争取独立的思想，这是很明显的事实。

根据胡先生的观点：学术独立的标准，除应该自己充分能够负担世界现代学术的基本训练及解决需要的各项科学问题外，且本国的学人和研究机关要可与他国分工合作。换句话说：世界各国已达到的学术标准，中国也要能达到。这些含义，说来确是平易近理，没有什么好高骛远的地方。要完成一个现代化的国家，毫无疑义的是要具有这些条件。可是尽管平易近理，作为现阶段的中国，对这些应该具有的条件，却是天大的奢望。为什么别人能之而我们不能呢？为什么别人已发明的东西我们连学习的成就都没有呢？这就追溯到了一个问题——中国学术所以不能独立的原因。

说到原因，要是逐条的讲义式的依次排述下去，又是许多老生常谈，也太费事了。我在这里只提出一点：西方的许多学者如苏格拉底、哥白尼、达尔文等，他们在黑暗的时代里，不依托当时的社会关系，不管现实给予他多大的压力，为真理奋斗，至死不屈，真理于数十年或数百年后而大白，这种为真理奋斗的启发精神，带给了人类以不可遏止的力量；而中国的所谓学人，有的是忠于职责的董狐、方孝孺式人物，思想和行动被当时的社会关系紧紧地锁住，纵不为社会关系所束缚,而具有冲破罗网的毅力者,又只有李卓吾、金圣叹等浪漫式的人物。欲求如卢梭、伏尔泰等领导法国启蒙运动的人,在历史上除了近世一二人可与仿佛外,已不可多得。以这样的历史关系,决定了中国学术的依赖性。但是我并不是说中国学术将长期被历史的命运控制,社会经济的力量有时会冲破命运之防的,春秋战国时代不曾经随着社会经济的变化,产生过光辉灿烂的学术思想吗?

近世以来,中国社会遭受了空前的变动,学术思想亦同样的激荡未已。虽然什么"主义"、什么"学派"移植国内,应有尽有,可是从曾国藩、李鸿章建立的留学政策起,尽管花样翻新,但孙悟空的七十二变,终逃不出如来佛的掌心——留学政策。几十年来的过程,不能说没有进步的地方,可是你能摆脱次殖民地的属性吗!直至今日,自然科学固然要向别人学习,社会政治的组织也在要仰人鼻息。学习本来为文化传播的要素,不足为辱,可是我们的学习太可怜了,不但自己没有供别人交换的东西,人家的所有,我们也仅能得其皮毛,这是留学政策供人咒骂之处。不过单骂留学政策的无成果,也不很公平。因为整个国家就没有一个自主的政府,哪里有特立独行的明显政策?结果留学变了质,学习是次要的,而以镀金为第一,科学是次要的,而以洋化为第一。这全是次殖民地的属性加上封建残余心理所造成。所以留学者回国后,不是学术上的造诣,而是官阶的提高;不是实验室里的研究者,而是社会上的新士大夫。就是有些研究较有成就的人,不但国家无适当的设备可以继续供其研究,一闻其在某项科学上稍有表现,政府就要把他从实验室拖进办公室,做起大官来,这是人才浪费,这是缢杀学术独立的残忍手段,无怪今日学术界依然弥漫着"应帝王"的帮闲思想和领导群伦的英雄作风,如此怎能使学术臻于独立之境?由此可知留学政策的本身没有错误,而是行使留学政策的大环境有问题。致使有百是无一非的政策，反成了有百非无一是的制度。这样的变质，固属整个环境和历史渊源使然，而执行者未能尽其应尽之责，政治心理的矛盾，有意的作弊，均不能予以掩饰。大化革新及明治维新时代的日本，因留学政策卓越成效，使学术文化有长足进步，而底于独立。现阶段的中国，无论科学水准，国内需要，万不能因噎废食而停止留学；相反地更需要认真地执行留学政策，纯以公正的考试及研究成绩为去取，黜除那些政治作用的私人关系，争取留学真正的成果。则留学生所耗的外汇愈多，对于国内学术的建树也愈大。如果要依胡先生所说，将留学生所耗的外汇来扩充国内的大学，就节省外汇这一点来看，未始无据，然扩充大学并不等于学术独立，而扩充大学的本身，就需要外来的科学不断灌输，如果历史可以拉回至康乾时代，我们关起门来，依然过着"猗欤盛哉"的圣朝生活，那我们可以无需乎洋鬼子的学问，否则留学依然是需要的，况且留学政策的失败，除了本身的许多因素，大学教育的失败是其失败的前身。中国自创设大学以来，所获得的结果，与留学政策是一丘之貉，若专责留学的失败，而忘记了大学教育的拆烂污，何尝是公平的看法。且留学每年所费的外汇，比其他的许多浪费来，却是一个很小的数字，胡先生也曾指出过。所以用于留学的外汇是不容非议的，应该维持到我们不需要留学为止，只是必须纠正买办心理和次殖民地勾当的留学政策，建立人才主义纯学术研究的留学政策，方能有助于学术的独立。

当前中国孕育学术的对象，留学之外，自然要推国内的大学了。自科举转变为新设的学堂，为时已不能不算久，所获得的成就，大家有目共睹，质的方面固跟不上时代的进步，经十年来的战乱，甚至还赶不上战前本国已有的水准（然青年对社会认识的进步性却不能抹杀），量的方面，更有许多不可理解的矛盾。我国现有专科以上学校

190余所,以师资的缺乏、设备的简陋、经费的短绌,乃至许多毕业生的无业可就,190余所的专科以上学校实在太多了;可是以本年投考大学新生的拥挤来看,则现有的学校尚感不够。更以美苏两国来比,他们的人口不过我们三分之一,美国有专科以上学校1 600余所,苏联有700余所,且范围较大的学校,学生动辄万余人,只是从"量"这一方面来观察我国的大学,已感无法与人抗衡。数十年的留学政策,成万的硕士博士,无补于中国学术的独立,今欲不假手他人,希望这些没有建立起学术独立的留学生所主持的大学获得学术独立,他们纵有此雄心,在现实重重的压力下,亦是心有余而力不足。这里并不是完全抹杀那些博士硕士们的学问和能力,而是说明这个社会的基本矛盾。

我们知道要使学术独立,必须有孕育学术思想的优良场所,即是说要有很好的大学去培植。构成好大学的条件,应有渊博的教授、充分的设备、宽裕的经费,与乎办学者兼容并包的态度,尤其需要一个自由而安定的环境。今日中国的大学教育,真是得天独薄,都不能享有这些应该具备的条件。教授在生活的威逼下,转业兼差,偷工减料,致有大学教授程度低落的现象;设备的七零八落,东全西不全;办学者之受政治控制,稍稍独行其是,即不能安于其位,而整个国家的环境又是这样乱作一团。客观情形如此,欲求学术的独立,是有种种困难在。然而我们不能因困难而不办大学,亦不能因困难而不求大学的改进;为人类的幸福,为国家的前途,尤不能不求学术的独立,悬的以赴,虽不能亟达,还有我们的希望,促使我们竭其可能地努力,总有吾人的进步。胡先生的《争取学术独立的十年计划》原非无意义的建议,不过达到这个计划的方法,我们需要理智地分析,尤当去其自我的偏私,看清整个教育的症结,纵限于客观环境不能迅速完成其愿望,亦可告无罪于天下后世,否则一念之差,增加教育界的纠纷和困难，有计划反不如无计划的好，有建议反不如无建议的好。董仲舒的罢黜百家，独尊儒术，虽然获得了汉武帝的信任，可是孔老夫子终究要从大成至圣先师的宝座上跌下来的。

胡先生的主张，以为以国家的力量，在五年内发展 5 所已有基础的大学，第二个五年再提出 5 所加以扩充，仿佛这 10 个大学经此两个五年计划，就可使中国的学术独立。已经有人给胡先生找到了理论的根据，这是所谓"重点教育"。如果"重点教育"仅是国家拿出大量的经费培植几所豪门式的大学，则未免强奸了"重点教育"的意义。"重点教育"应该包括独特发展和专才教育：一个人有其特长，教师应鼓励其特长的发挥，注意其特长的训练；学校有特殊的科系，应加强其特殊的价值；国家的教育政策为了配合当时环境的需要，注重某一种人才的造就，作为学校施教的重心。所以"重点教育"绝不是锦上添花造成皇冠大学的做法。交大校长程孝刚先生所说："各大学包括部门甚广，各校各有其特长……发展学术，应就其特长部门，协助发展，使臻于国际第一流学术地位。"他虽未标榜"重点教育"，我想这倒是"重点教育"的本旨。

胡先生挟其"王者师"的卓越地位，想于学术上建不世之功，把中国学术从依赖的深渊里救出来，遂大声疾呼地做这"计划教育"的主张。如果政府真的采纳其建议，作今后十年大学教育的重心，可能发生两种反响：第一，未经抉择的百分之九十几的专科以上学校，为了自身的利害，为了争取合理公平的待遇，群起反对，酿成教育界的大风波；第二，政府在政策上并不作犯众怒的明显规定，暗中实施这个计划，处处给予这几所优选大学的便利，势必形成优良师资的集中、学术工具的独占，树立豪门大学，开教育界的恶风气。本来中国现在的大学教育，区域上发展的不平衡、政治关系的特殊待遇，以及对私立大学的歧视,已经为世诟病,如欲继续地加重其不平等,无论就教育本身及社会现状来讲,都有些说不过去。胡先生提出的5所大学内,我们不能否认其在国内大学的较厚根基,但是五大学外的好些大学确有她的成就,也一样的不能否认。至于私立大学,因经费上的牵制,如设备师资种种情形,不能使人满意,然经费超过无数倍的国立大学,不见得就无懈可击;而私立大学埋头苦干的精神,往往为国立大学所不及,所以私人办学的成绩,也是不该随便抹杀的,陈序经先生在《公论耶?私论耶?》[1]一文内论述此点甚详,兹不赘述。若政府一意发展"选手"式的大学,"选手"固然可以得天独厚高视阔步,但使其他许多大学自生自灭吗?抑必欲以政治的力量压抑其居于二三流而至于"无流"吗?假使胡先生能够保证有了充分的经费,在十年内即可使他所举的几所大学变成牛津、剑桥、哈佛、耶鲁,而牛顿、爱因斯坦等人物就出现在这些大学里,而这些大学的成功,就等于中国学术的独立,如此则我们不敢非议,否则程孝刚先生所举的三点,值得我们注意,即:(一)就各校已有之基础,易于更大的发展;(二)使各大学有竞争性;(三)经费平均,免有区域之争。[2] 因为经费不等于好大学,好大学不等于学术独立,与其做几个标本式的大学给人家参观,博得别人的喝彩,不如让其普遍地竞争发展,争取学术上的成就为好。

不过程先生仅就胡先生全力发展几所大学发表意见,而于学术独立达到的途径,未予说明,似乎不愿涉及与现实抵触而与学术发展有关的许多问题,同样免不了以经费的分配、公私的短长、区域的争

---

[1] 载《世纪评论》第2卷第21期。
[2] 参见《读书通讯》第144期。

执，代替了学术独立的真理。然而决定学术独立性的大环境，即整个国家自身的属性，我们无法具体地去阐释，也不容许你阐释，权且按下不谈。但与当前学术直接有关的许多事实，是不容忽视的，这些事实已经是人人皆知的常谈，常谈却已代表了真理，吾人不谈学术独立则已，欲谈学术独立，首先须争取下列的几个基本原则。

第一，实在我们的教育经费占国家的整个预算太小了，已为众所周知。现在宪法虽已规定了15%，据说从行宪后就可开始依照宪法标准支付，可是民族毁灭的大悲剧没有戢止，社会经济如此的糜烂不堪，谁能保证条文比枪杆子有力量。作为教育界领导者的胡先生，不为整个教育谋出路，却只向蒋主席张院长提出5所大学学术独立的锦囊妙计，不知胡先生是见到教育经费的不足，只够发展5所大学或10所大学，还是因为宪法快要实施了，教育经费增加，有余力发展几所特殊的大学。胡先生纵无此意，迹其主张，亦不能不叫人多心。纵然在现阶段的局势，空言无补，但一个追求真理者，则应不计得失，从大处远处着眼，为整个教育打算，求得全盘经费的解决，作公允合理的分配，庶几仁者之声，其利也溥。

第二，如果学术独立的意义，不是中古闭关式的独立，则它的发展，是需要高度的思想自由，让学人纵横驰骋于精神生活的天地里。汉武帝把孔老夫子搬出来，统制天下的思想，除了做封建专制政治的保镖，对中国学术上到底成就了什么！现在"一尊"的教条虽作了名义上的废止，可是讲学的自由在哪里！我们看到许多通儒硕学之士，过着逃亡放逐的生活，而大学里却缺乏教授，幸进之徒日多，这是人类文化传播的损失。北大今日在国内拥有的学术地位，与其说是经费的充分，不如说是蔡孑民先生领导思想自由之功。胡先生也曾为思想自由奋斗过，也曾为中国的启蒙运动出过力；而对面临的重重阴影,连念念符咒的勇气都没有了,变成了别人向他念符咒的身份,这样的提倡学术独立,是"只此一家并无分店"的独立。

第三,十年战乱的岁月,教育界人士已苦到尽头,儿号寒而妻啼饥,在物质和精神双重的压力之下,他们的研究工作纵然在若断若续地进行着,也几乎已到了凝止的地步。我们固不能奢望政府如美苏一样的优待学人,供给汽车洋房和研究的助手,至少也要给予够温饱的享受,有维持一家数口的收入,有一间供其私人实验或研究的房子,俾能一心一意加深其耕耘。否则一个人的生命和时间有限,困于生活,累于室家,把大部分的精力耗于杂务,虽有研究学术的雄心,到头来只落得穷愁潦倒,赍志以殁,狡焉者则入仕经商,飞黄腾达,如此欲望学术发达以至于独立,终是南辕北辙。因为学术还是需要人去钻研,中国有些学人虽有打脱牙根和血吞的傻劲,可是和血的牙根已伤尽了他们的心,天天在精神的苦痛中,研究学术又从何谈起!所以提高学术水准与提高学人生活水准,是同样的迫切和必需。

第四,要求学术独立,自然是由于学术的不独立,学术的独立与否,又是由于世界文化的比较得来。中国要求学术独立的呼声,当然不自今日始,而始终不能脱离其依傍性者,是受各方面的限制,没有赶得上人家。在尚未赶上人家的时候,对于别人已获得的成就,是不能有一点放松的,基于这个原则,我们的留学政策是要维持到不需要留学为止。不过留学生的出国,不是看他的大学文凭和门第,而要经专门学者的试验,他确具有接受某项专门学问的知识基础;回国后,不是徒看博士硕士的头衔,而要问他们到底带回了什么。至于有些无须到国外去学习的学问,国内可能给予深造的机会,大可不必以喝海水为荣耀,浪费外汇。所以国内的大学任其自由发展外,中央研究院的扩充或增设是必要的,研究院毕业的学生,须予以留学生同等的待遇，为全国大学真正富有研究心得的毕业生，开辟留学和研究院的两条路，一方面袭取人家之长，另一方面建立起自己的学术系统。现在虽有中央北平等研究院及各大学的研究所，只是留学和大学的中间物或附庸，丝毫不为人们所重视。胡先生主张建立几所特殊的大学，使大学的本身构成不平衡的发展，则不如加强研究院的设置，使将来渐渐代取留学的地位。

这些卑之无甚高论的意思，正为阻挡学术发展的大敌，早为有识之士所共见。今日谈学术独立容易，为学术独立出方法亦容易，而欲黜除学术独立的阻力，则非具有革命的勇气和精神，恶势力自不会自己退避，让出一条光明的大道来。胡先生有建立学术独立的雄心，而没有抨击恶势力的勇气，今日之胡先生与"五四"时代之胡先生显然已不可同日而语了。

知识分子的道路[1]

处国际的逆流,承古今的大变,真是当前中国面临的难关。在这样复杂而紧张的气氛里,大家都有遑遑然不可终日之势。尤其是中间阶层的知识分子,眼看着人类及人类的一切都是为了毁灭,安得不怀着彷徨的心情,陷入苦痛的深渊。只要是一个没有失去知觉的人,没有不承认此时此地是最难过的日子。半年前,由《大公报》一篇关于自由主义的社论,展开了一次热烈的论战,先后执笔者百数十人。近来各报章杂志讨论知识分子的文章,也不一而定。虽见仁见智,各有不同,但这里充满地反映出了知识分子的苦闷和彷徨,反映出了思想界的庞杂,更反映出了现实社会政治经济的危急性。迟至今日,知识分子没有力量去砥柱中流,也没有法子去挽回颓势,越发被时代的洪流激荡得摸不着崖岸,竟至迷失了方向。我们无法否认这不是知识分子的脆弱。然而矛盾需要分析,问题需要解决。今日悬于半空中的知识分子,不能不找寻他们的出路,落地生根。因此在国内或国际两大势力消长的今天,所谓中间性的自由主义者的两极化益趋明

---

[1] 原载《鞭半月刊》1948年第1期。

显。中间难站脚,中庸主义的镣铐似乎快要熔解在时代的洪炉里。这或者是知识分子的新生。

我们为了解中国知识分子今日所遭受的苦难所感到的悲哀,我们对于这个阶层的发展,与他们过去的光荣面和丑陋面,就应该有一个比较的认识。佛家所谓"欲知前生因,今所受者是;欲知来生果,今所行者是"。因此我们需要了解自身的过去,更需要开辟自身的将来。

从人们开始以贩卖知识为职业和以知识为获得的手段以后,即慢慢与社会生产隔离,实为了"砚田""舌耕"的劳动者,遂至"四体不勤,五谷不分"。许行、陈良的耕田而食,只是学术思想界罕有的代表人物而已。孔子气愤地向学生说"吾不如老农,吾不如老圃",充分地表明他的特殊身份,是不屑为这些直接谋生的小事情的,在一切以孔子的言行为准绳的社会里,这些话就变成了金科玉律的教条,更是读书人不敢越雷池一步的了!纵然还有几个自适其性的人,也只是田园诗人如陶渊明一流,在宅前种几株柳树,吟风弄月,既潇洒,又风雅。饥来宁可吃食,就没有勇气脱下鞋袜种些稻子自食其力。然而中国社会三千年来就愿意以锦衣玉食养着这些有闲阶级,作动物园里的奇禽异兽,供贵族武士们欣赏,受市井愚民的供奉,而他们自己也满足地在铁丝网里度着那悠闲的岁月,以羽毛眩人,以声音骄人,于是寿终动物园,生平事迹列入儒林传、文苑传、国史馆,猗欤盛哉!如果人缘命运好如袁子才这种风流名士,更可以夸耀"少年早达,富贵寿考",享尽人间艳福清福,为当代人健羡,为后来人向往。

在春秋战国久已被人称道学术昌明的时代里,知识分子的天地,不但在政治和思想上的发挥绰有余裕,即与社会经济也有较多的关系,不至英雄无用武之地,所以知识分子尚呈现着一般不可侮的生气,就是那些鸡鸣狗盗之流,也还有他的一技之长,尽有为他的主子效劳的机会。可是迟至西汉初年,天下虽已太平,知识分子经秦始皇的一杀二坑后,已寥若晨星;又经流氓皇帝刘邦的种种压制,他们更被逼得走投无路。这时出了一个叔孙通,他虽然是一个没有骨气的人,可是他懂得流氓做了皇帝的需要,遂邀集同伙,编订朝仪,朝仪编好了,就做戏般地在宫中演习起来,大家向着昔日的亭长今日的皇帝三呼"万岁",磕头如捣蒜,喊得那蛮不讲理见儒冠而溺的刘邦也破颜大笑,知道做了天子后的贵重,知道这些迂儒还有如此的妙用。于是一些没有被秦始皇坑杀、没有死于楚汉之争的幸运儒生,渐渐能够抛头露面了,所以文景之世各种学术思想有着复活的趋势。等到统治者明了知识分子在社会上所能引起的作用,实在又惊又爱!假使这些人有一天有了新的转变,向别的人也呼起"万岁"来,不是自己有极大危险吗?雄才大略的刘彻是懂得这一着妙用的,于是他将他的政治一统翻版到学术思想上来,以收笼络知识分子之效。春秋专家董仲舒迎合了这一个意思,遂请"诸不在六艺之科、孔子之术者,皆绝其道,勿使并进"。自此以后,知识分子都变成了儒教徒,走着一条羊肠狭道,入口处悬着"孔门"的牌子,狭道上铺着精装的五经四书,出口处又写着"升官发财"四个大字。升官发财的妙用:可以上达天听,可以光宗耀祖、作威作福,总之是运用无穷享受不尽。于是许多有血有肉的青年拥挤在这"孔门"的屋檐下,有挤不进去的,也有登时挤死在地下的,万岁爷端站在皇宫的前台上发出得意的微笑,无怪李世民说"天下英雄尽入吾彀中"!至于那些推进去的,轻松地穿过了狭道又跑出来,就是袍笏登场的人物,因此钱穆先生在他的名著《国史大纲》里认为西汉就开始出现了"士人政府"。

虽然知识分子髫年识字,皓首穷经,苦了些日子,只要青云有路仕宦而至将相，也就可以扬眉吐气。古往今来，多少达官贵人，多少贤臣良相，多少攀龙附凤的人物，或画像凌烟阁，或列位孔圣庙，谁不在流芳百世呢？可是这一个阶层不管有多大的威风，多么的荣耀，甚至一人成仙鸡犬升天，终究是脆弱的依赖的。我们即以集古今圣人大成的孔子而论，他除了传授知识收些学费以维持其生活外，如果他想要实现他的政治理想，就得"待价而沽"，找一个信任他的主子，才能发抒其"致君尧舜上"的怀抱，所以他三月无君，就遑遑然如丧家之狗，那里碰钉子，这里遭鄙视，也不觉得难为情，为的是要恢复周朝的封建大业。多才善说的孟轲，不也就是这样一幅可怜相吗？文起八代之衰的韩愈，自认为五百年一生的人物，够使人闻风向往的了，然而为了要获得一官半职，看他那三上宰相书，奴颜婢膝的态度真有些肉麻。我们不谈那许多热衷的人是承着孔孟的衣钵来的，就是政治抱负如商鞅、王安石以至于康有为等，该是知识分子中的佼佼者，然而依然脱不了要一个信任他的主子才能施展其抱负：商鞅有秦孝公二十年的专任，始完成了废井田开阡陌的大政，奠定了秦代统一的基础，这里虽然决定于社会经济的发展，而人事上的契合，也有着不可抹杀的力量；宋神宗二三其心，光绪帝势微力弱，到头来王安石的新政只是纸上其文，康有为的百日维新不过昙花一现。这说明了如果上面没有识货色、没有专一不二的万岁爷，你纵有满腹经纶、济时良药，也只有发发牢骚，长歌当哭，赍志以殁，即如贾谊的痛哭流涕，又有什么用处，只有供后来的倒霉知识分子欷歔凭吊，引为怀才不遇的共鸣而已！二十四史的列传里，每每称道某人有"王佐之才"，而不说有称霸为王之才，而不说有治国平天下之才，好像上帝注定了知识分子在历史的进程里，只能饰或大或小的配角；唱大花脸的、做主角的，只有流氓式的、英雄杀人不眨眼的魔王才能担当。"良禽择木而栖，贤臣择主而事",三千年来的知识分子就捧着这一条永恒不变的定律去决定他的出处和事业,正如一个女子的待字闺中,她的幸福和前途,不决定于她自己,而决定于她的丈夫,所以知识分子在这长期封建社会的关系里,和妇女一样地受束缚不能得到解放。

知识分子虽然有个先天的脆弱性,究竟他们是社会上的特殊人物,在任何一个承平时代中,他们最易得皇家及贵族武士的宠遇,过着受人尊敬、自骄自大的生活。只要在仕途上钻过一点门径,或在科举上有点成就,纵不为庙堂大器,退到乡鄙,可是诗酒自娱,享受林泉之乐,反正有了特殊地位,不愁吃的穿的,因为你可以假绅士的美名,武断乡曲,不怕别人不来孝敬。老百姓有了告官打府的事情,也只有乞怜于这些知识分子的绅士,因为衙门不是老百姓直达的门径,需要绅士的联系,这就是他们从中渔利、作威作福的机会。所以官僚和绅士实际就是知识分子的两面,官僚退到乡鄙自然是大大的绅士,绅士进入庙堂自然是有威可畏的官爷,只是在朝与在野,执政与不执政之别而已。

虽然官僚和绅士凝为一体的知识分子,他们所代表的社会属性是地主贵族和有闲阶级,或者为贵族地主们所豢养;但是这里面也有许多有血有肉的善良灵魂,如东汉的范滂、南宋的文天祥、明季的史可法、清末的谭嗣同,以及其他许多"临财无苟得,临难无苟免"的士大夫,我们不能不承认他们不是这一个阶层的善良者,也许这一个阶层能撑得住,被许多人所称道,还是由于这些善良者的傻劲。陆放翁有句云:"万事莫如公论久,诸贤莫与众心违。"这里知识分子的优良信条,如果没有这些人的慷慨悲歌,没有这些人的艰苦卓绝,没有这些人的信守不渝,在长期封建社会的进程中,他们将会丧失他们应得的荣耀。

我在上面说了知识分子的史的发展，也说到了知识分子善良的一面，可是善变的投机主义者在每一更朝换代的阶段，知识分子也尽量地表现出无耻。扬子云到了新莽，就可来一套《剧秦美新》；冯道应用他的灵活而卑鄙的手腕，在五代纷乱的更递中做过五个朝代的宰相，还自称为"长乐老"；明末清初的大诗人吴梅村，他本想做明代遗老以终其身，可是清廷的高官厚禄，在他的眼前摆动，使他丧失了自信，又做了《贰臣传》里的人物，晚年虽然自怨艾地吟出"到而今竟一钱不值"的凄凉调子，可是追悔已来不及了；至于下流如阮大铖辈，可以认阉魏为干父，也可以引复社为同党，只要于自己有利，什么事情都可以干得出来，这一种苍蝇式妓女式的知识分子，自古已然，于今为烈！

中国的知识分子经过了这样一条狭长而曲折的道路，演进到今日，社会在蜕变，政治在兴革，知识分子所持有的资本——知识，自然也跟着社会政治在膨胀扩大，然而这一条正在膨胀扩大的道路，还是荆棘重重，上帝不会给我们去开辟，有待于知识分子自己出大量的血，去努力争取，方能获得较大的成功。我们知道有许多知识分子在彷徨徘徊，他们有着一片好心，怀着满腔热血，尽管精神和物质双方的压迫，他们希望天明，也在等待天明，可是他们没有勇气揭破黑暗，没有勇气拼击逆流，天天梦幻般地祈祷，以为真诚可以感天，不费气力即可享受光明，不知有多少这样好心的知识分子在等待和祈祷中失望了。因此我们更应该了解这一时代意义，不费力的获得是虚伪的、耻辱的，尤其年来国内政治军事的纠缠不清，许多知识分子或所谓自由主义者，震天价响地闹着第三方面或中间派，想找出一个中间方案，来调解国内两大政治势力的纷纠，胜利时期，这一条路线几乎代表了一切的真理。可是现实是残酷的，不进则退，实力压倒了和平的空论。并且在两大势力相激相荡之下,所谓自由主义者的本身即存在着向两极分化的成分,所以当中间派遭受严重打击之后,向右的、做官的走入了第一方面,向左的、革命的走入了第二方面,第三方面落得分崩离析,无疾而终,无形中反加强了两极的尖锐化和严重性。但是国内政治抛弃了中间路线或第三方面以后,许多知识分子在夹缝中获得平步青云的机会,也有许多知识分子已加入了实际的革命斗争,他们所抱的自由主义已由游离而得到了归宿,也可说满足了他们的政治欲望。可是有些自由主义者,在各种迫害之下消声匿迹了,他们始终留恋中间路线的和平好梦,因此有些人着中了这摇晃的影子,遂出现了所谓"新的第三方面"。本年3月1日在北平成立"中国社会经济研究会",由于政治力量的推动,曾经有不少的知识分子加以响应和赞美,似乎欲借此收拾人心,挽回危局。不过在遍地战云的时候,新的第三方面的真面目,不难窥测,何况时人已有许多论列,几个月来局势的发展,已否定了一切中庸主义的思想和行为,尤其是掩护色的皮肤已被大家看得非常清楚。因此现阶段的知识分子,应该提高警觉,明辨是非,从传统因袭的铁幕中脱颖出来,从现实的威胁下竖起脊梁,以自己的眼睛照着自己前进。"善未易明,理未易察",是"民可使由之,不可使知之"的愚民教育。今日的知识分子应该毫不犹豫地接受伟大时代的启示。

(一)不是执中的而是进步的。无疑的,谁都反对退步反对停滞,只是自己不知道在停滞和退步,知道了,自己总会想方设法去推动的。但时下有一个最大的错误观念,他们是在反对退步,接受进步,但以进步要有一个限度,不能使太进步,好像太进步,过度的推动,怕这个古老而腐朽的社会担当不起,因此意出一个折衷的办法,把保守和进步摆在两极端,自己却站在极端的中间,向左端送秋波,向右端献殷勤，射击起来也惯会左右开弓，表示自己是极端的中，中者天下之正也，这就是解决问题的真理。可是历史文化社会经济的演进，是与自然科学分不开的。17世纪时，人们开始应用了蒸汽机，知道蒸汽机是最进步的动力，大家就集中力量去追求这动力，获有这动力。20世纪的今日，没有人敢说原子能不是最进步的动力，所以我们只有想法知道原子能，了解原子能，制造原子能；我们决不能因为它进步而欲加以禁止，反正真实的进步力量，人为的禁止也属徒然。如果我们认为鸡公车走得太慢，飞机又飞得太快，我们不愿太慢的，也不愿太快的，因此我们不要鸡公车，也不要飞机，一定要在太快与太慢之间找出一个不快，于是向慢的表示进步，向快的表示也不落伍，这样也许正合于许多中庸主义者的胃口，但从逻辑上讲起来是犯了极大的错误的。因此无论自然科学、社会科学以至对现实的观察，只要是进步的，我们就得承认其合理性、可靠性、实现性，要不然我们就不承认其进步；如果承认其进步了，我们就只有努力地去追求这一进步，实现这一进步，纵然在时间上还有距离，人为的力量是可以缩短时间上的距离的。如果害怕进步，想从中扭住，挑出一个折衷的办法来，这无异阻止了进步，所以中庸主义是历史的绊脚石。

（二）不是孤独的而是合群的。旧日的知识分子喜欢以"孤芳自赏"表示高洁，也喜欢称道"钟子期死，伯牙终身不复鼓琴"的故事，觉得才愈大道愈高就不容易得到了解的人，反言之，不为一般人所了解的人才是超人，所以许多失意的文人政客，常常以"莫我知也"以自慰，这种知识阶级的神秘外衣，固然已失去了凭借，然而知识分子依然代表着社会的特殊身份，与众不同。事实上今日的各级教育也正在加工制造这种特殊，尽管黄金美钞冲激着这一道摇摇欲坠的围墙，方帽子和镀金主义却以新的姿态来支持这一道围墙，因为学府之门与社会之门仍隔着一道长长的距离,学校与社会脱了节,学生与生产脱了节,今日社会上多一顶方帽子即多一个不生产者,于是学府制造的方帽子愈多,给予社会的压力也愈大,这是知识分子的罪恶吗？我敢说一百个不是。当前青年的希望都寄托在学校里,学校是贩卖知识和训练技能的园地,无量数的青年带着精神和时间以及金钱走入了这园地,为的是实现自己的希望,从小学到大学以至于出国深造,花上了整个生命的二分之一,我们不能否认他们获得知识、获得技能,可是拿着资本社会里的知识技能,应用到半封建半殖民地的社会里,甚至还走的四书五经的老路,无怪枘凿不相容,结果知识分子不能增加社会的生产,也不能增进社会的和谐,正是走的相反的途径。一则由于学校给予的知识技能,未必货真价实、童叟无欺。再则有些人真正获得了很好的知识技能,又未必适合社会的需要,这样的背道而驰,知识分子虽欲接近现实,结果与现实隔离,知识分子虽欲了解大众,结果与大众绝缘,依然过超人和独行的生活。我敢说一句：今日离开大众利益的知识和技能,是都含有毒素的,不管哪种主义哪个学派。可是我们贩卖知识技能的园地,越发显出在社会上的孤立性,知识分子又安得不特殊化！有许多没有麻木的知识分子,大声疾呼向社会控诉占有性的教育戕害了国家社会的生机,也让许多勇敢的知识分子使尽平生的气力向特殊化了的樊篱突围,而社会的大包围又加紧防制他们,使他们动弹不得,于是知识分子的思想有了问题,行动有了问题,生活有了问题,几乎所有的一切都有了问题,获得知识的青年也就是最有问题的青年,然而这些问题又是知识分子自己制造出来的：因为知识的本体常常排斥另一种知识的存在,有如劣币之驱逐良币一样,这是思想文化的惰性在作祟,然而时代是一面镜子,离开了生产、离开了大众的知识,总有一天会失去凭借的。

（三）不是逃避的而是进取的。"逃避现实"不但是一句流行的口头禅，也是一种思想，也是一种行动。人对现实总是不满的，不满的成分扩大了，自己不愿同流合污，如没有力量去改善现实，最后只有调头不顾逃到山林里庙宇里要过清静寂寞的生活，逃入宗教的天国里寄托那遥远的希望，默默地来打发自己的岁月，孟子的"穷则独善其身"，老庄的避世哲学，正是这样的勾当。在一个光怪陆离、倒行逆施的社会里，现实的矛盾日深，自己的苦痛也日增，憧憬着另外一个境界，原是很自然的事，但是"桃花源"是文人笔下的理想国，"鸡犬之声相闻，老死不相往来"是开倒车的小国寡民的境界，在现实的人类社会里，是不会出现这种脱离现实的奇迹的。因为人总要生活，要生活就离不了人与人的关系，也就逃不了人类应有的欢乐和苦痛，尤其生在今日，林泉已被穷困占据了，粗布淡饭已被洋大人的机器改变了，你想走入一个安闲而单纯的社会，除了作悲剧的自杀，现实的天罗地网，你休想逃出一步。这是一个你不竞争你就死亡的悬崖，你要有越过悬崖的勇气，才有生存的权利。这样的社会、这样的时代，似乎是用鞭子在追击着每一个人的项背，要他向前进，没有反顾的余地。可是有许多知识分子在鞭子下消极了、坠落了，沉醉在象牙之塔里，屈服在元宝的面前，消失在将出的朝阳下；由高唱生活艺术的人们看来，也许他们已脱离了苦海了，获登彼岸，正是他们的成功，正是上帝的意志，然而让命运安排的人生，躲在恶势力后面的人生，永久是卑鄙的、怯懦的行为。西谚谓"不自由毋宁死"，今日的知识分子，如没有进取的自由，如不能自由地进取，即要被遗弃在时代的巨轮下，因此知识分子自身唯有跟着客观的知识——思想文化及一切科学向前迈进，解放自己，争取人类的光明。

（四）不是狭隘的而是实验的。中国的知识分子，自西汉起，一直走着儒家的道路,他们进身的工具只是文章诗赋而已;高明的则对策朝廷,发抒其所谓经世的才华,这种知识分子算是特出的,每一个时代里并不多见。"学而优则仕",仕是所有知识分子的出路,读书就是从下层走向上层的终南捷径,"万般皆下品,唯有读书高",因为读书是"治人"的准备工作。从读书到为官这条狭道,虽然到现在,由于中国社会经济的停滞,还是有着支配社会的力量;不过自海禁大开以后,域外的科学和新学制传入中国,过去只有能诗能文者称"士",现在"士"的领域已扩大了好多倍,像透过了显微镜的体积一样,包括了奇技淫巧的工艺,专事末利的商贾,连孔子说的"人而无恒不可以作巫医"的医,也是"士"以内的组成份子。本来在知识分子的领域中,久已构成了士农工商的四民以及四民以外的职业,过去所走的狭道,至此已豁然开朗,应该喜出望外;可是我们的悲哀,资本主义的养士制度或教育系统是适合于资本主义的社会经济的,应用于超过资本主义和不及资本主义的社会,同样是不适合的。所以知识分子所获得的知识范围虽然放大了许多,而大多数知识分子的意识形态和实际效用,依然投射在封建的官僚政治上,而社会给予的出路,亦是原封未动,以至造成学习不同而应用一致的现象,也就是只见"通才"不见"专家"的由来。你会在党政机关里发现不少学数理工程或化学的人才在办等因奉此,这就时下流行的"所用非所学"或"所学非所用"的社会职业,知识分子不能越出环境创造奇迹,为了生活,不得不屈服在这不合理的情形下。虽然也有不少新开的道路,可怜这些新开的道路曲折崎岖,满是荆棘,使你无法走过,即或走过了,也要碰得你皮破血流。所以几十年来的新教育,仍只是制造一批一批的新士大夫,新士大夫与旧官僚的内容,仅是"之乎也者"之外加上 ABCD 及什么主义,其与社会经济隔离,初无二致。如此,我们将效阮籍的哭穷途、墨翟的叹歧路吗？然"悲"和"哭"所获得的同情和效果是太薄弱了，知识分子需要在穷途之外找出生路，歧路之外找出大道，鲁迅说"路是人走出来的"，该是智慧的启示！封建的围墙、罪恶的枷锁，需要大刀阔斧的毅力，才有犁庭扫穴的可能，才可以开辟任人驰骋的广场。

今日中国的情形，大家都认为已达极端的危境，尤其许多知识分子正在奔走呼号，想扶择自己的出路，想谋挽救之道，然而中国几千年来，不知经过了多少的大变，而在每一次大变中，几乎都有外力的渗入，今天依然不是例外；但是我们得认定这一次大变的时代意义，是走的中国历史的循环套，抑是一个新社会的诞生。如果是一个新的社会的诞生，眼前的阵痛需要极大的忍受。我们应该以接生婆的心情，欢迎新时代的诞生，这是知识分子的道路，也是知识分子的责任！

当前的学生问题[1]

"当前的学生问题",并不是学生本身真的有什么问题,青年永久是纯洁热情而前进的。问题的症结是在今日政治社会及教育的失调,数十年来的执政者不能辞其责任。我们试回想战前的学生运动,要求国家的独立和自由;"五四"时候的学生运动,要求科学和民主。然而当时也与今日一样认为学生有罪,事实证明到底如何!陆放翁有句:"万事莫如公论久。"我们应该相信这一条定律。

---

[1] 本文系作者为北平版《中建》半月刊在上海举行座谈会而写的书面意见,刊于《中建》第1卷第7期,标题为编者所加。

吊"北京人"[1]

一、"北京人"失踪的经过

很久了,报上曾载我们的老祖宗——"北京人"已经寻获了。经大战之后,血肉横飞,庐舍为墟,而这富有历史价值的人类化石依然无恙,总是一件可喜的事。究竟这是一个不平凡的时代,物体的消失却比保存来得容易,到头"北京人"还是以失踪闻。据8月17日《大公报》载的中央社东京16日电,我把它摘录在下面:

> 一九四一年协和医学院当局有鉴于我国内形势转劣,经我政府许可后,决将北京人送往美国保存。旋即装成三大箱,外注ABC三字,交与乘美"哈里逊总统"号轮船撤离华北返国之美海军陆战队。不幸日本于同日偷袭珍珠港,海军陆战队恶遭俘虏,北京人即告神秘失踪。战争剧烈进行中,北京人亦为人所遗忘。迄一九四二年,东京帝国大学(现改为东京大学)之考古学教授长谷部彦人旅平,赴协和医学院参观,始发现北京人并不在内。翌年春,日本宪兵对此案进行月余调查,旋传北京人已于天津发现,但不久又传前所发现者,并非

---

[1] 原载香港《大公报》1948年10月8日。

北京人,而系鹿齿,以后迄无所闻。至战争结束时,始派李清博士搜寻此"失踪人"。李清博士得日本中国研究所所长平野及太郎及岩村崇,与其他对北京人感兴趣之日本人之协助,然迄无结果。由种种已发生之事件观之,欲发现已失踪之北京人,似必须寻得接受三箱北京人之美国海军陆战队,及俘获该批海军陆战队和占据协和医学院之日本部队,但此项工作,将需要大量金钱与人力。

这个消息登载后快两个月了,各方纷纷注意于"美国扶日""对日和约""日本赔偿"诸问题,似乎对这与现实无关的古老"北京人"淡漠地遗忘了。10月3日《大公报》突又登出《"北京人"找不到了》的惊人消息。该消息是根据中央社东京2日专电:"一九二六年于北平附近掘出之世界最古三人类祖先之一'北京人',于一九四一年神秘失踪,或将永与世人别离。为答复最近中国驻日代表团请求协助寻找此古生物学上之奇物,盟总民产监理处告中国代表团称:'根据目前所得情报,无法作进一步之调查。'日本民间财产局宣称:一切冀求发现此稀世珍品下落之努力,俱属无效……"准此,则"北京人"势已杳如黄鹤一去不复返了。然以"北京人"在学术上的重要性,众所周知,以其失踪的经过看来,"北京人"似尚留存于人世,并未至于毁灭,只要我们"上天入地求之遍",或许尚有璧还的希望。

(一)"北京人"由协和医学院用三个木箱装运,并分别书有ABC字样,可见装运时颇为周密。如"哈里逊总统"号未遭大炮轰击,则三个木箱无疑不至毁灭,也不至毫不引起人们的注意。

(二)寻找"北京人"的线索,先须找得1941年自华装载美驻华海军陆战队的"哈里逊总统"号负责人与乘该轮的海军陆战队,以及俘虏该轮的日本军。珍珠港事变到今还不过几年,这许多当事人应该有些不难查明的。由这些人里面去追究,总不至完全没有一丝痕迹。

（三）协和医学院既已将"北京人"于1941年装运,为何1942年在天津发现假冒"北京人"的鹿齿,并未有人说明？且所谓"神秘失踪","神秘"两字至堪玩味。

（四）自"北京人"失踪以后,不独中国人在注意寻访,日本的许多学者也特别注意,足以证明"北京人"是富有国际性学术性的古物,盟总的负文教责任者,是应特别设法促其早日寻获归还中国,而不应敷衍塞责让其遗失。

二、"北京人"的发现

一般历史教科书上,开宗明义章第一都要说到古老的"北京人",人类学上和考古学上且有更详细的记载,尤其曹禺先生的《北京人》剧本,更给予许多人以明显的印象,所以我们对他并不陌生。为了备忘,为了知道发掘和研究者的艰辛,我特重复地在此地说明他的发现经过。

民国七年(1918)瑞典人安徒生(Andersson)在北京政府担任矿政顾问,他也是一个考古学家。燕京大学化学系教授吉卜(Gibb)告以北京城西南50公里处的周口店有考查发掘的价值,安氏为之心动,前往考察了一次,这是发掘的最初的动机。到了民国十年(1921)的夏天,次丹基博士(Zdansky)东来,协助安氏积极开展发掘的工作。第一次发掘的成绩即很好,在鸡骨山所获古物甚多,曾有专文刊载于中国地质调查所专刊第五号。民国十二年(1923)安氏邀请次氏再往发掘,除获其他古物外,并发现牙骨一片,与现代人类牙骨相像,这是发现"北京人"的先声,至此发掘的工作更趋积极。民国十五年(1926)安氏提议大规模地发掘,以求证实,颇受各方的赞成。步林(Bohlin)、杨钟健、裴文中等先后参加发掘工作,到民国十八年(1929)在周口店洞穴中掘获石器更多,内有牙齿、牙骨及两片完全的与若干破碎的头盖骨,并发现该处有使用火的遗迹。以该项人类化石发现于北京附近的周口店,遂由步达生博士(Black)定一新的类名曰 Sinanthropus,而其种名则曰"北京人"(Pekinensis)。"北京人"的头盖骨除了原始的诸特征外,同时也具有进步的诸特征;特别是头盖骨内腔容量之大,达到了 1 050 立方厘米,但较一般高等猿类已超过 450 立方厘米,所以"北京人"之为近代人与类人猿之间的人类,已无可置疑的了。

当"北京人"的大名传播宇宙后,有少数学者怀疑他是猿人而不是人,以为仅是一种制造工具的动物。可是波列伊尔神父曾经力矫此说谓:"直至今日,我们还没有看见真正的动物会知道用火,而同时又知道用石头和骨骸制造工具,我们必须承认这种猿人是人。"

"北京人"的时代,约当于旧冰期,且值旧石器时代的一阶段。然据法国研究旧石器时的专家布鲁尔(Breuil)的观察,"北京人"似还知道用骨角等物作为器具,似又进化到旧石器时代的后期了。"北京人"的附近发现了火的遗迹,如果这火的遗迹真正系"北京人"遗留下来的,则"北京人"与我国传说中钻木取火的燧人氏应该不相先后,或者"北京人"直就是燧人氏的一群,也未可知。则他们应已过着原始的采集经济生活了。

三、"北京人"的科学价值

人类号称为万物之灵,而于自身的来源一直很模糊,与鸡生蛋蛋生鸡一样的弄不清楚。大家都把《圣经》上的创世记当为天经地义的定律,认为我们人类是上帝有意或无意地制造出来的,亚当和夏娃是人类开始唯一的一对夫妇。中国古书上的神话,不是说盘古与天地并生,就是说女娲用黄土造人,这些神话式的传说,无非是想夸大我们人类自身的来源，归之于天地精英之所凝结，所以天地人并称。自达尔文的进化论问世了以后，才渐渐地改变这种不正确的观念，知道人类并不是上帝的特制，而是经过若干万年，由动物演化蜕变而来的。虽然进化的原则是这样确定了，可是并没有具体的证明。直至 1891 年到 1892 年爪哇之 Trinil 地方所发见的直立猿人（Pithecanthropus Erectus），1908 年德国海德堡（Heidelberg）地方所发现的海德堡人（Palaeanthropus Heidelbergensis），1911 年到 1912 年道生爵士（Dawson）在英国南部 Sussex 的 Piltdown 地方所发现的道生人（Eoanthropus Dawsoni），以及在我国发现的"北京人"，同为已经发现的最早人类化石或人类祖先，早者在四五十万年以前。不过前三种人的遗迹在其发现的地方或别的地方再也寻不着了，只有"北京人"的遗迹，据安氏的推断，在周口店一带还很多，山西东部的某处亦可能发现，且较之前三种人年代也早些。由此可知，站在人类科学的立场，"北京人"是应继续集合各国人类学家、考古学家加以精确的研究，并继续发掘，使有关于"北京人"的遗迹能够获得全部的证明。不但我们希望再发现与"北京人"同时代的人类化石及其文化遗迹，并希望发现比"北京人"更早的人类化石，以及"北京人"的下代，使我们获得从猩猩进化到猿人，猿人进化到现代人的过程，这才算是人类学上的大发现。

缪勒利尔曾将人类分为四个时期：一原始时期，二蒙昧时期，三野蛮时期，四文明时期。他又把四个时期分为三十六份，文明时期仅占三十分之一。可知从开始有人类以来，我们所知道的是如何的短暂。我国号称 5 000 年文明古邦，比我国早一点的埃及和巴比伦，也不过 6 000 年的光景。实际 5 000 年或 6 000 年的历史，就有一个不短的时期靠传说来推测，我们并没有确确实实的记载，也就无法确确实实地知道，因此我们知道自身的历史过程，仅限于文明时期，何况人类整个文明时期的过程里，我们得而知道的又有百分之几呢？虽然近几十年来经人类学家、考古学家以及历史学家的不断努力，发现了许多石器时代的遗物，使我们对于文明时代以前的世纪，多少知道了一些蛛丝马迹，而于这些制造或使用石器的万物之灵的人类，知道得实在太少了，甚至可说还是一张白纸。如果我们想对人类和文化的演进多知道一点，我们对于已发现的人类化石应该如何的珍视，加深其研究。假使我们能由这些古老的人类化石证明人类的来源是共同的，肤色的差异仅是后天的变化，也许可以减少民族间的歧视，加强世界和平的信心。

无论从人类学、考古学或文化史的哪一方面说，人类化石是这些学科内主要的一部分。"北京人"是已发现的人类化石中之年代最远者，而且正可从他的周围获得更多的考古资料，如果真的就是这样的神秘失踪了，永久与吾人没有见面的希望，则是科学界一个不可弥补的损失。

四、"北京人"对我国民族史的重要性

学术没有国界。"北京人"是研究科学者的公有物，他的价值并不受空间的限制。凡珍惜人类过去历史的人们，便应该珍惜"北京人"，由于各国学者的重视和共同研究，即可见一斑。可是他发现于中国的北平附近，中国的文化机关为这稀世的古物也费了不少的人力和物力，且一直保存于中国的北平。自然我们对"北京人"觉得更为亲切而珍贵，尤其给予中国的人种来源是一个有力的证明。

中国人种的来源，一向是议论纷纷，莫衷一是。开天辟地的盘古、抟土作人的女娲不用说了，晚近以来，西欧的学者几乎一致主张

中国人种是外来的，有中亚、巴比伦、土耳其斯坦、印度以及黑海与里海之间，或埃及的一个殖民地，种种的不同说法，把中国人种的来源弄得越加模糊了，只要是古代文化发源的区域，都被他们臆断过。好像从不相信中国自己的园地上也有产生人类的可能。中国的学者如刘光汉、章太炎等也都为文翕然赞成这种"外来说"。殊不知中国人种"外来说"乃人类起源的"一元说"之演绎。所谓"一元说"者，即以全人类在最初皆系起源于同一地方，这个地方就是所谓"人类大故乡"，这"人类大故乡"到底在哪里，今日也还没有法子确定。人种起源"一元说"的错误，翦伯赞先生在《中国史纲》第一卷里引申颇详。自"北京人"出现以后，中国人种"外来说"不攻自破。虽然我们并不知道"北京人"是否由他处迁徙到华北平原的，但是要从老远的中亚巴比伦等地方通过蒙古高原搬到华北平原来，毕竟是一件不可能的事。假使没有十分可靠的证据说明"北京人"是哪个地方过来的，我们只有根据发现"北京人"的地方，相信其为该地的土著，即中华民族的祖先。不过前面已经说到从"北京人"到"现代中国人"有相当长的距离，而在这长距离中，由猿人进化到"现代中国人"之间的"中间诸人种型"，还没有系统的发现，这当然由于年代的久远，地理环境天时气候的演变，其中自有许多湮没而不可得者，且人类有科学的考古是近几十年来的事，方兴未艾，正有待于我们的努力去继续发掘研究。唯其如此，不但"北京人"本身需要我们作更正确的认识，而"北京人"之前的人类如何演进，"北京人"之后的人类如何发展，却更需要"北京人"作为我们的鉴衡。如果我们要正确地知道中国人种的来源或中华民族的祖先，在没有新的发现以前，只有"北京人"的牙骨、头盖骨是可靠的证据。

五、魂兮归来

如果纯从民族文化的出发点去看"北京人","北京人"应是中华民国的"国魂"。我们常称"黄帝子孙""炎黄世胄",只是断章取义,而且黄帝其人其事全凭传说,所以今日我们研究中国民族史,无疑的是应追溯至"北京人"了。

从19世纪的40年代到现在,中国不断遭受列强的蹂躏,文化古都的北平,先后叠经沦陷,过去保存的历史性古物,或被帝国主义攫取,或毁于兵燹,因此足以代表民族文化的珍贵资料不知损失凡几。而此次世界大战,中国为战胜国,对于有关民族文化的珍贵资料,自应赢得了保存的权利,然举世闻名研究已达二十年的"北京人",竟又以"神秘失踪"闻,且已不知去向,很难找到,这是民族文化史上一次最大的损失,更是中华民族不可洗刷的侮辱。

"北京人"的装箱运美,由于日本侵华战争的扩大,原图搬迁以策安全;失踪的经过,又是由于日本揭起太平洋战争,仓促中不知下落,可见"北京人"的丧失,日本应负完全责任。将来日本对我国的赔偿,我们万不能忘记这珍贵的古物。不过我们希望盟总切实予以调查,日本的当局更应尽最大的努力,寻出"北京人",归还中国,不独中国人有此要求,亦是人类学、考古学上的幸运。我谨在此为我们的祖先"北京人"招魂。

美苏问题[1]

国际局势在美苏两大势力的激荡不已中，各国莫不感觉惶恐不定。第二次世界大战停止还没有三年，举世的人民又要受着战神的威胁，真是一件不可思议的事。事实上今日没有一个善良的人民不在憎恶战争诅咒战争，可是战争的气氛老是压迫着每个善良人民的呼吸。识其战争的可怖，年来美苏两国关系的一张一弛，是为举世所注目的。到底美苏是不是会马上打起来？如果现在不至于打又要拖到什么时候才打？或者美国及其卫星国家的执政者能够实行温和的社会改良政策，是不是就可以消灭美苏间的矛盾而免于一战。凡关心国际局势的人士，莫不想寻求这些问题的答案。

柏林问题的尖锐化，曾使美苏关系趋于极度的紧张，不少的人都在担忧着第三次世界大战的降临，但也有人正在期待着这毁灭人类之原子弹的爆炸声。这一种紧张的局势在各方觅取和谈的空气中，近来似乎又松弛了许多。尤其是美国此次大选之后，曾经要派大法

---

[1] 本文系作者参加北平版《中建》半月刊在上海举行的座谈会的发言记录，刊于《中建》第1卷第10期。

官文森去见斯大林,打开美苏僵局的杜鲁门,出于意外地战胜了叫嚣战争的杜威当选了第二任总统,前几日报纸还盛传杜鲁门将往访斯大林直接谈判,因此给呼之欲出的第三次世界大战冲淡了不少。由于杜鲁门的当选总统,即可知美国人民不愿战争的情绪,而杜威的失败,正是说明了美国人民厌恶战争的结果。在此举世人民所要求的是温饱和安全之下,除了独占资本家和好大喜功的军人外,谁也不愿意为战争去牺牲。火药气味既然被人民的要求冲淡了,爱好和平的人民自然在憧憬着美苏的和谈,然而这幅和平的美景是否可以使之实现?换言之,此时此地是否就可以获得真正的和平?我敢说:资本主义不消灭,国际间没有真正的和平;阶级利益不铲除,国内也没有真正的和平。纵有所谓和平只是战争的准备阶段,或者说只是一个拖延的局面。所以美国在短期内虽不愿冒险揭起对苏的战幕,但我们决不能相信这就是和平之神的降临,杜鲁门虽没有杜威那样的浑身火药气味,其为独占资本家代理人的身份却是一模一样的,杜鲁门纵然能够百分之百地步趋罗斯福的新政,可是杜鲁门的进步性有着极大的限度,就是罗斯福本人的进步性也一样的有其限度。这种限度是他们不能太违背了既得利益集团,何况他们自身就是既得利益集团的一份子。有一天,他们为了自己国家的繁荣,为了资本家的利益,是不会顾及大家的幸福的,只要他们的权力没有发生动摇,他们仍会向着战争的道路推进一步的。作为社会主义的苏联,固然在觅取和平避免战争,然而为了达成社会主义的世界任务,不为资本主义所胁服,必要时也是不惜一战的。所以苏联不发动战争也不恐怖战争。至于现阶段"拖"或"和"的局面能够挨到什么时候,则要看今后客观环境发展的决定性。

英雄主义的丧钟[1]

费柯(Giovanni Battista Vico)在其所著的《关于诸国民一般天性的新科学原理》一书中,曾将人类在历史上发展的路程,分为神话时代、英雄时代及人类时代三个阶段。他的所谓神话时代即人类发展的氏族时代,所谓英雄时代即人类发展的封建时代,所谓人类时代即费柯自己所生存的资本主义社会的萌芽时代。这样机械式的划分,认为英雄们只是封建时代的宠儿,似乎在其他的人类发展时代中,就没有英雄们的存在,这未免短视了英雄们的发迹过程。实际上,英雄主义是先封建社会即已存在的。私有财产出现了以后,人我界限的社会关系自然而然地形成,财产的所有权亦随着这种社会关系而树立。财产既系人类生活的必需资料,自然谁也想设法增加自己所需要的资料,使自己的生活能够安适。在社会日趋复杂所产生的特殊机会及人与人之间的贤愚不同,有些人建立了广大的社会关系,有些人限制在狭隘的人事圈子里;有些人累积了较多的财富,有些人则苦于生活资料的不够。无形中前者就站在杰出社会的一面。这些人慢

---

[1] 原载《启示》新5期,1949年。

慢地觉得站在杰出一面的荣幸,自然更想方设法来增高自己的社会地位和控制力量,于是通过现实财富的控制力量,便产生了英雄观的社会意识形态。英雄们是承着上天的意志而降生的,甚至是不需父亲精虫的灵胎,在只知有母不知有父的氏族社会里,不是传说某人因其母履大人迹而生,某人系其母梦中有所感而孕吗?这是英雄的出径与众不同,先天的就建立了他的特殊社会关系,使一般人就不能不永久拜倒在英雄们的威仪下,对英雄只有服从和供驱使的义务。所以英雄主义不始于封建时代也不止于封建时代,是始于封建以前的社会,流毒于封建以后的社会。

英雄主义像一条横亘的长流限制着人类的进展。奴隶社会的奴隶主是不折不扣的英雄主义者;封建社会的封建领主王侯及武士更是不可一世的英雄主义者;资本主义社会的工商大亨们及殖民地的总督们,不也都是这个时代里趾高气扬的英雄主义者吗?尽管历史在不断地演进,社会经过了许多的变迁,由渐变而至突变,然而英雄主义通过了变迁之流,仍以各种不同的姿态、不同的名词在各个不同的社会里掌握着一切,其实质则始终不变,永久站在社会的最高层做人类的统治者、剥削者,不但那个社会里的经济政治教育文化掌握在他们的手里,就是那个社会里的千万老百姓的生命也一样地掌握在他们的手里,由他们任意生杀。

某一本新术语辞典里,在"英雄主义"的定义下有一条是这样的写着:"凡以个人为中心的行动,叫作英雄主义。"那末英雄主义与自私自利的个人主义结着不解之缘。本来个人主义在中世纪时,代表新兴资产阶级的利益,反对教会和封建君主的压迫,认为每一个人必须完全从任何羁绊和强制下解放出来,他应当只以自己的志愿为方针。那时他起了进步的作用。近代的个人主义反对社会主义,拥护生产手段的个人占有,是资本主义和帝国主义的帮凶,已经成了一种反动的思想了,完全是自私自利的。因此英雄主义与资本主义社会的个人主义有着不可分解的关联性。由资本主义往上推是长期主宰政治的封建专制主义,封建社会是孕育英雄的园地,而专制主义正是英雄主义源远流长的结晶品,在欧洲产生了路易十四的"君权神授"说,在东方则发展为明帝国皇权集中的最高峰。工业革命完成后的资产阶级民主,专制主义受了严重的打击。可是英雄主义改头换面依然活跃于社会,他们通过了工商资本而建立了"托拉斯"的英雄,再通过资本家而形成了军事政治上的英雄。当资本主义高度地发展,世界的另一个集团,则走上了极端独裁的法西斯主义,希特勒和墨索里尼等正是这一面的代表。希特勒、墨索里尼在几年前,虽然被全世界的人民判处了死刑,而法西斯式的英雄们依然在好些国度里跃跃地活动。尤其在半殖民地半封建社会的落后中国,三十年来,披着资产阶级民主的外衣,袭取了法西斯的病菌,而又上承两千年封建专制的毒瘤,遂形成了一种牛首蛇神的绝对政权。所以英雄主义在近三十年的中国社会里,表现着各色各样的形态,有跃马挥戈的武士,有操纵市场的买办,有吮血吸髓的官僚,有杀人不见血的能手,这些不同身份的英雄式人物,万流归总地集中在牛首蛇身的政权下,使无数善良的老百姓遭受他们的宰割,遭受他们的蹂躏。

"一将功成万骨枯。"以别人的骨肉堆砌成自己的金字塔,这是英雄们历来的终南捷径;往往骨肉堆积得愈大愈高,英雄们的权势和地位也就随着愈大愈高。"壮士军前半死生,美人帐下犹歌舞。"历来独夫民贼的自身以及忠于独夫民贼的英雄们,谁不以老百姓的血肉作为他们成名的资本?

虽然英雄主义在历史上暴露了如此的凶恶面目,可是"英雄"这一个名词,一向是很响亮的,上自"民族英雄"下至"打虎壮士",莫不为人所津津乐道,为人所艳羡。这也由于另外一面的英雄确曾服务社会而获得历史上的荣誉,或者在某一段历史的过程中,个人以勇敢的行为而获致了很大的成就;或者在恶势力的重重包围下,表现了毫不屈服的反抗强权的伟大人格。这一类站在大众立场的个人行为,无疑地博得了许多人的喝彩,而变成了受人崇拜的杰出人物。这样鼓励式和尊奉式崇拜的初意,也许正是社会教育的启发。然而这种启发的崇拜,结果所发生的教育作用,不是给予善良人士的鼓励,反增加了野心勃勃的英雄们的欲愿,社会的一切被他们所窃取所利用。

英雄只靠他自身的努力并不能成为英雄,还须赖别人的趋奉鼓吹才能成为英雄。"牡丹虽好,还仗绿叶扶持。"所以英雄主义者除了利用别人的生命制成了自己的皇冠外,还需要大量的血汗来挹注。换句话说:英雄不能孤立,他的治下必须站着无数的善良人民,做他发展的资本和工具。所以英雄先天的即要具有征服人民意识的力量,这种力量几千年来的社会构造及上层政治组织,已给他们预备好了一切,只要他们有机会投身上层政治的组织,总不难成为英雄的。所以英雄崇拜,以英雄为最高人格价值,这即是英雄们意识统治的先声。我们现在打开中外历史及许多文艺作品来看,不是英雄们生活思想的描写,即是惊天动地的英雄故事,故多少年来的教育,就是英雄思想的灌输。因此歌颂英雄、崇拜英雄好像是人民的天赋本能,于是历史上的许多英雄以及现社会存在的英雄,一直就为人民崇拜的偶像。尤其在英雄做了群龙之首的时候,声势显赫,令行万里,谁不闻名而凛然起敬?我想我们这一代许许多多的人都有过这种经验,这是英雄进一步神化的结果,以神化的英雄来统治人民,无怪只有加深愚民政策的成分。可见两三百年前的科学家主张"地动说"、主张"进化论"会有罪，至今还以读马克思主义为叛徒，这就是普遍神化的结果。

　　英雄主义所造成历史上的罪恶，占据了人类社会发展的一个漫长时期，有人说一部二十四史就是一部"相砍书"，这些"相砍书"正是英雄们所造的罪恶的纪录。然而在这漫长的岁月里，人民并不是全没有看透英雄们的嘴脸，也不是不去想法子来消灭这些偶像的崇拜。只是英雄们紧握着天罗地网，而历史上也间常出现过真正为人群谋幸福的伟大人物。普列汉诺夫曾这样的说："一个伟大人物之所以成其为伟大，是因为他有才能，使他能最适宜于他那时代的社会之一般的或特殊的伟大需要，加列宁在其论英雄的书上，称伟大人物为创造者，那是最适当的描写。"这里说明在历史上确出现过一些伟大的人物，如发明蒸汽机的瓦特，发现新大陆的哥伦布，解放黑奴的林肯，创立共产主义学说的马克思，解放帝俄人民的列宁，推翻清朝的孙中山，以至于第二次世界大战抵抗法西斯的许多英勇将领。这些人物，我们没有法子否认他们的伟大性，也不能不承认其对历史推动的作用。不过他们的伟大性，只是站在先知的立场，揭发了人民的要求，代表了那个时代的需要，所以他们个人的名字应该融化在时代里，而不是时代被他们个人的名字来渲染。因为那些重要的发明和发现以及为人民的解放，即使没有他们的名字，一样的而且必须的也会嵌镶另外一个人的名字。然而由于这些伟大人物的启发，却被许多野心家的英雄作为窃取和附会的阶梯，使人民困惑于英雄主义的迷惘下。因此在许多反动历史的演进中，却有许多群众参加而使之实现其反动政权，在中国长期的封建社会里，农民经常被地主阶级利用为争夺政权的工具。正如翦伯赞先生所说："他们一千次被利用，同时也一千次被出卖。在中国两千多年的封建社会历史发展中，不知经过了多少地主阶级彼此间争夺政权的战争，无数王朝的更替，事实上也就是剥削集团的换班。所谓'一朝天子一朝臣',就是甲剥削集团让位于乙剥削集团。然而每一个新的王朝的创立,都是农民大众的力量。农民大众为什么把一个戴着皇冠的地主拖下王座,又另外把一个草野的地主送上王座呢?把一个旧的剥削者换一个新的吸血鬼呢?这就是因为封建的意识限制了农民不能认识这些'英雄们'的本质,即他们同是地主阶级,同是以剥削农民为生的强盗,而以为他们是一个不剥削农民的'真命天子'。"

虽然农民大众被英雄出卖了无数次,他们怀着一副好心肠,总以为有一天好心会得好报,最后不至于被他们出卖;英雄们会来改变他们的生活,而登斯民于衽席之上。谁知道事实恰恰相反,地主阶级一旦掌握了政权以后,狰狞的面目就显现出来,欺压榨取与上一代的统治者仍是一模一样的,甚至有过之而无不及。这些客观存在的事实,给予了主观幻想的希望者以无穷的打击,农民大众渐渐地转变了他们对英雄们的信任和观感,开始怀疑偶像上所具有的笑颜和尊严。狡猾的英雄们也渐渐了解自身的危机,恐惧人民的觉醒,于是跟着人民大众、跟着时代的要求稍稍改变了他们固有的作风,过去"朕即国家""替天行道"的老调不重弹了,而易为"博爱、平等、自由"的新口号了。17世纪初期英国走上了君主立宪的道路,接着1789年法国的资产民主革命成功,1860年美国的解放黑奴完全实现,这给予全世界的民族一个新的启示,所以资产阶级的民主革命先后出现于各个民族国家。这并不是英雄主义的打倒,英雄们握着另外的力量依然在社会上作威作福;可是英雄们的行动多少受到了一点所谓宪章条文的牵制。自然只要社会的特权没有废除,阶级依然存在,英雄们的统治特权自不会消失的。可是在近百年历史的急转直下中,过去"民可使由之不可使知之"的愚民政策,已经再也不能制服人民的求知心理了。任何特权的存在,任何欺人的意识形态,人民莫不深恶而痛绝的。希特勒、墨索里尼虽然叱咤风云、显赫一时,然而这只是英雄主义高度发展的回光返照,"譬如朝露,去日无多"。第二次世界大战的结束已经打破了英雄们的迷梦,说明了历史的道路。

英雄主义经过了奴隶主封建领主专制魔王以至于法西斯强盗,是一个垂直线的系统发展。但英雄主义发展到法西斯主义,正如资本主义发展到帝国主义一样,是矛盾的顶点,已到了质量发展的统一性,现在历史的脚步正走向完全相反的新社会——只有人民大众没有英雄个人的新社会。这是历史规律演进的结果。所以宣布英雄主义之死刑的,不是什么《权利请愿书》,不是什么《网球场宣言》,也不是什么《大宪章》。相反的这些倒给英雄们开辟了新的天地,给予了英雄们以新的内容,丘吉尔、杜威之流,不就是资本主义社会里豢养的绅士式英雄吗?

自辩证的历史的唯物论剖示了人类历史的发展过程后,我们才真实地知道历史的演进有着一定的规律,循着这个规律发生"矛盾统一""质量互变"的作用,过去的历史已经完全说明了这铁一般的事实。所以历史的演进,完全依照这个自然法则在变动,绝不是英雄们一手所能造成的。过去所歌颂的"英雄造时势",完全是荒诞不经的。所以科学的唯物辩证法是英雄主义死刑的判词;苏联十月革命的成功,无产阶级专政,建立了伟大的社会主义国家,这是千万人民起来斗争的结果,也就是英雄主义的丧钟,也就是英雄主义执行死刑的开始。现在世界激荡着社会革命的怒潮,尤其在中国已经产生了人民所需要的政府,反人民的、反革命的英雄主义就要在朝阳下消失于无形,这是旧时代的死亡、新时代的诞生,也就是人民大众代替英雄主义的新时代的降临。

伪装和平比战争还可怕[1]

我想就三点来说明当前的和平问题：第一，是否需要和平；第二，如果需要和平，又需要什么样的和平；第三，现在可否获得真正的和平。

经过八年的抗战，继以三年来的内战，死亡、流离、饥饿，把人民苦到不能再苦的田地，把国家也打得不成样了，此时此地，谁不希望和平，祈祷和平？我想就需要和平这一点来说，应该是没有疑问的。

任何一次战争，最后是要用和平来结束的。过去虽然出现了许多和平的局面，可是战争并没有真的停止过，且愈来愈烈。所以过去所谓的和平，只是两个战争中的间歇阶段，或者是双方的准备补充时期，并不是真正的永久的一致的彻底的和平，辛亥革命及一九二七大革命时期的历史教训我们是不应该忘记的。所以我们今日所需要是人民的永久的真正的和平，为了要争取这样的和平，我们要起来打倒伪装的投机的宫殿的和平，因为伪装的投机的宫殿的和平比战争还可怕。

---

[1] 原载《中建》（综合版）第1卷第1期，1949年。

在现阶段是否可以获得真正的和平？真正的和平是可以获得的，而且是必定可以获得的，不过在目前尚有相当的障碍，我们必须彻底根除官僚主义封建主义投机主义以及帝国主义的恶势力，方能达到人民所需要的理想的和平。为了要达到人民所需要的理想的和平，有些牺牲是没有方法避免的。

新教育的任务[1]

一、传统、官僚、买办、法西斯教育的总否定

新民主主义的反面,是旧民主主义或资产阶级的民主革命。旧民主主义教育的本质是什么呢？大家都知道,它是资产阶级统治的工具;学校是为资产阶级的利益而设立,课本是为资产阶级的利益而编订,教师是为资产阶级的利益而教书,学生是为资产阶级的利益而学习,资产阶级革命的"民主"以资产阶级的利益为中心,正是资本主义社会的本质。

中国没有完成资产阶级的民主革命,自然也没有达到资本主义的社会,因此从政治经济反映在教育上的,既不是完全的资产阶级的教育,也不是完全封建贵族的教育,而是传统、官僚、买办、法西斯的混合体的教育。有二千余年来的封建意识,百余年来的资本主义思想,二十余年来的法西斯细菌,而形成这混合体教育的背景,就是半封建半殖民地社会的特殊环境。

自19世纪的40年代开始,欧美资产阶级式民主革命的政治经

---

[1] 原载《中华教育界》复刊第3卷第10期,1949年。

济教育文化,渐渐地传入了中国,在当时是以新的姿态出现,所谓"洋务运动""欧风美雨",就是代表着这一意义的。资本主义发展到帝国主义的许多文化传播,不是自然的发展,是以"侵略""征服"为目标的,是以帝国主义本身的利益为前提的,即早期的传教士也不能例外。然而这种"侵略"或"征服"式的文化传播,给予封建社会的古老中国,却也有一番巨大的骚动和变革;不过骚动也好,变革也好,只是动摇了封建社会的基础,并没有彻底地摧毁封建社会,建立起资本主义的社会;相反的,旧有的封建势力与外来帝国主义的恶势力相勾结,把持了中国的一切,冻结了中国的进步,使中国成为一个半封建半殖民地的社会。生产手段生产技术均停滞在半封建半殖民地社会的圈子里,所以数十年来所提倡的所谓"新教育",也就是半封建半殖民地的新教育。

在半封建半殖民地社会所建立的教育制度,所形成的教育思想,一方面追求着资本主义国家的新文化,憧憬着高度物质的建设;一方面又不能忘记自我传统的旧文化,尤其是那些"传授心法"的精神教育。于是在这种"中学为体,西学为用"或"全盘西化"种种纠缠不清的主张下,遂形成了官僚的、买办的、无所适从的混合教育;而自近二十年来,以迄于解放的前夕,蒋介石又拾取墨索里尼、希特勒的毒素,在各级学校里设立训导制度和公民课程,实施其法西斯的统治教育,因此表现于教育政策及教育思想上的特点,是自私的、愚民的、统制的、奴化的。过去听着许多人时常叹息"教育破产",实际并不是教育破什么产,数十年来,根本就没有建立起自己所需要的教育,假使也有需要的地方,那就是官僚买办所需要的教育,统治者便于自己统治所需要的教育,离真正人民所需要的教育不知远到什么程度。可知半封建半殖民地社会的中国教育,是受着多方面的迫害的,一是帝国主义侵略的奴役的文化政策,二是封建势力保守的腐化的传统观念,三是狐假虎威的买办阶级的洋奴思想。在这样复杂的压力下,中国的教育,不但不能获得适当的发展,反而产生了许多的恶果。我们希望由教育提高人民的知识,结果是一些有毒素的知识;我们希望造就许多为国家社会服务的专门人才,结果大学毕业生与社会实际的需要脱节;我们希望有很好的学校来培植下一代的幼苗或青年,结果出现在我们面前的,是一些官僚的商业的或亦官亦商的学校。这是铁一般的事实,谁也不能否认的。

新的时代到来了,新的社会产生了,这个"新"不是建立在旧的废墟上,也不是把旧的粉饰为新的,而是彻头彻尾的反帝反封建,而是新民主主义社会的实现。因此凡是帝国主义封建社会的恶势力,以及在这两大恶势力下所豢养所派生的一切病象,均将为新社会所打击所扬弃所否定,而失去其存在的意义。教育文化是社会经济的反映,也就是说教育文化的形态是建立在社会经济的形态之基础上的。半封建半殖民地的社会经济,现在已经转变为新型的新民主主义的社会经济了,所有旧有的意识形态,已经完全失去了凭借的余地。换言之,即过去传统的、官僚的、买办的、法西斯的教育,均将为新社会所否定,为新教育所代替,这是不容置疑的。

二、 从改造、吸收到质变

新民主主义是从半封建半殖民地社会过渡到社会主义到共产主义的革命阶段。然而这一个阶段不隶属于资产阶级民主的范畴内,而是社会主义的一部分,或者说是社会革命的第一阶段。毛泽东主席在其《新民主主义论》内,再三地提到过,已经给予了我们以极明显而正确的指示。因此新民主主义社会的教育文化,不是资产阶级教育的升华,更不是封建贵族式教育的延长,而是适合于建立"人民民主专政"的新社会为其原则的。虽然,我们不能抹杀教育文化的累积作用,也不能排斥自我以外教育文化的传播功效;相反的,我们要珍视累积的遗产,要扩大传播的容量;可是有一个条件,累积和传播的影响,绝不能违背新社会的属性,即新民主主义社会的教育文化政策。事实上也不待我们说明,今天谁想以个人的企图和反革命的行为,来阻碍新民主主义的进展,谁就自取毁灭。所以新民主主义的教育建设,一方面须干净涤除其反革命的东西,另一方面又须就其原有的设施予以彻底的改造;一方面须严峻拒绝帝国主义的毒素,另一方面又须站在人民的立场吸收其他科学上的成就。尤其是我们应就原有的学校机构,具体地改变其属性,改变其本质,使在新的社会中发挥其新的功能,正如美式枪弹到了人民解放军的手里,即成了人民革命的武器,已不是原来压迫人民的工具,而是解放人民的工具了。

中国的教育,从洋务运动到现在(指解放的前夕及待解放的地区),是全被帝国主义牵着鼻子走的。教育制度、学校行政,是美日帝国主义的翻版,教科书除了属于本国文字的,也一样的是从帝国主义那里抄袭过来的;以致学校与社会隔离,学生与学校及教师脱节,一面缺乏人才,一面又有人才过剩,而所学非所用,更是非常普遍的现象。尤其完全忽略了人民大众的基本教育或普及教育。这样的情形,不但不能满足中国人民所需要的教育,还与中国人民所需要的背道而驰。譬如中国人民大众的利益是与帝国主义势不两立的,而中国的反动政府偏偏不顾人民大众的利益,教育文化政策,一唯帝国主义及买办阶级服务。而帝国主义知道封建官僚对于自己有利,又加意地培植这些垂死的东西,这是今日彻底否定反动教育的基本因素。

我们知道新民主主义教育的原则,并不是消极地、无条件地破坏或抛弃旧有的,而是积极地、有效地来改造旧有的,使无用的变为有用的,反动的变为革命的,个人的变为大众的。但是改造所包含的内容,并不是把原来的改头换面,而是从静的教育制度课程内容,以至于动的教学法及教学者,都要从新批判,从新估量。因为现阶段的中国社会,是从革命的角度去改造旧有的,不是从改良主义的出发点去改造旧有的,所谓改造,正是革命过程中的锻炼和融化。

新民主主义教育的纵的关系,是革命性的改造,是革命性的创建;其横的关系又怎样呢?我们知道革命的教育,并不排斥外来的科学文化,资本主义国家的科学造就、资本主义国家科学工作者的特殊贡献,我们是乐意吸收的,学术科学的本身并不受空间的限制。可是吸收并不是与资本主义国家的教育文化同流合污,资本主义国家的教育文化是属于少数资产阶级的,新民主主义的教育文化是属于全体人民的,这是根本的不同,这是根本的不容含糊也是不可能含糊的。伟大的友邦苏联,以及东欧的许多新民主主义国家,才是我们的好榜样,才是我们吸收的真正对象。她们怎样建立了苏维埃的教育制度,她们怎样实施了全体的国民教育,她们怎样培养了政治的干部,她们怎样注重科学的专门建设人才,又怎样使哲学、文艺、社会科学高度的发展?凡她们所经历的过程,所获得的成就,我们必一致地学习,以求其事半功倍。

无疑的,改造和吸收是当前中国新民主主义教育实施不可忽视的问题。因为我们广大的地区,刚获得解放,有些地区还在进行解放中,争取物力人力,以求迅速地恢复秩序,我们的改造工作是异常重要的,然而在改造的过程中,我们需要多方面的吸收和接受,以容纳于新民主主义教育的烘炉里,融解消化,以完成整个新教育的系统。这样的取精用宏,这样的实事求是,而且有社会主义苏联伟大的示范作用,则中国的教育必能由改造和吸收以达到革命的质变,即从半殖民地半封建社会的买办官僚教育,转变为崭新的、科学的、人民的、劳动的教育。

三、建立科学的、人民的、劳动的新教育

资产阶级的买办教育、封建社会的传统教育,已完全不适合于今日的新社会了,这是不待赘言的。可是资本主义的科学建设、封建社会的文化遗产,只要不是反革命的,只要能彻底改变其属性为人民所有,新民主主义社会仍必须充分地利用这些条件,这也是新民主主义对于资本主义和封建主义教育文化的基本态度。

新民主主义既否定了传统、官僚、买办、法西斯混合的旧教育,同时对旧教育制度下的人力物力以及科学上的成就,并将彻底地改造,充分地利用,以"栽者培之,倾者覆之"的态度,来辨别是非和真伪,予以淘汰或扶植,这是今日对旧教育文化的基本观念。可是新民主主义的教育的本质到底是什么呢?

新民主主义教育的本质,大家都知道是科学的、人民的、劳动的。然而怎样使传统的、迷信的变为科学的,怎样使独占的、资产阶级的变为人民的,怎样使精神至上的、心力对立的变为劳动的,这绝不是偶然的事情,是由于人民长期的斗争及正在斗争中来改变整个社会经济的属性,也是由于教育文化界的许多战士不屈不挠地争取的。远的不谈,从"五四"时候开始,我们在追求"民主"和"科学"这一正确命题下,一方面对旧的要尽批判和清算的责任,一方面对新的又要能达到学习和创造的目的。经三十年来的演进和改变,今天已经到了成熟的阶段,也就是由渐变到了突变的阶段,也就是科学教育、人民教育、劳动教育建设的阶段。

什么是科学的教育呢？我们知道科学的用处，不但能够知道事物外部现象的究竟，而且还能够深入事物的内部，说明事物内部的根本性质，就是要能透过事物的现象去思维出它的本质来，就是要努力找出现象的法则来说明现象。所以科学是跟着社会的发展而发展起来，并向前推进的；科学的进步是在于它更充满地和更深刻地来反映现实。因此我们知道科学的教育，是以现实社会的需要为目标的，是从知到行有系统地发展的，即是理论与实践的一致，既不是康德(Kant)所说的"不可知"，更不是孔子所主张的"民可使由之不可使知之"的愚民政策。那末杜威(Dewey)的实用主义又能算得是科学教育吗？中国有许多杜威的化身，如胡适之之流，曾经大吹法螺，现在事实证明，他们是完全离开了人民教育的岗位，走的资产阶级的路线，是十足的主观观念论者、个人英雄主义者。人民教育和真正科学教育起来的时候，他们即丧失了凭借。因为真正的科学教育，不为资产阶级教育家所独占，也不为少数知识分子所专有，更不受任何时代的限制，它是启发的而不是灌输的，它是辩证的而不是说教的，它是整个的而不是片面的，它永远是跟着时代走的，它永远属于农工大众，属于全体人民的。

所以科学的教育，也就是以人民为本位的教育。那末，什么又是人民本位的教育呢？简单地说，人民本位的教育，就是以人民为对象的教育，不但全体人民有享受国民教育的权利，同时也有机会走入高等教育或专门教育的研究场所。这种以人民为本位的教育，不仅和自己的生活打成一片，也和人民打成一片。它的具体表现，就是告诉学生不仅从书本上学习，同时也从生活的实践中学习，不仅向教师学习，同时向老百姓学习。学习的态度是改造自己、创造自己，使自己成为社会有机体的健全细胞；学习过程中所获得的技能和知识，不是个人的而是属于社会的。一言以蔽之,就是告诉青年最可靠的知识,是从生活实践中总结出来的知识;最有用的学问,是具体了解人民大众的要求;最崇高的教育工作者,是贡献于人民的教育事业。这样的教育,才是革命的教育,才是人民所需要的教育。陶行知先生所提倡的"生活即教育,社会即学校",正是打破旧教育、建立新教育的最好途径。

科学教育和人民教育的发展,是以劳动为基础的。消极方面,是要铲除过去"劳心者治人"的享受条件,消灭劳心与劳力的对立现象;积极方面,是要发展新社会的生产事业,提高人民的生活水准。因此劳动教育的实施必须贯彻到每一教育的单位和每一受教的个人。恩格斯说:"劳动创造人类。"社会的基础是劳动,改变社会的基础也是劳动。新社会教育的理想,是向着"放之四海而皆准"的马列主义的劳动创造进行的。《共产党宣言》中的十项政治纲领最末一项内说:"教育与生产工业取得合作。"以教育为手段,以生产为目的,无论科学教育或人民教育皆是要建立在劳动基础之上的。

论大学普通必修科的社会科学[1]

前些日子,上海高教联分组讨论大专院校行政及课程等问题,我也参加了讨论普通必修科的一组。郭绍虞先生书面提议将过去普通必修科中的社会科学(包括社会学、政治学、经济学,任选一科)改为"社会科学概论"。原提案很简单,没有说明理由,但大家都很同意这一个更易的原则,没有经过多的讨论,很快地就通过了。讨论的结论,虽然已在报上公布,可是并不等于法令,仅是提供高等教育当局及各院校的参考罢了。为了希望实现这小小的改革,特再申述我的一点浅见。

社会科学(Social Science)是研究社会生活各方面的科学,如社会学、政治学、经济学、法律学、教育学以及历史学,都应该包括在内的。可是过去列入大学普通必修科的社会科学,只是社会学、政治学、经济学三科,三科之内又任选一科。仅提出这三科者,也许他们认为这三科的性质比较普遍而重要,受时间的限制,所以把其他的就省略了。这里不讲他们过去所讲的内容,社会学是英美资本主义社会的一套,经济学不会超出正统派的范围,政治学更是什么总统制内

---

[1] 原载《中华教育界》复刊第3卷第9期,1949年。

阁制委员制一堆资产阶级民主的滥调。可是最说不通的：（一）所以将社会科学列为普通必修科的原因，是要使青年知道一些基本的社会科学知识，社会、政治、经济三科已不能包括社会科学的全部；而三科同时列为普通必修的课程，实际又只能任选一科，这好像给予学生在范围内有着兴趣的选择，但最不可原谅的也就在这里。既将三科列为同样的重要，而学生又只能选一科，不是一科可以包括其他两科的知识，就是得了一科的知识就不需要其他的两科了。事实上三科既不等于一科，三科的基本知识也同样需要知道。只是过去的办法太形式化了，是"削足适履"的办法而已。（二）学生虽然念过社会学、政治学、经济学的任何一科，对中国实在的政治经济情形或社会现状，往往仍是茫然的。其原因是所教的全是资本主义社会的一套理论，与中国实际的需要完全不相符合。因此一个念过这一科普通必修科的学生，他所获得的知识，反不如一个没有念过而欢喜阅览报纸杂志，注意实际生活的学生。（三）过去虽然把社会科学列在普通必修的课程里，可是并没有真正地重视它，只把它看作中学公民课程的进一步，学生作如是观，教授也作如是观。其原因固由于死板的教材和教法提不起学生的兴趣；也是一般的错误观念，以为只要搞好了自己所学的行道，社会科学的普通知识是等而下之的东西了，甚至认为无学习的必要了。

根据上面的说明，过去大专院校所列普通必修科的社会学、政治学、经济学任选一科的办法，在形式上所犯的错误，是破坏了社会科学的完整性，不能概括全部社会科学的基本知识。就整个社会科学应知的范围来说，仅能学到比例很小的一部分，即就其所列的范围，也只能学到三分之一，如果改为"社会科学概论"，则可以提纲挈领地说明社会的现象和本质，广泛地讨论社会、经济、政治以及其他社会科学的基本知识，至少可以补救了形式上的错误，恢复了它的完整性。至于内容方面，可以说国民党反动政府统治下的教育文化，所有的教科书，无一是处，不独社会科学如此，就是自然科学也有些不能免的。在改革后的"社会科学概论"课程里，我想应该法意下列几点：

（一）科学就是有系统的关于客观现实事物的规律知识，以及实事求是，探求真理，并勇于改革客观事物，以适应人类进步要求之方法的学问。自然科学告诉我们自然界的各种运动规律，我们也可以利用科学的实际行动来控制自然，这即说明了自然科学是指导我们改造自然的实际行动的一种学问；同时社会科学也就是指导我们怎样去改造社会的一种学问。因此科学的伟大，绝不是在于它的好看，更不是在于它的深奥、庄严、抽象、没有什么人懂，而是因为我们有了它，便可以在改造现实事物时，有一个方向和方法，不然我们便变成盲目的了。社会科学告诉我们社会发展的规律，指导我们怎样走到"大同"社会里的生活里去，这不是说明了科学的改革现实事物是适应于人类进步的要求吗！可是在今天中国革命正在继续进行的阶段中，新教育的系统没有完全建立，知识分子需要经过彻底而严格的改造过程，社会科学的教本，更全是唯心派观念论者的诳言。因为这些知识分子和社会科学的知识，大多数都是由资本主义社会贩来的，是替帝国主义服务的，是为反动的统治权说谎的，名为科学，实际是玄学。樊弘先生在其《向大学社会科学学院献辞》一文中说："大学今日已无社会的科学，非真无社会科学也，以唯心派之社会科学为唯一的社会科学，此其所以无社会科学也。"[1]

（二）大家都知道社会科学研究的对象是社会，而构成社会的个

---

[1] 上海《大公报》1949年6月19—20日。

体就是"万物之灵"的人。所谓社会,就是人群的结合。所以社会科学,也就是研究人与人的关系、人与社会的关系,以及社会发展的规律性。资本主义国家的许多社会科学、半殖民地半封建社会中国的许多社会科学,并不是说它不是说明人与人的关系、人与社会的关系,以及社会的发展,它的目标并没有离开这个范围。可是他们只看到社会的现象,而且是一些不正确的现象,把社会的本质完全忽略了,甚至不是忽略,而是有意的歪曲。如希特勒硬说德国人是世界上最优秀的民族,所以他们应该是统治者;资本主义的经济学者硬把"劳力"摆在生产三要素的最后面,不重视"劳力"是生产要素中的要素,借以压低劳动阶级在生产过程中的重要性,这是以帝国主义和资产阶级的利益为前提的。因为从写书本的所谓学者专家们以至印刷机,都是被资产阶级的统治者所豢养所掌握,如果违反了他们的利益的言论和著作,不但无法付印,以广流传,即或幸运地印成了书,也是要遭焚毁禁止的。因此中国国民党反动统治时期所有的社会科学书籍,到了今天新民主主义的社会里,已经完全丧失了存在的价值。新的社会科学、真正科学化的社会科学,它将说明人与人的矛盾、人与社会的矛盾,即其阶级间的冲突。然而新社会的远景,是将消灭人与人、人与社会以及阶级间的矛盾和冲突的;就是阶级的本身,也将为未来和谐的社会所否定。这是人类社会最后的伟大胜利,这也是学习社会科学应该获得的启示。

(三)我们如果要使社会科学的内容及方法,达到改革的目的;要使一般的社会科学,能够名实相符的真正科学化。我们只有一个目标,就是以马列主义的历史唯物论和唯物辩证法为准则。我们应彻底应用这个准则去学习社会科学,去教授社会科学,去改编社会科学的书籍。因为马列主义已是一个普遍的真理,大则人类社会的演进，小则个人环境的适应，都必须应用这一个真理来说明，来解释；而且离开了这个真理，就不足以说明社会的真象，就不足以说明人生的真谛。因此"社会科学概论"这一门普通必修课程，就必须注重马列主义原理原则的介绍。

"社会科学概论"虽是原来的社会科学的更易，实际等于一门新设的课程，因为从它的形式到它的内容，完全与旧的社会科学不同。唯其不同，唯其是崭新的，它没有固定的教本，教学者对之也比较生疏。因此希望于社会科学和马列主义有深刻研究的先生们，为了适应新课程的需要，应编著一部最适用的教本出来，使研究社会科学的人，由此升堂入室；使非研究社会科学的人，也可由此得到一个普遍的、基本的、真实的概念。

云台二十八将论赞[1]

尝闻良禽择木而栖,贤者择主而事。抑又闻之,君择臣,臣亦择君。方汉兴二百余年,新莽篡位,卯金中斩,王郎据邯郸,赤眉弄潢池,隗嚣窃陇西,公孙帝巴蜀,深沟高垒,各伯一隅,苟非天人,孰克平之? 况篡莽窃位已久,光武初兴,跃龙白水,继困滹沱,势微力薄,等于诸子。非群雄向慕,志士归心,岂不戛戛乎难哉!予于是知光武之能用才,而贤士之所以日至,诸将之能择主,而功名之所以克立也。夫斧斤不遇盘错,莫别利钝;志士不遇明圣,莫分良莠。是其为所不能为,行所不能行,亦赖乎得主而已。光武既成,思宿昔共患难良将,凡二十八人,画于云台,以示不忘。千古青史,传为佳话,故系之以赞,表其君明臣良之绩。赞曰:天之将兴,郁郁其英。锡彼有道,曰维干城。博带峨冠,倜兮鞿鞿。席卷中原,振风扫叶。或侍帷幄,或决疆场,或折樽俎,或器庙堂。斗角钩心,各施其极。载我皇舆,期彼契稷。龙腾凤附,千载一遇。以砥以砺,风驰云骛。名立功成,荐彼茅土。论爵行班,树绩终古。应人顺纪,星宿是俦。以建皇极,以叙

---

[1] 原载《孔道期刊》1936年第8、9合刊。

九畴。当其俶扰,咸思取代。孰寇孰王,明辨进退。得道者兴,失道者崩。名义必正,仁智是凭。见大敌勇,见小敌怯。恭敬好士,沉深敕法。济济多士,疏附后先。上绍元恺,下启凌烟。缅彼钓台,客星犯座。韦布敦欢,云裳高卧。以昌节义,东汉是程。丹青万载,得主乃成。

作文先贵有识。云台之功,皆由光武宽宏大度,恭敬好士,乃克有成。又为刘氏之后,名义独正,非群寇可比。故曰君择臣,臣亦择君。不然,则无论何项寇盗兴师,皆可以从,安能成功耶?故韩平淮西碑,言凡此蔡功,唯断乃成,不独得体,亦事实如此也。

司马迁的历史观[1]

一

自秦至汉初,政局难以统一,而统治者的地位尚未稳定;统治者的政策也未完备,故秦仅二世而亡,汉初有"诸吕之变"及"七国之乱",政局随时有倾覆之虞。经文景二帝休养生息后,武帝更以雄才大略,扩疆拓土,统一之业乃趋稳固,各方面亦开始有系统的表现;如自秦百余年来闹的统一思想问题,至此始确定。历史巨著——《史记》,恰诞生于此时,其分类的方法,系统的组合,正是大一统时代意识的反映,同时司马迁得以安闲之身,游历名山大川,访问史实,成其名山事业,亦未始非时代的赐与。

汉初思想,异常庞杂,百家之学,继续流行,如文帝好黄老家言,盖公教曹参以清静治国家,汲黯修黄老术,贾谊、晁错学申商刑名,司马谈的《论六家要旨》,六家并举,行老学且批评儒家为"博而寡要,劳而少功",淮南王延客著书,杂揉诸子学说;可知高祖做了皇帝以

---

[1] 本文为陈旭麓先生的学士论文,1942年7月24日《贵州日报》在刊载时,受报刊篇幅的限制,作了较大删节。

后,用叔孙通制造朝仪,虽已改变过去见儒冠而溺的态度,儒家渐渐抬头,然尚未取得领导地位。武帝欲巩固统治者的权位,先谋有理论的根据,儒家既有其优越的历史,适合统治者的胃口,又恰当董仲舒的天人三策,中了圣意,于是下令"罢黜百家,独尊儒教",在当时的社会,儒家大概被认为是前进的而合于时代要求的思想,司马迁诞生于其间,当然跳不出时代思潮,况且他又是儒教主义者董仲舒的学生,所以他非常崇拜孔子。《孔子世家》:"余读孔氏书,想见其为人。适鲁,观仲尼庙堂车服礼器……余祗回留之不能去云。"

司马迁虽崇拜孔子,然不能算是一个百分之百的儒教主义者。由其家学渊源来看:父谈学天官于唐都,受易于杨何,习道论于黄子;且在其《论六家要旨》中,更说明了他的思想趋向。由其本身观念来看:《太史公自序》及《报任安书》中,于战国游侠之士,有相当好评,故为刺客、游侠立传,与孔子骂子路"由也好勇过我"的意见完全相反,此固由于他受辱愤慨的反映,亦可以见其自我的观念,不全樊篱于之一家说。孔子批评管仲不应荐设"反坫",以其有乖名分,司马迁将项羽列入本纪,陈涉列入世家,则与孔子的正名主义又大相径庭,设原则,立例外,也是司马迁独到的见地。

司马迁的思想,有些是超出了儒家的范围以外,但对于孔子的憧憬,无时不在向往着,故《史记》中许多观念是袭取儒家之旧:如以人物中心的"本纪""世家""列传",依贵族的阶级而划分,正与《春秋》以诸侯爵位的高低,而有各种不同的书法相似,也同样地推崇文王周公,赞美周的盛世,其发愤作《史记》,固然有他的职责所在(做太史令),但他处处引用孔子的话以作论证,且有意继承《春秋》之业,《太史公自序》中说:"自周公卒五百岁而有孔子。孔子卒后至于今五百岁,有能绍明世,正《易传》,继《春秋》,本《诗》《书》《礼》《乐》之际?

意在斯乎！意在斯乎！"

司马迁既志在继《春秋》作《史记》，故他也想效法孔子"述而不作"的精神，《太史公自序》："余所谓述故事，整齐其世传，非所谓作也。"然其《报任安书》却说："欲以究天人之际，通古今之变，成一家之言。"则其有志创作，欲树立历史哲学系统。总之《史记》一书，无论是根据旧籍写成或有意效法《春秋》，实为中国第一部系统的综贯的历史巨著，其成就绝非《春秋》所能比拟。

二

司马迁与儒家关系及其思想渊源，已在上面阐述了，至其具体的历史观，分析他的见解，大概包含了下列各概念。但这些概念我们要注意的，他有些是不十分完全的，也不十分肯定的；只是有了这种观念的形态而已。

（一）自然的循环

秦汉间，盛行着"五德说""三统说"的历史哲学，以人类社会全处于被动的地位，早有历史安排了她的命运。国家的政制须按"五德""三统"的运用而变迁，无论当金、木、水、火、土的哪一德，赤、白、黑的哪一统，就得按照其象征改制，遵守其规则施政，否则"违天不祥"。在此他们承认历史是重演的，永久是重演的；也承认历史是动的不是静的；然这种是有规律的终而复始的，与黑格尔的辩证法"正""反""合"的回复，波利比乌斯（Polybius）的政治循环说（以由"一人专政"，经过"少数人专政""多数人专政"两个阶段，至于"暴民政治"，"暴民政治"没落后，又回复为"一人专政"，这样地循环不已），立意全相仿佛，司马迁对于"五德说""三统说"是竭诚拥护，并接受了辩证的方法。

"夏之政忠，忠之敝小人以野，故殷人承之以敬；敬之敝小人以鬼,故周人承之以文;文之敝小人以僿,故救僿莫若以忠。三王之道若循环,终而复始,周秦之间,可谓文敝矣……故汉兴,承敝易变,使人不倦,得天统矣。"(《高祖本纪》)

(二) 个人的影响

孔子说:"文王既没,文不在兹乎!"孟子说:"人存则政举,人亡则政息。"诗云:"人之云亡,邦国殄瘁。"自周以后,伟人史观已代神权史观而起。知人类自身有着支配的力量,尤其是人类中特出的人物——政治领袖,我们知道个人是历史的产物,历史支配着人生,个人绝不能支配或控制一个时代的历史;然而我们也不能否认个人对于历史的功用,即个人有推进时代的力量;如井田的破坏,固然是封建政治崩溃后必然的结果,但有大政治家商鞅的积极改革,井田制度的消灭更快了,《史记》的体裁以人物为中心,自然仍承袭着孔孟以来的伟人史观。

> 陈胜虽已死,其所置遣侯王将相竟亡秦;由涉首事也。(《陈涉世家》)

> 李斯以闾阎历诸侯,入事秦,因以瑕衅,以辅始皇,卒成帝业,斯为三公,可谓尊用矣。(《李斯列传》)

> 由此知越世世为公侯矣,盖禹之余烈也。(《东越列传》)

(三) 经济的决定

樊迟请学稼学圃,孔子骂他为小人,子贡做生意,孔子骂他不受命,可见其对农工商生产事业毫不重视,孟子秉承孔子遗教,天天宣传仁义,耻言生利。司马迁不以儒家的这种寄生政策为然,认定经济于人类社会有着很大的定力,同情管仲"衣食足而后知礼节,仓廪实而后知荣辱"的主张,以国家的富强、社会的安宁,全赖农工商各安其业,增加生产,使大家足衣足食,否则不足言富强治安。但他以贫富阶级的悬殊,为自然的趋势,因人的体力智力不相上下,而有强弱巧拙的差别。汉自文景后,励行重农轻商政策,处处给商人以限制与压力;司马迁则视农工商并重,故立《货殖列传》以彰商人,在下列各语中,更足以表明他的经济史观及其农商并重主义,同时他很注重国家的经济政策。

  太公望封于营丘,地潟卤,人民寡,于是太公劝其女功,极技巧,通鱼盐,则人物归之,繦至而辐凑。故齐冠带衣履天下,海岱之间敛袂而往朝焉。其后齐中衰,管子修之,设轻重九府,则桓公以霸。
(《货殖列传》)

（四）地理的因素

  地理给与人类历史的影响,我们可于各个民族的特性、各个区域的差别,造成许多历史事迹中看出。秦汉间及以前的许多学者,很少有人说到人类历史与地理的关系。他们纵然说到,只是属于形势的便利与否,而于自然环境的影响,似乎从未提到,司马迁在《史记》中隐约地说了一些地理关系,但不十分充分,与他的经济观有不可分性。

  《禹贡》九州,各因其土地所宜,人民所多少而纳职焉。……徼山海之业,以朝诸侯,用区区之齐,显成霸名;魏用李克,尽地力,为疆君。(《平准书》)

  夫山西饶材竹榖纑旄玉石,山东多鱼盐漆丝声色,江南出楠梓姜桂金锡连丹沙犀玳瑁珠玑齿革,龙门碣石北多马牛羊旃裘筋角,铜铁则千里往往山出棋置,此其大较也。(《货殖列传》)

（五）政治的力量

  旧所谓"左史记言,右史记事",只是替政治领袖做起居注及记录官府档案而已,福礼曼说:"历史是过去的政治,政治是现在的历史。"过去一班人的观念,皆以历史只是记录政治活动,政治外无历史;而不知历史的对象是全体的活动、人类一切的活动,政治只是人类活动之一,所以依照这种观念写的历史,只能算是政治史而已。中国过去的历史,可以说大部分皆是政治史。《史记》的写成,也不能例外;故凡于朝代的兴废,人物的褒贬,多以政治为其论列的标准。

> 然皆祖屈原之从容辞令,终莫敢直谏,其后楚日以削,数十年竟为秦所灭。(《屈原列传》)

> 三主失道,忠臣不敢谏,智士不敢谋;天下已乱。(《秦始皇本纪》)

(六) 道德的关系

在中国哲学史中,以道德哲学最富,可见其道德观念的浓厚,好像以人生的目标,就是在追求道德价值——至善,因此遂认为道德是人类社会的决定力,如果道德坠落,则人人思乱,国家社会的治安就无法维持;反之治世,则人人道德高尚,无争端,无欺压,政治清明,社会安宁。司马迁亦以道德在人类社会发生过很大的威力,过去如此,将来也是如此。

> 余睹李将军,悛悛如鄙人,口不能道辞,及死之日,天下知与不知,皆为尽哀,彼其忠实心诚信于士大夫也。(《李将军列传》)

> 一夫作难而七庙隳,身死人手,为天下笑者,何也?仁义不施而攻守之势异也。(《秦始皇本纪》)

《史记》既包含了这许多观念,充分地表明其为综合性史观。大概当他在叙述某一个人或某一件事时,客观环境的影响不同,遂依其影响的强弱立论;或者有时某一观念占据了主观的心理,遂依照其心理而写成,所以各篇中有不同的立意,他的这些观念中,除经济的与地理的有独到之见解外,其他则皆率由旧章也。

怎样学习社会发展史？[1]

一、学习社会发展史的意义

人们一直把自身的来源，看作一个神化的过程；把社会经济以至于文化的变动，看作一种循环的作用，尤其是统治阶级所豢养或隶属于统治阶级的知识分子，如资本主义社会里一般的博士学士们，一直用他们的嘴和笔，在加强这种神化和现象的解释，因此"天皇"是与天地同久的，资产阶级是天生的统治者，战争是永久不可避免的，劳心与劳力是永久不平等的；这种错误的、荒谬的思想，不知写下了多少罪恶的纪录，自然这些罪恶和荒谬的纪录的写成，还有其一定条件的社会背景。可是人类社会不断的演进，由渐变而突变，新的世纪，新的社会，今天已经完全否定了过去一切罪恶纪录的一定条件的社会背景。

无疑的，人类社会发展到今天，已经获得了高度文明的纪录，宇宙社会一切事物的发生和发展，也已经有了具体了解的知识。由于达尔文的《物种起源》的启示，由于恩格斯的《从猿到人》的劳动观点的建立，更由于马克思科学地划分了社会发展的形态，不独人类自身

---

[1] 原载《进步青年》第219期，1950年1月。

的来源有了根据,最复杂的社会本质和现象,也有了系统的说明。恩格斯曾于马克思临葬时说:"达尔文发见了生物进化的法则,马克思发见了人类历史的法则。"那末恩格斯的《从猿到人》,就是发见了生物进化和人类历史的联系法则,也就是"劳动创造了人类自身""劳动创造了世界"的法则。

所以学习社会发展史,不独是要了解人类自身的来源,因为了解人类自身的来源,只是明白了社会的起点。我们尤须知道人类由没有阶级的社会进到阶级对立的社会,并且这种阶级对立的社会,已经经过了多种不同形态的发展,这也就是过去历史的总过程。我们更须进一步地了解,整个世界的阶级社会阶级政治,由于生产力生产关系的矛盾发展,已经走向全面崩溃的边缘,也可以说今日已是阶级社会阶级政治的末日了,而且消灭阶级社会阶级政治的新社会早已出现了。十月革命后的苏联,32年来的突飞猛进,说明了这一新的事实。第二次大战后,东欧新民主主义国家的建立,尤其是占全世界人口六分之一的中国,创立了人民共和国的政体和生产形态,更是有力的证明;北韩及德意志人民共和国的新起,新的世界更已普遍地获得了发展。正如毛泽东主席在其《论人民民主专政》里所说的:"我们和资产阶级政党相反,他们怕说阶级的消灭,国家权力的消灭,和党的消灭。我们则公开声明,恰是为着促使这些东西的消灭而创设条件,而努力奋斗。"毫无问题的,今日作为科学的历史唯物论的"社会发展史",就是要阐发这样的真理,指出这一条正确的道路,批判地分析过去,肯定地指示将来。学习社会发展史的消极意义,是要使人们懂得人类社会发展的必然性,减少建立人民民主专政达到社会主义共产主义社会的阻力;积极的意义,是要人们了解自身对于历史的当前任务,努力改造自己,克服一切困难,为实现马列主义的理想而斗争,为发扬国际主义的新爱国主义而斗争。如果要普遍地使人们认识消极的、积极的这两层意义,对于社会发展史的学习,必须把握住历史主义的观点,去了解规律性的发展,我们固然需要较多的科学知识和正确的资料来说明问题,可是更需要正确的知识和正确的资料来肯定问题。没有正确的知识和正确的资料,就无法说明历史的规律法则,或者根本就不了解什么是社会历史的规律法则;你如果要自作聪明地、生吞活剥地去解释问题,那你不做观念论、机械论的俘虏,就要做实验主义者的应声虫。

贯穿整个人类历史的,不是帝王,不是英雄,也不是任何政治制度,更不是任何政治思想,而是"劳动"的创造力。没有双手在劳动过程中的解放,就不会有"直立猿人"和后来的人类;没有奴隶的血汗,就不能灌注希腊罗马及其他国家的古代文化;没有农奴、手工业者以及劳工的生产,就不可能发展中世纪的封建社会和近世的资本主义社会,这是铁一般的事实。我们常说找到了职业或工作,就说是找到了"饭碗"。那末"饭"是从哪里来的?是农人种的。"碗"是哪里来的?是工人制的。所以只有把握住劳动的观点,学习劳动的人生观,才能了解整个的历史,才能认识整个的世界,学习社会发展史对于知识分子所起的作用,就是要大家站在劳动万能的立场,去了解劳动创造人类、劳动创造世界的真谛,从而去改造知识分子歧视劳动的主观,彻底根除"劳心者治人,劳力者治于人"的邪说,做充分的心理准备,进而争取自身劳动的荣誉。正如《礼运篇》所说的:"力恶其不出于身也,不必为己。"这个意义,也正是知识分子改造和新生的道路。

当前学习社会发展史的、教授社会发展史的,可以说百分之九十几以上都是知识分子的身份。大家知道自有阶级的那天起,大部分知识分子即已隶属于统治阶级,为统治阶级服务,所以他们开始学习知识接受知识（指抽象的文字知识）的目的，就是要获得为统治阶级服务的机会。如果我们明白了贯穿历史的劳动创造力，接受了劳动的观点，我们就应该知道了知识分子过去为统治阶级服务的罪恶。虽然过去的罪恶有过去的历史背景，然而今天历史的事实已昭示我们，阶级社会自身的矛盾发展，已经在摧毁着阶级社会自身的存在。换句话说，阶级社会的历史背景已经动摇，空间的完整性早已破坏，客观的存在性也已非常薄弱，阶级社会的普遍消灭，只是时间的问题而已，而且不是一个太长的时间。难道我们今天还要为垂死的幽灵挣扎吗？还要做历史的绊脚石吗？事实是那样明白，今天的知识分子已不容许你有半点犹豫，只有干脆地站在无产阶级的立场，与无产阶级的思想生活一致起来，才是出路。这一命题也就是当前知识分子与工农阶级大结合的迫切任务。所以学习社会发展史的又一意义，必须认识清楚人类社会是一部阶级斗争的历史（指有阶级的社会起），过去如果是统治阶级的胜利，那末今天就是被统治阶级的大翻身，也即是无产阶级革命的胜利；过去知识分子如果是隶属于统治阶级，那末今天就只有倒在无产阶级的一边，为人民服务。《论人民民主专政》里所说的"反其道而行之"，就是这个意义。

由此可知我们今天学习社会发展史，不仅是学习社会发展史的知识，而是要跟着社会发展的道路走，帮助社会的客观发展、规律发展，使得理论和实践完全一致。

二、学习社会发展史的几种方式

听说老解放区改造思想的过程，是从学习社会发展史做起。因为社会发展史是人类社会发展的解剖，可以直接唤醒人们对自己的认识，对社会的认识，所以容易收到预期的效果。现在新解放的地区也已卷入了学习社会发展史的热潮。

究竟当前学习社会发展史,有些什么样的学习方式? 我们应该采取那种方式,使学习更有效些?

(一)自学的方式。这是指没有机会参加团体学习,也没有人给他口讲面授,完全依靠自己找书本去阅读的一种学习。在没有解放以前,许多人要学习辩证唯物论与历史唯物论,以及其他进步的知识,都是经过自己长期的摸索,参照实际的生活经验获得的,可是这是花去时间和精力最多的学习方式。因为没有师承,也不易找到相互研究、相互批评的朋友,往往对一个问题的了解,需要看好些书籍才能触类旁通,而且在那鬼影幢幢的环境里,要找这些掘发真理的书籍,也不容易。今天已经普遍地展开了这一方面的学习,随时可以买到你所要阅读的书籍杂志,报纸上也可以经常地看到这方面的专书介绍和解题,对一个有心学习的人,已无须过去那样的黑夜摸索,自可找到门径。凡是一时没有机会参加团体学习的人,只有用这种自学的方式在那里阅读社会发展史方面的书籍。为了满足自己的求知欲,为了满足自身实际生活上的需要,这样的学习方式,也是很必要的,固然有许多缺点,但依靠自己的努力,也慢慢可以克服困难而获得知识。

(二)听讲的方式。就是学校学习的方式,有些机关或团体请人讲演专题,也可归之于这种学习的方式。这种由教授讲解的方式,有的采用书本逐章逐节地解释,有的根据自己编好的讲义讲述,有的纯用演讲方式。如果是学识和生活体验丰富的教授来讲授,有充分的准备,有充分的资料,作扼要而有系统的说明,自然容易启发学生,比自己茫无头绪地去阅读书籍,当然好得多。不过多年来学校都是采取这样的方式,效果如何,教授的教学法及所讲的内容很有关系,学习的条件和环境也很有关系。目前学习社会发展史,已成了思想上普遍要求的准备，无形中似也增加了这种讲授的效果。但是讲授的方法和内容还有许多值得研讨的地方。

（三）小组讨论的方式。这是崭新的集体的学习方式，也就是解放后普遍推行的学习方式。由教育的原理原则来看，这一种学习方式是自发性的、启迪性的，一则由学习者自己相互讨论之后，容易留下较深的印象，也可以相互纠正一些不正确的观念，并且可以完全避免教条式的背诵、灌输式的接受；再则根据真理愈辩愈明的原则，在大家讨论之下，可以增加彼此新的认识，可以获得共同的正确结论。自然这一种学习方式，如果不灵活地运用，没有准备地去开会，也是不会有很大成效的。尤其社会发展史的学习，究竟不同于一般现实生活问题的学习，它需要史料史实作根据，故讨论之前，应有比较充分的准备，讨论起来才有资料，也才能提得起大家的兴趣，才不至流于表面、空泛、肤浅的毛病。虽然我们并不怕肤浅，但是肤浅到没有把问题分析清楚，则学习就会落空的，问题等于不解决。因此我们在讨论时，固然要轻松地各抒所见，却也不能不有认真而严肃的态度，也就是要有正派而实在的作风。

上列的三种学习方式，各因学习者自身所接触的环境不同，所以所选择的学习方式或所能获得的学习方式亦异。各大专学校对于当前社会发展史的学习，似乎把上列的三种方式，都综合地同时运用了，这是学习者所获得的优越条件。有教授的讲授，有小组的讨论，还有教授指定自习的参考书，不但不患没有门径，而且可以根据在听讲中、讨论中所要了解的问题，尽量地利用各种参考的资料，作进一步的研究。

同时在学习政治课的过程里，我们应该注意到一个问题，就是学习社会发展史、新民主主义论、中国革命问题等课程，应有一定的先后次序。因为人类历史是有系统地发展的,有绝对的联系性的。虽然我们可以把历史发展,科学地划分为几个形态,但是"抽刀断水水更流",要截然地、如切物般地划开来,是不可能的。因为后一个社会形态,就是前一社会形态蜕变出来的,或者说是前一个社会形态中生产力生产关系高度矛盾发展的结果。所以我们要学习新民主主义及中国革命问题,必先从社会发展史学习起,事实上中国的革命问题以及新民主主义社会,都是历史有系统地发展下来的,先不去了解发展的过程,是不会了解今天社会的本质的。这里我可以举出一个实际的例子来,有时我们与学生谈到新民主主义社会是要过渡到共产主义社会去的,也就是毛泽东主席在《论人民民主专政》里所提出来的"远景"。他们很敏感的就会问到将来的共产主义社会与原始共产社会,到底有什么区别。这样一个问题,你就得把整个社会发展的过程概括地说出来,才能使问者了然于胸,否则你就无法说明二者的区别。他要是先学习了社会发展史,他也就不会提出这样的问题了。不但新民主主义论、中国革命问题等课,不能放在社会发展史前面学习,就是双轨制的同时学习两课,也是值得商榷的。因为这样的学习,容易惹起对社会发展思想上的混乱。而学习社会发展史的政治任务,是要说明人类社会系统的发展法则。如果要加强了解规律发展的观念,那末就只有依照规律发展的程序去学习,比较明白。

三、怎样联系现实问题?

社会发展史包括了人类由生物进化的过程,包括了社会发展的诸形态,所涉及的范围,既有相当的广泛,也有相当的深度,并不像一般普通的政治课程,确实富有学术性的。这里我并不是要把学术与政治分开,而是根据当前将社会发展史、政治经济学等课列为政治课程来说的。从表面看,学习社会发展史,有政治的任务,也有学术的任务;前者偏重现实的联系,后者着重本身的说明,似乎是双重的。实际说来,学术思想和现实政治是完全分不开的,尤其是"放之四海而皆准"的马列主义普遍真理,正是最高的意识形态的具体表现,也是最富现实性的。自然,没有学术的深度,没有精密的分析,社会的发展是不易得到说明的,也不能满足知识分子追根究底的习性。所以我们对社会发展中的每一个问题,要把握住正确的观点,应用正确的资料,去驳倒那些不正确的学理,使他们无条件地屈服于真理下,今天的大前提,教育是为政治服务的,学术的研究就是教育的基础,那末不管任何学术,自然科学也好,社会科学也好,也就一样的不能离开政治的任务。只要现实的政治是代表着社会发展的真理,所有一切的学术研究,也就都要集中为这一真理而学习而发挥。不过社会发展史除了一般性的政治任务外,还要达到一个重要的目的,就是要告诉大家,生产力生产关系的不断地促使社会发展,不管属于哪一种社会,终必殊途同归地要走向共产主义社会的大同世界。于此可知政治和学术,都是向着同一个真理同一个目标迈进。

为了要加强政治的认识,乃至于提高学习者的学习兴趣,学习社会发展史与现实政治的实际问题联系,不但是必要的,而且不如此,就不足以说明社会发展的来龙去脉,也就变成毫无意义的说教了。只是我们要用怎样的方法去联系实际问题;或更进一步的,怎样融化历史唯物主义的社会发展史,去解释当前的现象。

本来,社会发展史就是要说明阶级斗争的过程。《共产党宣言》劈头就这样地说:"一切至今存在过的社会底历史,是阶级斗争的历史。"1890年恩格斯对这句话又下了一个注解道:"确实的说,即是我们过去一切有史记载的历史。"可知人类自有史记载以来,是具有充分的斗争性和革命性的。我们在学习进行时,要注意怎样引申历史的资料来解释社会存在的矛盾,怎样将许多社会现象再从历史规律中得到具体的解答,所以概括些说,社会发展史的每一章节,都与现实问题分不开的。虽然,从猿到人是与我们那样的切身有关,究竟是多少万年以前的事,大家都有些模糊,就是奴隶社会、封建社会与今天的距离,似乎也觉得很远了。仅管社会发展史是那样的富于战斗性、现实性,如果你不能抓紧每一个问题与实际联系起来,是容易忽略其战斗性、现实性的。因此我想在这里提出一点与现实联系的意见。

(一)资料的引申。历史上的事物,看来都是古色古香的。要是孤立地去研究,好像都没有什么大意义。"北京人"的头盖骨,乃至于最近发现的三个牙齿,说来只不过是最古的骷髅的一小部分而已,又有什么稀奇,却是那样的震惊世界。因为尽管它少到一片头盖骨和几个牙齿,它与中国的人种以及整个世界人类有关,从一粒沙中看世界,历史的资料就永久存在着这样的价值。由此我们知道古代的任何史实或资料,在可能范围内,需要说出其现实的意义。例如我们说到"弓箭"是原始社会里的重要发明,是用之于狩猎的进步(就当时说)工具,一方面是抵御自然界毒蛇猛兽侵害的武器,同时也是猎取食物的生产工具,后来才转变为专事战争的杀人武器,本来的功用在生产发展的过程中反而丧失了。由此我们就可以引申到帝国主义把"原子弹"视为专有的杀人武器;社会主义以至于新民主主义的国家,则要把"原子能"发挥为生产的动力(苏联正利用原子能改造自然),化作世界和平、人类幸福的基础。如此引申,我们就知道旧社会将生产工具用作杀人武器,新社会则要将杀人武器转化为生产工具,互相对照,意义即极其明显了。

（二）问题的启发。无论在教授讲授及小组讨论的进行中，能够提出更多的问题，可以提高学习的热潮，也可以反应出学习者了解的成分。但我们须注意怎样提出问题，使其不至于钻牛角尖，最好运用历史的资料而提出富有现实性的问题。如果学习者不能好好地把握住这样的原则，指导学习者就需要提出纠正的方法，或者另提出相同性质而富现实性的问题予以补充，或者在解答问题时引用现实的事物说明。所以解答问题，固然需要就原有的史实作根据，但对现实的联系更不可忽视。例如说到猿由劳动转变为人的过程，我们就必须解释现在的猿猴何以不能变为人的理由与事实，无形中就可以使多少万年以前的陈迹而触到了现实的意味。又如说到私有财产的起源，是由于有了剩余的劳动力，即一个人的劳动所得，还可以养活其他的人，这样地解释私有财产的起源是对的。为了使问题更明白些，我们就需要把解放前存在的生产现象补充说明，使学习者从亲身体验到去了解历史上的问题。还有一层，学习者如果噤若寒蝉的不提出问题来，则指导学习者需要提出反问的问题或共同研究的问题来，而这些问题就需要有启发性的、现实性的，才不至使学习者感觉枯燥或望而生畏。有时叫大家用书面提问题，指导学习者从这些书面问题中，提出一些典型的问题，作为小组讨论或共同研究的对象。一则可以使学习者注意问题的提出，再则可以从中了解学习的成分及其所要解决的问题。

（三）前后的综合。历史是过去的事，现实是当前的事，固然讲述历史一步一步地要推到现在来，好像长江发源于青海的巴颜克拉山，经过青海三峡以至崇明岛的许多转合，最后还是要前浪推后浪的汇向大海，这是一条截不断的长流。可是我们讲到古代社会的某一个问题，单就当时的事实来立论，也许是不够说明问题的，因此我们需要把后面的事实拉到前面去补充，甚至需要把这一个问题从头至尾地综合说明。例如我们在奴隶社会的时期里，要说到国家的起源，而古代社会的奴隶制国家，有民主共和制、贵族共和制、君主专制制等不同的政体，如果要加强学习者对于国体区别于政体的认识，最好就得把封建社会资本主义社会里的国家形式，综合地解释，尤其是资本主义社会里的独裁制、委员制、内阁制、总统制等各种的不同名称的政体，其为资本主义帝国主义国体的本质则一样。近百年来的中国历史，经过清末的君主专制，经过袁世凯的从大总统到皇帝，也经过蒋介石从国民政府主席到大总统，在政体上何尝没有转变，可是封建官僚专制的国体则无二致。把近代不同的政体产生于同一的国体里去说明古代社会的国体和政体，即可了然，也可使学习者了解国家是统治阶级对付被统治阶级的工具的意义。

四、要参考些什么书？

截至现在为止，还没有一本条理十分清楚、系统十分明显的《社会发展史》，可以用作教科书的。能够应用的一两本书，原则上的把握是非常紧凑的，但不免失之简略。对某一个问题，尤其当旧的社会形态转变为新的社会形态时，要是交待得不十分清楚，叙述得不十分详尽，就容易引起学习者思想上的不了解，并且当前的青年，乃至一般的知识分子，由于旧社会给予的教育和习惯，成见极深，你没有把问题搞得一清二楚，随时都要受到他们那些似是而非的问题的袭击，如果你没有充分的准备和了解，有时是会引起相反的效果的。因为今天社会发展史的学习，是作为思想斗争的重要武器，或者说是改造思想过程中一个重要的起点。为了使这武器发生更大的效果，为了使这重要的起点做得更好些，一方面我们要从现实生活去体验基本的观点;另一方面要有具体而丰富的资料,以供学习者的讨论和参考。所以我在这里提出一些参考的书籍来,也许是必要的。

(一)综合的及系统的成书。解放社出版的《社会发展简史》,已是当前的通用本,我觉得太简略了。华岗氏的《社会发展史纲》,是抗战时生活书店在重庆出版的,解放后未见重印,因此不易买到。艾思奇氏的《社会发展史讲授提纲》,不是依照社会发展形态依次讲述的,而是把几项要目分类提出来,有点像"纪事本末体",最适合于演讲时应用和大专学校教职员的学习。《学习》杂志第一期至第四期,有不少有关社会发展史的专论,尤其是基本观点方面的。邓初民氏的《社会史简明教程》、叶启芳氏译的《社会斗争通史》,在资料方面都可获得一些帮助。至于斯大林元帅的《辩证唯物主义与历史唯物主义》,细绎之后,自可加强基本观点的认识。

(二)从猿到人。主要的书,自然是恩格斯的《从猿到人》。恩格斯的这一篇论文只提出了一些具体而真实的原则,因为当时古代人类化石还没有发现,其他生物学考古学地质学也不能供给充分的资料。近几十年来,以上各方面的研究,已加强了恩格斯所提出的具体原则,因此人类开始的这一个阶段,所牵涉的知识就相当广泛。我们如果不能根据各种的资料,仅就原则地说下去,学习者就每每在空隙里钻出来,"以子之矛攻子之盾",所以我们不能不参考一些生物学考古学地质学的资料,从根本上去说明这一个人类开始的阶段。我在这里只举出一些集中讨论这个问题的普通资料,如本年10月30日《大公报》所载裴文中氏的《自然发展史》、读书出版社出版的什之译的《人怎样变成巨人》、开明出版的陈应新氏译的《人类是怎样长成的》,其他参看化石人类学、古生物学都可以帮助你对这个问题的了解。苏联生物学家李森科多年来对于生物学的研究,已获得革命性的贡献,特别是关于后天获得遗传的问题,从多种的实验中已得到了科学上的证明,《学习》《新建设》两杂志的头二期,均有专文介绍,参阅后,可以进一步地去认识劳动创造人的真实意义。

(三)原始共产社会。好些书把这一个没有阶级的社会阶段,写成很理想很美丽的世界,我认为是值得商榷的。关于这个阶段的参考书,自然是以恩格斯的《家庭、私有制和国家的起源》为主,不过在研究这部历史唯物论的经典时,我们也不能忘记莫尔根《古代社会》的先驱著作,此书商务有杨东尊、张栗原两氏的合译本,此外李达氏的《先资本主义的社会经济形态》,也值得参考。

(四)奴隶社会。我们除了应参考一般社会发展史中的奴隶社会部分外,列宁的《论国家》《国家与革命》两书,必须细看,因为它解剖了阶级和国家的起源。耕耘出版的早川二郎的《古代社会史》,棠棣出版的焦敏之氏编的《古代世界史纲》,举出了古代国家奴隶生产的具体事实。古代希腊罗马的奴隶社会,发展得最完备最典型,所以进一步的我们还需要了解希腊和罗马的历史,以至于其他国家古代社会发展过程的历史,如中国的殷代奴隶社会,可参考吴泽氏的《古代史》,这书系棠棣出版社出版的。

(五)封建社会。就欧洲的历史说起来,封建社会就是整个中世纪。而中国呢?自西周以迄鸦片战争,即自纪元前1122年到纪元后1840年,长达三千年,在目前我们似乎还不容易找到一部完备的封建社会史。因此我在这里只能介绍张仲实氏译的《封建主义》,其他我们只有参看世界通史、中国历史一类书籍中有关封建社会的资料,如开明出版王易今氏译的《中世世界史》、光明出版的陈和山氏编的《世界文化史讲话》等一类的书。好在中国这一代的知识分子,都直接地受到封建势力的影响和压力的,还可以找出许多活生生的事实,来说明这一个社会形态。

（六）资本主义社会。如果要彻底了解资本主义社会的发展和矛盾的过程,我们需要研究马克思的《资本论》和列宁的《帝国主义论》。不过《资本论》并不是短期内可以学好的,而且在当前匆忙的生活里,要细心地去研究资本论,也不是太容易的事。我们退而求其次,参考列昂节夫的《政治经济学》、薛暮桥氏的《政治经济学》,也可以窥其崖岸了。其他则可参看张仲实氏译的《资本主义》、邹韬奋氏的《社会科学与实际社会》、沈志远氏的《新经济学大纲》。

（七）关于共产主义社会部分。马恩列斯的许多著作,无一不是我们必研的经典,我不预备在这里一一列举。我们如果要了解社会主义思想的发展,则请细读《共产党宣言》《社会主义从空想到科学的发展》。此外还有陶大镛氏的《社会主义思想史》、吴黎平氏的《社会主义史》,也可以帮助我们了解社会主义思想的发展。我们要明白俄国共产党的实际斗争过程,《联共党史简明教程》是一部必读的书。毛泽东主席的《中国革命与中国共产党》,也就是中国共产党指导中国革命的方向和斗争过程。至于新民主主义社会,毛泽东主席的许多著作和言论,以及中共中央颁布的许多政纲政策,都是研究新民主主义社会的准绳。自然,东欧新民主主义国家的许多斗争和建设经验,也是我们需要了解的对象。这已属于另外专门学习的范围,不予赘述。

我们今天学习社会发展史,固然是要说明整个人类社会发展的过程,但是我们需要用更多的我们自己社会的史实来举例说明,才能加强我们对于社会发展的亲切认识。因此,最后我列举几本可以作为社会发展史的参考资料的中国历史书：吕振羽氏的《中国社会史纲》《简明中国通史》,范文澜氏主编的《中国通史简编》,吴泽氏的

《中国历史简编》,翦伯赞氏的《中国史纲》(只出两册到东汉止)。

上面所列举的书籍,看来也就不算少了。如果学习一门社会发展史,就要看那许多的书,也许有人会以为是好高骛远,甚至使学习者看了害怕,就有点不敢轻易尝试了。但我得声明的,这里有些书是作进一步研究应用的,也有些书只要参考其中的有关地方,并不需要看全书。假定就研究的范围来讲,这里所列举的还是不够,自然有许多遗漏之处。

论"厚今薄古"[1]

一

"厚今薄古",是针对"厚古薄今"而来的,这是一个有的放矢的口号。这个口号虽是对整个哲学、社会科学研究的状况而发,但和历史科学的关系特别大,因为历史就是研究从古到今社会发展规律的,历史学存在"厚古薄今"的问题也更为严重。

中国有悠久的历史,有丰富的文化遗产,给中华民族带来了自豪感,然而也给我们背上了一个古老的历史包袱,使我们跑不快,只要看看过去一百多年的新旧斗争,旧势力是如何的顽抗就知道了。现在政治上的旧势力虽然已彻底扫荡,而思想领域的"好古"倾向却还在阻碍我们的前进,学术界有那么一股气氛,愈是古代的东西愈觉有搞头,越是近代的东西越不够劲,他们以为当前事物的论述是新闻记者和政治教员的事,和学术研究无关,和历史研究无关。如果我们把近年来的历史论文统计一下,搞历史的人写过几篇有关解放后的历史文章,从夏商周三代到鸦片战后社会阶级关系的变化都有人研究,发表的文

---

[1] 原载《历史教学问题》1958年第5期。

章也很多，却没有看到有人去研究解放后社会阶级关系的巨大变化。

以史学界队伍的状况来说，过去本来就是搞古代的人多，搞近、现代的人少，而且解放后有些搞近、现代的人也钻到古书古董堆里去了，津津乐道的是甲骨文和金文的一字一句的解释。这是什么原因呢？除了"好古"的传统——以古代是真学问外，还有一种逃避现实的思想，以为搞古代的东西即使有错误，大不了是一个学术思想问题；搞近、现代的东西有了错误，容易涉及政治原则。本来各种学问都应该考虑对现实的作用，对现实作用愈大的东西就愈有搞的必要，他们反过来逃避它，这就使自己愈脱离现实，也使学术脱离现实，同时以为古代的东西经过若干年的扬弃，资料虽多，究竟有底可摸，不是漫无边际的，钻研五年十年，就可以钻出名堂来。而近、现代史实在太麻烦，汗牛充栋的档案和报刊是资料，一本日记一个账簿也是资料，掉在这个汪洋大海里，一下搞不出成绩来，而另一面又感到有些东西搞不到，无从下手，这也是对研究现代史踌躇不前的借口。

历来认为研究历史的用途有两个：一是吸取历史的经验教训。司马光的《资治通鉴》为什么叫"资治"呢？就是要以历史为借镜，"观今宜鉴古"也是这个意思。一是就历史以预测将来，觉得过去和现在是如此，将来的变化也可想见。章太炎说"今与昔之不忘，则若可以得后之倪已"，可以代表这一说法的意见。但他们都不是从社会发展和事物的质变去考察历史，而是以因果律来论述历史，所谓由果求因、明因知果，是他们的信条。这就常常引导人们向后看，事实上是以过去为准则，要求现在和将来符合过去的准则，成为"陈陈相因"保守思想的极大论据，"以古非今"论者也是从这个论据下产生出来的。"以古非今"是早已有之的事，它反映了没落阶级希望时代倒流的情调，这种思想今天仍是有的，"今不如昔"的右派论调即如此。至于以往在国民党黑暗统治的年岁里,有些马克思主义史学家借用历史作为现实斗争的武器,那就又当别论了。

为学术而学术,是当前学术界脱离实际的关键性问题,历史学界的风气,更不例外。"厚今薄古"的提出,恰是为了要改变这种为学术而学术的经院式学风,使学术能为现实服务,否则学术徒有益于"清谈",而"清谈"实足以误国。

二

"厚今薄古"的辩论中,大家对古和今有不甚一致的理解,主要问题存在于古和今的界线及其相互推移的关系。

首先应该肯定古和今是两个不同时间的概念,它既是相续的又是截然不同的,古是过去,今是现在,而过去和现在是时间的递嬗,也是发展和变化的永恒过程。今不仅是古的继续,且是古的否定。有人主张中国的历史应以1840年为界线,前此为古,后此为今,那就是以我们现在习称的古代和中世为古,以近代和现代为今。也无异说原始社会、奴隶社会、封建社会是古,资本主义社会(在中国则是半殖民地半封建社会)、社会主义社会是今。我以为这样的划分不甚妥当,因为资本主义制度和社会主义社会虽然并存于今天的世界,可是一个已日薄西山,一个正方兴未艾,体现了两种不同时代的社会形态。在我国来说,资本主义制度已是历史上的陈迹,过去我们着重研究资本主义在中国的发生发展,而现在我们更要研究它的死亡。因此我们的今,确切地说是社会主义革命和社会主义建设的今,是社会主义现实的今。如果不明确这一点,半殖民地半封建社会的旧中国也是今,那末古代要为今天服务,岂不也要为死去了的半殖民地半封建社会服务?这就成了历史为历史服务,死人为死人服务,仍是脱离实际的。

其次，既然近代的半殖民地半封建社会和封建社会、奴隶社会一样是死亡了的社会，是不是也一样可以归之于古呢？当然资本主义制度的一切，在我们国家内正在由今变古。但是我们的社会主义祖国才开始建立起来，资本主义的所有制虽然改变了，而资产阶级的音容宛在，政治战线和思想战线上的两条路线的斗争，仍相当尖锐，近代的许多事物与今天还有直接的关联。因此我们不能把近代的古和三代的古一样看待，也不能和唐、宋、元、明一样看待，可以说近代中国是古和今的中间环节。我常以研究近代史的朋友是"书读不古不今之间"，虽然出版界已经把五四运动以前的著作和《尚书》《诗经》一样列作古籍，究竟这个古还是新近的古，仍有较大的今的意义。

再其次，古和今固然是两个不同时间的概念，可是"抽刀断水水还流"这句诗，恰可形容时代有割不断的连续性，由于这种连续性的关系，许多古代的东西常保留一定的现实意义，这是不可否认的。因此有人主张凡古代而有现实意义的东西，也可谓之今。我以为古和今的概念不应混淆起来，古还是古，今还是今，有现实意义的古代事物，只能说明古代仍有研究的价值，研究古代可以为今天服务。譬如右派分子要否定马克思主义社会发展的普遍法则，说什么中国没有奴隶社会，那我们研究中国的古代社会，就有着捍卫马克思主义的现实斗争的意义，却不能说古代社会就是今天的社会。

一般说来，去今愈远的古代，它的现实意义总是比较稀薄，去今不久的近代，它与现实政治的关系必然比较密切，因此前者比后者更容易脱离当前的政治实际。但不管古代、中世及近代，要求它能为当前的社会主义政治服务则一样，要求动员死人为活人服务的意义也一样。过去的历史究竟如何为今天服务？当然我们不是"求助于过去的亡灵，借用它们的名字、战斗口号和服装，以便穿着这种古代的神圣服装,说着这种借用的语言,来演出世界历史的新场面"[1]。这是农民战争和资产阶级政治活动家的戏法,我们用不着这样做,无产阶级完全知道只有依靠自己的双手和智慧来建设社会主义。同样我们也不能为了联系现实,去把历史上的事物现代化起来,给太平天国的军队穿上解放军的制服,这是反历史唯物主义的。我以为要使古代的历史不脱离政治而能为现实服务,在正确地阐述历史社会发展的规律及指出社会主义共产主义的必然胜利外,选择有较大现实意义的东西作重点讲授和研究是完全必要的。历史上有现实意义的东西不外两个方面。一是属于正面的,如阶级斗争和生产斗争的人民群众,以及领导和促进这些斗争的杰出人物,恰当地分析他们,明确个人和群众在历史上的作用,清除资产阶级个人崇拜的思想毒素,不能说没有现实意义。又如教育要为生产服务,是我国社会主义建设的根本性方针之一,历史教学和历史研究就不能不考虑来贯彻这个方针,因此我们较多地讲述生产技术的改进和对自然作斗争的历史,压缩不必要的有关上层建筑历史的内容,也是应有的更张。当然我们也不能将生产工具发展史来代替全面的历史教学。一是属于反面的,解放前,郭沫若先生写的《甲申三百年祭》、范文澜同志写的《汉奸刽子手曾国藩》,虽是鞭尸,却落在活人的身上。古代的思想文化还在拖着活人的后腿,尤其是近代资产阶级的政治观点和哲学观点对知识分子的影响更深,我们通过批判历史人物这一类的思想,也就为改造现在的知识分子服务。当然不少历史人物的言行在他那个时代是有积极意义的,而这种思想在今天却是保守的,甚至是反动的,处理这种复杂性的教材,那就要求我们更要具有善于分析的能力。

---

[1] 马克思:《路易·波拿巴政变记》。

三

今如何厚,古如何薄,厚和薄的相互关系怎样？是认识和贯彻"厚今薄古"的又一关键性问题。

古今是时代的推移,是新陈代谢的自然法则,今由古而来,无古不成今,古今是社会历史量变和质变的结合。"厚今薄古"不是要今不要古,马克思主义者是重视文化遗产和民族历史的,所以废古的情调不应有,害怕废古的过虑也大可不必。"薄古"的意义,首先是要破除对古代的迷恋,钻在古书堆里要破,以古证今要破,知古不知今更要破,所以"薄古"也是"破古"。"五四"新文化运动沉重地打击了古代思想的束缚,是反封建文化的古,而我们今天不仅要反封建文化残余的古,更要反资产阶级文化的古。其次"薄古"是就重视现实而言,目的在改变为学术而学术,为教学而教学的不良风气,从而引导人们向前看。

任何学科都是有系统的知识,搞历史的人更强调历史的系统性,更强调古今事物的关联性,我们也不否认要了解和改造今天,你就要懂得昨天和前天。所以有人认为古不博今就不能通,薄了古就厚不了今,或者说厚今何必薄古！他们有一种理由,说你要知道康有为、梁启超的变法维新思想,就不能不懂得西汉的公羊学,懂得了西汉的公羊学后,才能较完整地讲述康、梁"托古改制"的主张。这些事例,我以为不仅不能作为"厚古"的论据,反而恰恰说明了古要为今服务。作为一个历史教学工作者,谁也不否认要有基本系统的历史知识,他才能比较胜任某一部分的历史教学或某一方面的研究工作。如懂得一点孔子的学说,大体知道西汉的公羊学是什么一回事,这就属于历史教学上的基本知识,并不是什么"博古"问题。有些青年知识分子说,"厚今薄古"是老年学者的事,对他们来说,还是要古今并重。我想这是一种误解,大学历史系绝不会取消古代历史,中学也仍会要教古代历史的,问题是在"厚今薄古",古要为今服务罢了。史学家章学诚说:"史学所以经世,固非空言著述也。"他们也懂得历史要为政治服务。为了纠正经院派的知古而不知今,明确学术要走为政治服务的道路,所以今天必须"薄古"。

"薄古"的目的为了"厚今",不"薄古"就不能达到"厚今"的目的,无所薄即不能有所厚,这是事物的辩证发展。然而"今"应怎样"厚"呢?

"详今略古"是"厚今薄古"的内容之一,即从数量上的详略,表达对今古的厚薄。有人以辽、金、元的历史不太重要,为了略古,主张中学的历史教学可以将其全部删去。我想"略古"应是删繁就简,去粗取精,但不应采取"砍掉"的办法,让某一个历史时期变成空白。"略古详今"固然可以理解为时代愈向后推移就愈要详些,但也不能机械地运用。譬如从鸦片战争到五四运动,是我们现在称作近代的80年历史,袁世凯和北洋军阀的统治是这80年中的最接近现代的一个阶段。由于它最接近现代,是不是就应比在它以前的太平天国革命运动或辛亥革命就要讲得详些,这就不尽然了,因为还要看它的性质和在近代历史上的地位来决定。这里所说的性质和地位,也意味着它的现实意义。

现阶段历史科学工作的队伍,凡老一辈史学家或有研究经验的人,多数是搞古代史的,但也不等于说古代史已经研究好了,如果要把古代史研究好再来研究近、现代史,那就永久不能改变"厚今薄古"的状况,不要说别的,过去有不少历史著作只有上卷没有下卷,不是牵于人事,就是为精力所限,不能及身而成,这样的事例甚多。有位老先生说:"古未博而身先卒。"不是没有道理。因此"厚今"就有必要改变史学工作队伍的现状,应使研究近、现代的人逐步增多,研究古代的人也应注意近、现代,学一学司马迁"通古今之变"的气概。当然研究近、现代历史的人,为了更好地研究近、现代,也应力求懂得古代历史的基本知识,特别是和近代接近的明清史。对古代历史不甚了然,是搞近、现代史的缺憾,如果说这样就不能研究近、现代史,未免武断了些,因为近、现代究竟是近、现代,要懂得康、梁的变法维新思想,重要的还在于他们的时代特征和阶级关系,而不在于西汉的公羊学。

我们在历史教学上究竟如何体现"厚今",真的做到为现实服务,最重要的是在你对"厚今"的正确理解而又有决心去贯彻它。当你在讲授某一章节前,必须考虑这一章节将说明什么问题,这个问题对今天的现实有什么意义,或者要怎样表达才有现实意义?譬如世界现代史我们讲到苏联的技术革命,教材的本身和中国当前任务的结合是最密切的了,在这种情况下,你所考虑的应是怎样讲得更生动有力,而又没有纯技术观点的渲染。但与现实能完全密切结合的这种历史教材究竟是少数,更多的教材除了应有所取舍外,当注意如何赋予它有现实意义,如讲授乾嘉考证学派,只是客观主义的介绍,而不分析这种研究风气的影响,虽说明了问题,却没有现实意义。又如近代历史上革命派与立宪派的斗争,当时的立宪派今天不一定恰有其人其事,但你能很好地分析它的政治主张和阶级基础,提到原则的高度来批判,对今天类似立宪派的这种政治思想仍有教育意义。只要我们不是牵强附会,有逻辑地引申,使它接触现实,这是可以做得到的。近代历史虽是最接近今天的,要是由一个经院派的学究来讲授,它也可以把现实意义的内容教成没有现实意义的内容。

如何理解"厚今薄古"[1]

六十年前,谭嗣同为要打破阻碍新政的"好古"思想,他就语源学指出:"于文从古,皆非佳义。从草则苦,从木则枯……"又说《论语》上的"我非生而知之者,好古敏以求之者也"的"好古"两字,是那个辅佐王莽篡位的刘歆窜入的,不是孔子的原意。不管这种说法是否有据,谭嗣同的目的是欲破除对古代的迷信。我们今天所说的"厚今薄古",和六十年前的非古思想有所不同,就是和"五四"新文化运动的打倒"孔家店"也不一样。因为我们不仅要反对封建残余的古,更要反资产阶级的古。本来"厚古薄今"的表现,就是资产阶级为学术而学术的思想,实际也就是和社会主义科学文化对抗的一种形式。

古是过去,今是现实,对古要薄待一点,对今要厚待一些,应属事理的至当。《公羊传》说孔子作《春秋》,分"所见、所闻、所传闻"三等,虽非我们所说的"厚今薄古"的全义,却也区别了今昔的轻重。不知为什么有些先生感到"薄了古就厚不了今",或者感叹地说:"厚今何必薄古!"他们的逻辑是:学汉字拼音你就应该懂得甲骨文,谈火

---

[1] 原载《文汇报》1958年4月17日。又题为《厚今必须薄古》。

葬你就必须知道木乃伊，否则就是学无所本。我记得几年前，在一次欢送青年知识分子去参加土地改革的会上，一位老先生从三代的井田制一直谈到唐代的"均田"，好像是欢送人们到古代世界去巡礼，而不是去参加现实的阶级斗争。这里虽然说的是个别典型事例，倒也具体而微地反映了我们的学风。不是尚有人在那里向往"采菊东篱下，悠然见南山"的闲适生活吗？这样，不但不是动员死人为活人服务，恰恰相反，是引导活人做死人的俘虏。

"薄古"不是"废古"，古往今来，是历史社会量和质的变化发展，马克思主义者是十分重视社会发展的客观规律的。我想在这里举一个例子。1919年7月，列宁在斯维尔德洛夫大学讲演"论国家"时，他要学生看恩格斯的《家庭、私有制和国家的起源》。那时正是十月革命后不久，新生的苏维埃国家还很困难，他却要青年去看阐述那样古代社会的著作，是想通过国家不同性质的认识，加强对青年的阶级教育，从而反击资产阶级诬蔑苏维埃政权的胡说。这是学习古代为现实服务的重大启示，恰是那些学习古代而仍回到古代的对立。因此"厚今薄古"的意义，首先是在重视当前的现实，即我们正在亲身经历的社会主义的现实。历史是昨天的事，我们讲述历史和研究历史，重要的在考虑它有无现实意义或者它的现实意义有多大，当然最能为现实服务的历史，还是最接近今天的昨天。如果我们的历史教学和研究工作，做得虽多，而与现实无关，或有关也太少，这就同于"白头宫女在，闲坐说玄宗"，既无益于己，也无补于世。

古代的东西，有些尚有现实意义；近代的东西，也有现实意义不大的。但是我们必须承认一个事实，近代东西的现实性终究不同于古代，许多事物与今天尚有直接的关联，如果说古代是现在的"远亲"，那末近代就是现在的"近亲"，这是不以人们意志为转移的客观规律。因此历史学界应转移研究的重点,要更多地研究近、现代的历史,改变"厚古薄今"的旧观念,这是学术为政治服务的重要途径。

"厚古"的风气在中国的传统很深,这和中国有悠久的历史有关,更和封建文人、资产阶级学者的宣扬有关,学术界流行一种风气,不知今不足怪,不知古反以为怪,而且以研究学术作为逃避现实的借口。如果不纠正这种现象,让它自由发展,不仅将使学术领域缺乏推陈出新的生气,也将使历史科学成为脱离现实的"古国春秋"。学术风气的"厚古"倾向,也常会助长社会政治思想的保守,以历史衡量现实,看不见现实的飞跃,所以学术思想与政治思想既有区别,也是息息相关的。反对学术思想的"厚古薄今",也将改变人们政治思想上的保守因素。

要改变"厚古薄今"的学风,必须"厚今薄古",不薄古就不能厚今,不厚今就不能达到学术为政治服务的目的。"通经"期在"致用","通经"不能"致用","经"也就失去了"通"的意义。

"两类社会矛盾"学说与历史科学[1]

"两类社会矛盾"学说,是毛泽东同志运用和发展马克思主义的又一经典论述。如果说1937年发表的《矛盾论》,是在那个时期以马克思主义总结了中国革命实践的经验,而又照耀着中国革命胜利前进;那末"两类社会矛盾"学说,是继《矛盾论》后对社会规律的进一步发挥,是指导也正在指导我国当前社会主义革命和社会主义建设的胜利前进。更重大的意义,是它体现了马克思主义的当代水平。

"两类社会矛盾"学说的提出,是在我国社会主义革命"三大改造"取得胜利后,也是在有很大国际意义的苏共第二十次党代表大会后,而且是在匈牙利事件发生、国际反动派掀起反共反苏的滔滔浊浪时,这是国际共产主义运动处于伟大发展和尖锐斗争的年代。1958年《人民日报》编辑部先后发表的《关于无产阶级专政的历史经验》和《再论无产阶级专政的历史经验》,针对国际工人运动发生的新问题,作了周密的分析,也即初步表达了毛泽东同志"两类社会矛盾"的学说,澄清了国内外许多混乱思想。1957年2月,毛泽东同志在最高

---

[1] 原载《学术月刊》1958年第7期。

国务会议的扩大会上,讲演《关于正确处理人民内部矛盾的问题》,全面地系统地阐述了这一马克思主义的光辉理论;同年6月,经本人整理补充,"两类社会矛盾"学说遂同这个有名的演讲一起为国内外所传诵。继《共产党宣言》后又一国际工人运动的伟大文献——莫斯科会议两个宣言,也汲取了这一学说的精神。因此"两类社会矛盾"学说,不仅是马克思主义理论和实践的新发展,也是一系列社会主义国家的建立和东风压倒西风的伟大时代表现。

一切新的反映时代精华的科学学说的创立,必然引导整个社会思想和学术领域的变化和前进,这是一种不可阻挡的力量。系统发挥"两类社会矛盾"学说的《关于正确处理人民内部矛盾的问题》,发表虽仅一年,它已指导着我国社会主义革命在政治战线和思想战线上取得了伟大的胜利,也给社会主义体系的国家补充了新的思想武器,就是资本主义国度的思想界也不无强烈的反应。同时"两类社会矛盾"学说,赋予了各种学科以新的论据,特别是促使哲学、社会科学领域的变革。虽然它的时代任务,是为了指导社会主义的现在和将来,可是对研究人类过去的历史科学,也将增加不曾为人们发掘的新课题。几年前,史学界学了《矛盾论》后,对研究各个历史时期的矛盾和主要矛盾,不但提供了"争鸣"的论据,也因此使人们更懂得历史社会曲折变化的规律。矛盾是事物的普遍现象,是历史社会发展的动力,以《矛盾论》来解剖历史社会,恰是探讨历史社会最基本的法则;而"两类社会矛盾"学说,是社会主义过渡时期矛盾法则的体现,尽管它所研究的对象是社会主义的现在和将来,然而"人体解剖对于猴体解剖是一把钥匙","两类社会矛盾"学说对于历史研究也将是"一把钥匙"。因为只有真正了解现在的人,才能真正善于分析过去。

现在之于过去,虽然是时间的延续,却是从量变到质变的反复过程,也是从低级到高级的不断发展,社会主义社会是这种反复过程和不断发展的最高形态,它和以往一切剥削阶级统治的社会截然不同。所以学习"两类社会矛盾"学说的论据来解剖历史,主要的是在学习其中运用辩证唯物主义和历史唯物主义的观点、方法,以丰富自己的知识,正确地来考察历史社会的现象,而不应是数学公式的以此例彼的搬用。

一

为了说明两类不同性质的社会矛盾,毛泽东同志在他的论文中首先指出:"人民这个概念在不同的国家和各个国家的不同的历史时期,有着不同的内容。"那就是说人民这个概念的内容,不是固定不变的,它既是阶级属性,又是历史范畴。

我们通常说:人民大众是历史的创造者,我们要研究"劳动群众的历史,各国人民的历史";而工人和农民从来就是人民大众的基本队伍,他们是物质资料的生产者,也是反抗压迫最基本的革命力量。确切地说,为人民服务的实质就是为工农服务。但是在剥削阶级统治的国家社会里,他们不是被糟蹋为"能说话的工具",就被诬蔑为"愚民""顽民"和"群氓",那些为饥饿为自由而斗争的群众则被目为"乱民",而那些被利用和被欺骗了的群众则又诱称为"良民"。与此相反的,骑在人民头上的地主阶级、资产阶级,却被称作人民中的佼佼者,一向为地主、资产阶级服务的知识分子,也常以人民的代表自居。这就是马克思主义者和一切剥削阶级对"人民"这个概念理解的根本不同。即一个是以阶级属性来区分,一个是在掩饰阶级的本质以模糊"人民"这个概念。因此不仅人民和非人民的本身是阶级分野,即如何理解人民这个概念也表现着深刻的阶级烙印。

历史是不断发展的,人类已经历着五种不同生产方式的社会形态,随着社会形态的不同和发展,不仅劳动人民在生产过程中有过巨大的变化,"人民"这个概念的内容也经历了若干变化。譬如资产阶级革封建贵族、地主阶级的命时,他们和反抗封建压迫的群众站在一起,"正是这种情形,使资产阶级的代表能够标榜自己不是某一个别阶级的代表,而是全部受苦的人类的代表"[1];当工人阶级起来革资产阶级的命,资产阶级则早已成为人民的敌人。因为资产阶级革命时期的资产阶级是社会生产力的促进者,他们有资格嚷称代表那一历史时期人民的利益;当工人运动勃兴时,他们已成为社会生产力的束缚者,以剥削压榨为能事的本来面目也已暴露无遗,他们再也不能站在人民的一边而冒称人民的代表了。由于国度的不同,阶级分化的不同,社会主义革命的性质虽同,"人民"这个概念所包括的阶级、阶层却也不一样。我国的民族资产阶级,在民主革命时,它有革命的一面;在社会主义革命时,它又有拥护宪法、接受社会主义改造的一面,经过各种运动和斗争,他们接受改造而想成为自食其力者的这一面正在增长,他们也知道只能争取这个前途。因此"工人阶级和民族资产阶级的阶级斗争一般地属于人民内部的阶级斗争"。这就显然不同于十月革命时俄国的资产阶级了。正因为历史时代和国度的差异,同一个阶级,有属于人民的范围,有不属于人民的范围。

由于人民这个概念是阶级属性和历史范畴的统一,在国家社会形态发生变革时,人民的内容就跟着发生变革,特别是长期处于革命斗争过程的我国,在革命的各个重要环节中,由于某些阶级阶层利害关系的变化,他们对待革命的态度也因时而异。毛泽东同志在他的论文中就当前上推至抗日战争时期所发生的变化,作了经典性的指

---

[1] 恩格斯:《反杜林论》,第15页。

示:"拿我国的情况来说,在抗日战争时期,一切抗日的阶级、阶层和社会集团都属于人民的范围,日本帝国主义、汉奸、亲日派都是人民的敌人。在解放战争时期,美帝国主义和它的走狗即官僚资产阶级、地主阶级以及代表这些阶级的国民党反动派,都是人民的敌人;一切反对这些敌人的阶级、阶层和社会集团,都属于人民的范围。在现阶段,在建设社会主义的时期,一切赞成拥护和参加社会主义建设事业的阶级、阶层和社会集团,都属于人民的范围;一切反抗社会主义革命和敌视、破坏社会主义建设的社会势力和社会集团,都是人民的敌人。"这段话虽然只是就我国革命的三个时期来说的,但给予历史科学研究的昭示是:(一)人民的阶级属性除了经济地位的决定因素外,还要看他依附什么,如果他依附革命的阶级则属于人民的范围,依附反革命的阶级则是人民的敌人,当然依附什么又常常和他的经济地位分不开;(二)人们是否够得上人民的称号,不决定于他自己的乐意与否,而要看他在所处历史时期对人民最高利益的问题表示的态度怎样,是促进者还是促退者。依上述两点来说,如果他的阶级利益和革命利益一致,固然是人民;如果他抛弃本来的阶级利益而服从革命的利益,则非人民可以转化为人民。

就历史运动变化的法则来理解人民这个概念的内容,给历史上某些阶级、阶层及个人提供了许多值得研究的问题,但是在研究这些问题时,必须是就历史条件和阶级关系结合起来考察。以法国大革命时期的三个等级为例:第一僧侣,第二贵族,第三凡不列为头两个特权等级的人,即当时法国的人民。那末当时法国的资产阶级是不是属于第三等级人民的范围呢?当然那些与国王、高等贵族、大地主有联系的大金融资产阶级,他们是依附反革命的;而一般商人、银行家、专卖商和工场主等资产阶级,他们是第三等级的上层分子,马克思、恩格斯称他们为"君主国中纳税的第三等级"(《共产党宣言》),毛泽东同志称作"工农资产阶级合组的第三等级"(《矛盾论》)。资产阶级革命时期的资产阶级所以属于人民的范围,是决定于这一革命的性质和他们对待革命的态度和作用。至于我国辛亥革命时期的立宪派,既依托于君主、贵族和独裁者,又曾附和过革命,他们能否属于人民的范围,就应考察他们的主要方面属于什么。而立宪派作为一个阶层来说,是一身而二任的地主、资产阶级,是大资产阶级的代表,他们的政治主张和政治活动,如果说是脚踏两边船,那末他们的脚的重心还是放在反人民反革命的船上。

历史上有的剥削阶级和阶层在一定时期内,他们可以属于人民的范围,然而是有条件的,也只能是在一定的时期内。另一种情况是反动统治集团或封建阶级的某些人物,在民族战争的重要关头,为了捍卫国家民族的利益,他们挺身而出,如岳飞的抗金、林则徐的抗英,一向被尊为民族英雄和伟大的爱国者,是人民所欢迎和爱戴的,这是他们属于人民范围的主要依据,这类历史人物在这个主要依据下又常常附带着有利于人民的其他因素。至于他们的镇压农民战争,则无疑又当从他们的封建统治阶级的地位来论断。历代出身于封建阶级的杰出文人,写了一些富有人民性的作品,或者揭露封建统治的黑暗,或者为人民水深火热的生活而呼吁,或者赞美劳动和战斗。正因为对人民有着丰富的感情,他们的声音才有可能与人民息息相关。虽然不一定就给他们冠上"人民文学家"或"人民诗人"的称号,然而他们总是"人民之友"。因此不能撇开阶级来谈个人,也不能完全以阶级来局限个人。

"人民"这个概念的中心内容,从来就是劳动群众。剥削阶级的被列于人民范围内,是有时间性的,也是有条件的,离开了那个时间和条件,它始终只能是人民之敌。

二

"两类社会矛盾"存在于当前的国际事务中,也存在于我国社会主义革命和社会主义建设的过渡时期。这是毛泽东同志科学地论证了的客观真理。那末在我国社会主义革命以前的各个历史时期,乃至各个国家的历史时期,是不是也同样存在着两类不同性质的社会矛盾?这是以马克思主义为指导思想的史学工作者应该提出来研究的新问题。

众所周知的《共产党宣言》中的一句名言:"迄今存在过的一切社会底历史,都是阶级斗争底历史。"说明阶级斗争是阶级社会里的根本矛盾,奴隶与奴隶主、农民与地主、工人与资本家,就是奴隶、封建、资本主义等社会形态根本对立的阶级。半殖民地半封建社会的近代中国,又是中华民族和帝国主义、人民大众和封建地主及官僚买办资本的矛盾是基本矛盾,这些矛盾规定了阶级斗争的主要内容和革命方向。但是各种不同社会形态的国家和历史时期,除了根本对立的阶级矛盾外,并不意味着就没有其他的矛盾了,统治阶级的内部固然是矛盾重重,事实上还有各种各样的矛盾,单就社会形态变革时期来说,如新兴地主与奴隶主贵族、新兴资产阶级与封建贵族地主的矛盾,也都是对抗性的矛盾。因此在贯串着整个历史社会敌我矛盾的阶级斗争的同时,既有统治阶级内部矛盾,也还有人民内部矛盾,但是历史社会的主要矛盾始终是对抗的阶级矛盾,又常常表现为敌我矛盾,而且经常制约着其他矛盾。

历史上的统治阶级都是反动阶级,他们是和人民对立的,所以在对立的阶级矛盾这个主要矛盾外,统治阶级的内部矛盾和人民的内部矛盾是并存的。至于我们今天正在建设中的社会主义国家,是"工人阶级领导的,以工农联盟为基础的人民民主国家",是无产阶级专政的一种形式,国家和人民不是对立的,而是统一的。就是对立的阶级矛盾虽有时还有可能紧张起来,但基本上是趋向于缓和,因为我国的剥削阶级正在改造和消灭的过程中。由于这种根本性质的改变,人民内部矛盾就比较突出而成为主要的社会矛盾了。

历史社会对立的阶级矛盾和统治阶级的内部矛盾,是显而易见的,也是经常和大量存在的。至于人民内部矛盾,不是不存在于各个历史时期,而是它为对立的阶级矛盾所制约;同时马克思主义者的掌握社会规律来改造社会,首先是在抓住主要矛盾,通过阶级斗争导向无产阶级专政,是社会主义革命的前提。历史社会的人民内部矛盾事实上是存在于各个方面,以近代中国的历史社会为例。如汉族与少数民族、少数民族与少数民族之间,由于生活、习惯、语言、宗教等方面的差异,以及它们各自的民族利益,不可能不产生矛盾,我们现在正在批判汉族的沙文主义和少数民族的地方主义,这两种相互矛盾着的思想,很大程度是历史上遗留下来的。如革命集团与革命集团之间的矛盾,史学界曾经争论太平天国和天地会的关系,只要不偏执一端,我们就不能不承认它们在反清斗争的过程中,有合作的事实,也有矛盾的事实;同盟会和光复会之间,即孙中山和章太炎之间,不也长期存在着矛盾吗!如这一部分人民和那一部分人民之间的矛盾,我们知道中国工人在尚未成为自为阶级的五四运动前,他们结合成各种帮口,因争取工作而发生纠纷,也是常有的事,今天尚大量存在的宗派矛盾,即有很深的历史社会关系。此外如一个革命集团的内部,也经常酝酿着矛盾和分化的事实。毛泽东同志说:"矛盾存在于一切客观事物和主观思维的过程中,矛盾贯串于一切过程的始终,这是矛盾的普遍性和绝对性。"(《矛盾论》)因此说历史社会对立的阶级矛盾是主要的,人民内部矛盾从属于它,这是对的;如果说历史社会只有对立的阶级矛盾,没有人民内部矛盾,这是不对的。

由于社会性质的不同,历史社会的人民内部矛盾,和当前我国社会主义社会的人民内部矛盾及其他社会主义国家的人民内部矛盾,有着很大的差别。这些差别是产生于阶级力量对比的不同,什么阶级掌握国家政权又是一个决定性的因素。下面我想谈一谈它们的差别。

第一,历史社会的人民内部矛盾,常和对立的阶级矛盾纠缠在一起,为对立的阶级矛盾所制约。这种制约的关系有两个方面:一是反动阶级的挑拨和利用,例如我在前面谈到的国内民族矛盾,固然有兄弟民族间不协调的关系,而汉族地主和少数民族的上层分子常假以树立权势与相互仇杀,又如邓中夏的《中国职工运动简史》说到"上海工人之中的安徽帮、宁波帮、湖北帮等……其中小商人小官吏也有加入的,而且总是头脑。这也是很自然的——苦力的同乡组织也要靠'有权有势'的同乡(工头、包探、'有面子的人')",以致帮口与帮口之间常发生龃龉,资本家又利用这种龃龉来雇佣更廉价的劳动力;一是人民内部的民族资产阶级和小资产阶级(农民、城市平民等),自身既是剥削阶级,或者也是自发地沿着剥削阶级的道路走,因此他们的内部矛盾,也就更容易渗入阶级成见,常常由内部矛盾演变为对抗性的阶级矛盾,太平天国的杨韦内讧,即其一例。所以恩格斯说:"一切历史上发生的斗争(不论它是在政治的、宗教的、哲学的领域中发生的,或是在任何其他意识形态领域中发生的),实际上只是各个社会阶级彼此斗争的多少明显的表现。"(《路易·波拿巴政变记》序言)

第二,历史社会的人民内部矛盾,没有先进阶级的领导,没有马克思主义的指导思想,不能寻找到正确解决的途径,因此处理的方式和过程,不是因强弱势殊压服一方而宣告解决,就发展为对抗性的斗争。前者如西南各省过去的民间械斗,常起于这一部分人民和那一部分人民的争执,一时得不到解决,加上封建势力的利用,多蔓延为大规模的械斗,其结果不是一个是非问题,而是一个力量对比的强弱问题。民间的诉讼也大都如此。后者如我在前面已经谈到的太平天国领导集团间的矛盾,本来只是宗派、权位、政见、思想种种矛盾的交织,因为缺乏民主调剂,乃至造成杨秀清的"逼宫"、韦昌辉的残杀、石达开一意孤行的出走,使建立在南京的革命政权几至不可收拾。这就是由一般的内部矛盾发展为对抗性矛盾的事实,而韦昌辉的残杀又是地主阶级的残酷性破坏性在革命内部的反映。我们可以这样说:历史社会是反动阶级统治的社会,是少数人压迫多数人的社会,权势和骗术是他们统治的手段,他们对待人民的是非问题也是权势和骗术,在尚未觉悟的人民群众中,这种权势和骗术又常成为他们的麻醉剂,所以在对待他们自己的是非问题上,就不可避免地蒙受了统治阶级的暗影。

历史社会的人民内部矛盾,本身也是阶级矛盾,只是在一定条件下不是对抗性的敌我矛盾罢了。不独因为有反动阶级的政治社会势力的深透,而人民的范围就包括着不同的阶级,也包括着剥削阶级和非剥削阶级。譬如义和团运动是中国人民反对帝国主义的革命斗争,但是义和团的群众为了反帝而反对铁路、洋船、洋货乃至读洋书的"三毛子",这也就在一定程度内反映了和资产阶级、小资产阶级向西方学习的矛盾。然而他们都是那时的人民。即如我国当前的人民内部矛盾,也仍有工人阶级思想和资产阶级思想的冲突、社会主义和资本主义两条道路的斗争。二者根本不同的地方,在于历史社会的人民内部矛盾,被阶级矛盾所束缚而不能自拔,紧紧地把人民套在阶级压迫的枷锁上;我国社会主义社会当前的人民内部矛盾,将由无产阶级专政导向阶级的消灭,要把人民从阶级压迫中完全解放出来。

我们的历史著作,必须贯串阶级和阶级斗争的历史,就是分析以往的人民内部矛盾,也不能离开阶级关系立论,因为去掉阶级,"人民"这个概念就缺乏实际的内容。但是不承认人民内部矛盾的存在和它被对立的阶级矛盾所制约的事实,就往往不免把复杂的历史现象简单化了。我们知道先进与落后的矛盾、新与旧的矛盾,将长期存在于社会主义社会和共产主义社会。历史上虽有过许多新旧斗争的事实,所不同的它们是以阶级斗争的形式表现出来,然而在人民大众之间也不是没有某些先进和落后、新和旧的矛盾。为此我们在以阶级斗争阐述历史社会的同时,也应指出人民内部矛盾的关系和因素,使人们不至奇怪今天人民内部矛盾的大量存在,只是在对立的阶级矛盾逐步退居次要地位后,而人民内部矛盾就显得更为突出了。这是毛泽东同志提出"两类社会矛盾学说"而又着重指出"正确处理人民内部矛盾"的重大时代特征。

三

在前面已经说过,历史时期的人民内部矛盾和我国现在的人民内部矛盾有很大不同。历史时期的根本矛盾是敌对阶级的矛盾,人民内部矛盾常常和敌对的阶级矛盾分不开,甚至可以说没有不打上敌对阶级矛盾烙印的人民内部矛盾。在这种气候和土壤中的人民内部矛盾,就有最大可能也最经常地转化为对抗性矛盾和敌我矛盾。例如各个历史时期的农民战争的分化,乃至互相撕杀,是常有的现象。同时历史时期的人民内部矛盾,由于没有正确的方法去克服它,即不发展为敌对的阶级矛盾,也常常带着对抗性而长期存在。太平天国的内部矛盾是如此,同盟会和光复会之间的矛盾也如此,一直到它们自己的不存在,相互之间的矛盾才不存在。因此历史时期的人民内部矛盾,由非对抗性矛盾转化、发展为对抗性矛盾,和社会主义社会只是一时的特殊的现象显然不同。

历史时期的人民内部矛盾既大量地转化为对抗性矛盾,这是对立的阶级矛盾制约的必然趋势。那末历史时期的对抗性的阶级矛盾,是不是也和我国当前的社会主义革命和建设时期一样有转化为非对抗性矛盾的一面呢?反动阶级统治的社会,阶级斗争存在于各个方面,只是一张一弛,有时紧张,有时缓和,由对抗性矛盾转化为非对抗性矛盾的事实是少见的。即如抗日战争时期,在挽救民族危亡,服从民族统一战线的要求下,国内的武装斗争一时停了下来,也就是说内部矛盾的武装斗争取得了暂时的缓和,是不是人民大众和代表封建地主、官僚资本、买办阶级的蒋介石国民党政权的矛盾已经转化了呢?依我的理解,这种一时的缓和,对立面的斗争实际上并没有停止,而且大规模的武装斗争恰在缓和中酝酿。有人说所谓和平,只是两个战役中的间歇阶段,这是少数人压迫多数人的阶级社会的客观规律,因此很难说一种矛盾(民族矛盾)激化了,另一种矛盾(阶级矛盾)缓和了的事实是矛盾的转化。毛泽东同志说,"由于中日矛盾的尖锐化和共产党的统一战线政策(这些就是条件)",而国民党"被迫着赞成抗日,矛盾着的东西这一个变到那一个,其间包含了一定的同一性"。(《矛盾论》)"同一性"和"转化"是两个不同的概念。前者是指事物的对立面有它的同一性,对立面的转化必然包含着同一性;后者是指矛盾着的事物通过斗争由一面变为另一面,所以说"一事物转化为他事物,就是新陈代谢的过程"。莫斯科会议宣言说到当前资本主义国家"暂时的景气助长了资本主义国家的部分工人中的改良主义幻想",这是一种被麻痹了的错觉,更不能说是对抗性矛盾向非对抗性矛盾的转化。至于南斯拉夫铁托集团说现在的资本主义世界"典型的资本主义社会制度已经成为过去",资本主义已经在实现着社会主义,并以为"社会主义思想不再主要围绕着摧毁旧的、资本主义制度的问题转圈子了"。这无异说资本主义国家敌对的阶级矛盾正在向非对抗性矛盾转化。谁都知道,迄今为止,资本主义国度的主要矛盾仍然是工人阶级和资本家的矛盾。铁托集团的这种说法,只是在修改马克思主义的阶级学说以投合帝国主义的胃口罢了。

在反动阶级统治的社会里,为什么对抗性的敌我矛盾只能出现暂时缓和的局面,不能真正转化呢?其原因:(一)历史上任何剥削阶级不能解脱自身对社会生产力的束缚,因此生产力和生产关系的矛盾、基础和上层建筑的矛盾,就是一些不可调和的矛盾,与社会主义社会的生产力和生产关系、基础和上层建筑又相适应又相矛盾的情况根本不同;(二)在无产阶级领导人民的革命势力没有取得支配的地位前,即如我国民族资产阶级这样的剥削阶级也不可能放弃自身的阶级利益而服从社会主义革命的利益。显然作为一个阶级来说,对抗性的阶级矛盾要转化为非对抗性的人民内部矛盾,必须是在特定的历史条件下才有可能。这个条件就是要革命的人民取得了支配的地位,主要矛盾的主要方面不操在反动阶级的手里,而是操在革命人民的手里,使"过去的剥削阶级完全陷落在劳动群众的汪洋大海中,他们不想变也得变"。

但是历史上有一种类似对抗性的阶级矛盾转化为非对抗性矛盾的情况。即在资产阶级革命时期,资产阶级和人民大众要革封建地主阶级的命,因此封建地主阶级和资产阶级这两个剥削阶级的矛盾,是作为对抗性的阶级矛盾而存在；许多国家的史实说明，在资产阶级革命时期或者在这个革命取得一定胜利后，这两个原先具有对抗性矛盾的剥削阶级、阶层，也有过合作的事实，多数的情况是地主阶级向资产阶级转化，特别是在资产阶级革命不彻底的国家里更为突出。如日本明治维新时期的"藩侯""武士"等封建阶级，我国辛亥革命时期如张謇这一类官僚地主，都向资产阶级转化，他们一身而二任，所以历史上称他们为地主资产阶级。可是这种转化，和我国社会主义革命对资产阶级采取和平改造方式，工人阶级和资产阶级的对抗性矛盾转化为非对抗性矛盾，是根本性质的不同。因为地主和资本家虽然在历史发展过程的短暂时期内，是两个对抗性的阶级，却同是剥削阶级，而他们由封建所有制转变为资本主义所有制，由地租剥削转变为雇佣劳动剩余价值的剥削，是二而一、一而二的事，同时在资本主义社会内仍可以保留某些封建特权，至于他们和人民大众的矛盾的性质并没有改变。因此这种情况，只能说是阶级关系的变化或合流，很难说成是对抗性阶级矛盾向非对抗性矛盾的转化。

论阶级观点和历史观点的统一[1]

一

"千秋功罪,谁人曾与评说?"这是毛泽东同志《昆仑》一词中的句子,但对研究历史的人来说,却感到它是一个评价历史人物的命题。历史人物的活动已成历史上的陈迹,他们的功罪和活着的人已没有直接的联系(当然,一些近代和现代历史人物又当别论),我们所以仍要给他们以恰当的评说,不只是为了阐述个人在历史上的作用的理论问题,而且也是一个有关批判地继承文化遗产的问题;这不是徒然要作"不厚诬古人"的所谓公论,而是有着"寓褒贬、别善恶"的实际意义。

近年来,学术界在评价历史人物的方面有很大的发展,对秦始皇、曹操、武则天、康熙帝等封建帝王,都进行了比较深入的讨论;对近代历史人物石达开、梁启超、章太炎、张謇等人也进行过讨论,或者正在讨论。在这些讨论中,从某一个历史人物出发,牵涉到历史上的政治、军事、经济、思想文化以及汉民族和各少数民族的关系一系列问题,也牵涉到某一历史时期的变化和某个朝代的盛衰的历史。这

---

[1] 原载《解放日报》1962年3月27日。

些研究,对促进历史社会的研究和历史唯物主义的阐发,都起了良好的作用。然而在评价上述历史人物的许多论著中,反映了一个相当普遍的问题,那就是怎样准确地运用阶级观点来评价一个历史人物的问题。近年来,学术界对有些历史人物的阶级属性有过热烈的争论,而接触到中国近代和现代历史人物的评价,这种争论也就更多,意见也就更为分歧。几乎一遇到近代和现代历史人物的评价,对这个人物的阶级属性就有所争论,一争论也就有三四种不同的意见。这些不同意见的产生,在一定程度上,反映了中国近代社会生产关系的复杂性。因此在运用具体资料分析历史人物的阶级属性时,就有一个怎样准确地处理观点和资料的统一问题。

我们所评论的历史人物,都是阶级社会的人,阶级社会的人必属于一定的阶级。"在阶级社会中,每一个人都在一定的阶级地位中生活,各种思想无不打上阶级的烙印。"[1]自从有阶级以来,各个历史时期的历史人物,尽管他们所处的历史时代不同,所属的阶级不同,但他们总归属于一定的阶级的。这是我们分析历史和观察现状的出发点。

对历史人物的阶级分析,要看到历史人物的阶级属性,即他们的阶级出身和他们所代表的阶级利益。然而在我们评论中的历史人物,很少不属于剥削阶级的。为什么?原因很明白,就是过去几千年的历史,剥削阶级长期占有生产资料,掌握国家机器,科学文化的果实也为它们所坐享,历史条件造成了它们的特殊地位。著名的历史人物多属于这个阶级,是毫不足怪的。在中国长期的封建社会中,历代帝王固然是地主阶级的总代表,就是那些出色的政治家,军事家、学术家、文学家、画家等,也很少不属于地主阶级的。所以不会有人

---

[1] 毛泽东:《实践论》。

去研究秦皇、汉武、唐宗、宋祖属于什么阶级,也很少有人去争论司马迁、张衡、诸葛亮、陶渊明、李白、杜甫、苏轼、曹雪芹、郑板桥等人属于什么阶级,顶多争论他们在历史上起过什么作用,或他们的作品有没有反映人民的要求。因为这些人的阶级属性是明白的,只是其中有的是地主阶级的上层,有的是中小地主阶级罢了。

一般说来,历史上每个剥削阶级在它的上升时期,对人类历史常常起着一定程度的积极作用,而它们所建立的"丰功伟绩",又常常和它们的虐政分不开。马克思说"强有力的政府和繁重的赋税,是相同的概念"[1],就是这个道理。因此,我们承认封建时代的轻徭薄赋、休养生息是一种善政,而对征调频繁的政府也要看它是否做了一些有益于国家和人民的事情,如果是的话,那也就未可厚非。我们对于秦始皇、曹操、武则天、康熙帝所以要给予应有的肯定,主要是由于他们做了不少有益于当时、有功于后世的事情。历史是人民群众创造的,英雄人物是时势造成的,怎样的时代诞生怎样的英雄人物,这是古今中外的历史所共同表明了的事实。要是一个民族在很长时期内没有出现一些出类拔萃的英雄人物,那是时代的窒息。中华民族是一个有悠久历史和丰富文化遗产的民族,它所表现的活力,如勇敢勤劳、不屈不挠、富有创造性等,既反映在千百万人民群众的生产斗争和阶级斗争中,也反映在各个时代的各个杰出人物的身上。一个大有作为的民族,一个大有作为的时代,出现一些大有作为的人,那是人类的骄傲。

人们出身于某个阶级和他代表或反映某个阶级的利益,这两者有联系,但不是一回事。某些封建帝王常以"吊民伐罪"自居;封建社

---

[1] 马克思:《路易·波拿巴政变记》。

会的某些著名政治家常能体察民间疾苦,提出某些进步的政治主张;资产阶级革命时期的资产阶级更以代表各被压迫阶级的利益相标榜,当然,这是一个谎言,但在一定时期或局部范围内,它们的作为也可能产生某些有利于人民的效果,满足人民的部分要求,这在历史上是常有的事。至于统治阶级内部的矛盾和斗争,在不少场合,矛盾的一方是和正义相联系的,与人民的愿望相呼应,因此这一方的代表性人物也就不同于另一方;统治阶级中某些具有叛逆性格的人,他们反戈一击,每中旧制度的要害,在一定程度上加速了旧制度的崩溃,吴敬梓的《儒林外史》和曹雪芹的《红楼梦》,便有这样的意义。如果我们不区别这些情况,那么,封建时代的人物还有什么好评说的呢?

评价历史人物,弄清历史人物的阶级属性是必要的,但这需要作具体的科学的分析,而不是简单地去鉴定历史人物的阶级成分,也不能以此作为评价历史人物的唯一标准。对历史人物进行阶级分析,主要是考察他们的思想和行事(不论在军事、政治、经济或学术等各方面),对当时的社会究竟起促进的作用还是起阻滞的作用,即对人民有利还是有害,或者是利多害少、利少害多,而不能采取要就是肯定一切、要就是否定一切的简单化态度。

二

在评价近代和现代历史人物的时候,还要注意一个很大的特点,那就是近代中国社会是一个过渡形态的社会,变化大,曲折多,产生了一些前所未有的阶级,正如恩格斯在《德国农民战争》一书中所说的:"从中世纪保留下来的各阶级的状况已经起了根本的变化,新阶级已经在旧阶级之旁形成了。"在这段时期内,阶级分化异常剧烈,阶级关系的复杂性也是前所未有的。许多历史人物在自己的一生中,经历了几个不同的历史阶段,这反映在他们的意识形态上,他们的政治主张上,他们的实际行动上,都具有变化多端、升沉不定的特点。因此就他们所代表的阶级利益去论证他们的阶级属性,就显得格外复杂。这些复杂的变化,大致有如下几种情况。

第一,在19世纪后期的资产阶级改良运动和20世纪初年的资产阶级革命运动中,有成批的地主阶级知识分子向资产阶级转化,前者可以康有为、梁启超、谭嗣同等为代表,后者可以蔡元培为代表。他们的转化程度有很大不同,有的还保留着浓厚的封建性,有的成了资产阶级自由派,而出身于封建士大夫家庭的如朱执信等人,且发展成为激进的资产阶级革命民主派。这些人的发展趋向和结局是不同的,但在初期,他们的转化都是由旧到新,都是向上的表现。

第二,近代中国社会中由地主阶级向资产阶级转化的知识分子,其中有些人在经历巨大的事变后,又退回到封建地主的老路上,成为复古主义者,如康有为就是一个很典型的例子。至于章太炎,如果说他在辛亥革命运动中是代表地主阶级的反满派,那末他也是处在由地主阶级向资产阶级转化的途程上。反满,是他的革命思想和革命行动的最大特色,而反满却是从属于资产阶级革命的。毛泽东同志说:"开明绅士是地主阶级的左翼,即一部分带有资产阶级色彩的地主,他们的政治态度同中等资产阶级大略相同。"[1]这虽然是就抗日战争时期的情况说的,但也很能说明辛亥革命时期章太炎的基本态度。辛亥革命以后的章太炎,则和在戊戌维新运动后的日益走向复古主义道路的康有为相似,不过章太炎还有机会在"九一八"以后表示了一点抗日爱国的愿望。

---

[1] 毛泽东:《目前抗日统一战线中的策略问题》。

第三,近代中国社会另一些由地主阶级向资产阶级转化的人物,虽然后来经历了许多变化,政治主张也因时而异,如前期要求清政府改良和立宪,后期成为北洋军阀的帮凶;尽管他们头脑中的封建主义思想没有完全改变,但他们的思想和生活的主要方面毕竟已是资产阶级的了。恩格斯曾经指出红白玫瑰战争后的英国贵族说"他们的习惯和意向,与其说是封建的,毋宁说是资产阶级的"[1]。梁启超、张謇这类人和恩格斯所说的那些英国贵族的这种情况很近似,他们是民族资产阶级的上层,是资产阶级的右翼,其政治态度和大地主大资产阶级比较一致,经常依附大地主大资产阶级的当权派开展政治活动,社会上虽然有他们的潜势力,但他们在任何时候也没有形成为独立的统治力量,正如梁启超自己所承认的,他们是"曾无尺寸根据之地,惟张空拳以代人呐喊,故无往而不为人所劫持,无时而不为人所利用"。

第四,自五四运动开始,中国的革命运动出现了一个崭新的局面,阶级关系的变化又有了新的发展,在工人阶级日益壮大的情况下,资产阶级小资产阶级的激进民主主义者接受了马克思列宁主义,由革命民主主义者发展为共产主义者,由进化论者发展为阶级论者,李大钊、鲁迅就是最鲜明的例子。此后在中国共产党的领导下,在实际斗争的教育和锻炼下,不少知识分子更由革命民主主义者跃进为无产阶级先锋队的战士。

人们由这个阶级向那个阶级转化,大部分发生在历史转变的时期,即进步阶级革反动阶级的命,建立新的统治的时期。而近代中国,自鸦片战争到人民解放战争的110年中,经历着旧民主主义革命

---

[1] 恩格斯:《社会主义由空想发展为科学》英文本导言。

和新民主主义革命以至向社会主义革命过渡,这是人类历史上所罕有的宏伟场面。由于革命任务的迅速转变,参加这些革命斗争的阶级和有些人的阶级属性也随之发生变化。人们只有随着形势的发展而前进、再前进,由落后、反动的阶级向进步的阶级转化,才能跟上形势。否则,不进则退,昨日的先进瞬息成为时代的落伍者,如康有为、章太炎等就是这种落伍者。在一切巨大的历史转变时期,这种倒退的人总是有的,他们是时代潮流中的泡沫。同时,在这样复杂的阶级关系的变化中,反映在有些人身上的,就不只是一个单一的阶级性格。恩格斯说:"在圣西门那里,除无产阶级的倾向外,资产阶级的倾向还有一定的影响。"[1]在资本主义社会中,不少进步人士处于圣西门这种状态;而在中国近代社会中,既有许多人物由地主阶级向资产阶级转化,五四运动后,又有不少的人由资产阶级、小资产阶级向工人阶级转化。人们在转化的途程上,通常可以找出他们当时的主要思想倾向,譬如梁启超、张謇一类人,尽管他们身上存在着浓厚的封建性,却可以找出他们的主要思想倾向是资产阶级的。然而有些人在转化的途程上的某个阶段,思想倾向的表现不那么明显,暂时分不出主要和次要方面,也是有的。"地主资产阶级"这个混合称号,也不是完全无中生有。

三

从生产资料所有制关系上来判断一个人的阶级属性,这是比较简单的。但论断历史人物的阶级属性,看他代表什么阶级的利益,往往不能完全从生产资料的占有状况出发,也不能完全从他的社会地

---

[1] 恩格斯:《社会主义由空想发展为科学》。

位出发，主要是看他的社会政治活动和思想观点怎样。但就历史人物的思想观点来分析历史人物的阶级属性，就比较复杂了。

一般说来，进步思想代表进步阶级的利益，落后、反动思想是没落阶级的表征，所以思想斗争是阶级斗争的一种反映。在近代中国民主与反民主、科学与反科学的斗争中，反映了进步阶级与反动阶级的斗争；而马克思主义与反马克思主义的斗争，更加鲜明地反映了无产阶级与资产阶级的斗争。但是在中国长期的封建社会中，唯物论和唯心论两个不同思想体系的发展，却不能简单化地把它和农民阶级和地主阶级的对立和斗争等同起来。这里不仅因为人们对宇宙的认识，是在漫长的岁月中逐步推进的；同时，一个人的政治社会观点和宇宙观是参差不齐的。谁都知道，主张君权无限的霍布士是一个唯物论者，而主张民主革命的卢梭却是一个唯心论者；黄宗羲的《明夷待访录》中的民主思想，比起王船山的种族大义思想来，更富有启蒙意义，可是王船山是一个伟大的唯物论哲学家，而黄宗羲不过是一个宗述王学的唯心论者。一般地说，一个人的政治社会观点和他所代表的阶级利益有较直接的联系，政治社会观点是意识形态中反映阶级性最强烈的部分；而一个人的宇宙观反映他所代表的阶级利益则是比较曲折的，中国近代社会许多思想家，他们的宇宙观基本上或完全是唯心论的，而他们的政治社会思想却比较能反映当时社会的客观要求，而且他们的政治社会思想也远比哲学思想丰富。这是因为近代中国社会所面临的许多迫切的政治经济问题，使人们不得不努力去寻求解决这些问题的方案。至于宇宙观的问题，是存在决定意识还是意识决定存在等根本性问题，他们还来不及考虑，也没有这种自觉。毛泽东同志指出："孙中山和我们具有各不相同的宇宙观，从不同的阶级立场出发去观察和处理问题，但在二十世纪二十年代，在怎样和帝国主义作斗争的问题上,却和我们达到了这样一个基本上一致的结论。"[1]由此可见,进步的政治社会观点和正确的宇宙观,在历史人物的实际生活中不完全是统一的。

历史人物对传统思想采取什么态度,这是就思想观点分析历史人物的阶级属性的又一个重要问题。特别是在评价中国近代思想家的时候,他们对待封建传统思想的态度如何,是说明他们思想新旧的标志。恩格斯就欧洲在文艺复兴后思想领域斗争的情况指出:"一般针对封建制度发出的一切攻击必然首先就是对教会的攻击,而一切革命的社会政治理论大体上必然同时就是神学异端。"[2]在近代中国也有与此类似的情况,这就是要反对封建专制制度,便不能不成为孔子或儒家思想的异端。从近代中国思想领域的斗争来看,要立一分资产阶级民主思想,就得破一分封建传统思想。先进的中国人对封建传统思想进行斗争,整整地花去了一个世纪。斗争是逐步深入的,斗争的方式也不一样,洪秀全借用原始基督教朴素的平等思想以反对儒家维护封建特权的思想;康有为以"托古改制"、推崇孔子的方式来动摇封建传统;严复以批驳韩愈的《原道》来反对封建专制主义;谭嗣同借用孔子的"仁学"以"冲决罗网"的精神来破坏儒家伦理;梁启超认为孔子是主张自由、平等、博爱不为已甚的圣人;章太炎则在推崇孔子中也指责儒家的流毒;蔡元培尊孔子为学问家,视六经为哲学史学各种学问。这些人的说法尽管不同,他们中的多数都在不同程度上以资产阶级的民主主义来改变孔子的面貌和否定儒家独尊的地位。梁启超曾说他们"每喜以欧美现代名物训释古书,甚或以欧美

---

[1] 毛泽东:《论人民民主专政》。
[2] 恩格斯:《德国农民战争》。

现代思想衡量古人"[1]。大体上道出了当时学术界的一种趋向。但资产阶级在文化战线上的斗争比在政治战线上的斗争还要软弱,只打上几个回合,就败下阵来,直至"五四"新文化运动,开始认识到孔子思想或儒家学说和现代生活完全不相适应,才进一步从正面对封建传统思想进行攻击,彻底破坏儒家伦理。如果我们考察近代思想家对待孔子的态度,不分析他们当时的出发点,不看到思想文化中的继承关系,也不考虑到恩格斯所指出的那种情况,"甚至地质学家如白克兰和孟泰尔也都曲解自己科学的事实,使之不与摩西创世纪的神话太相冲突"[2],就很难得出正确的结论。

从思想观点分析一个历史人物的阶级属性,我以为:第一,要以直接反映经济基础的政治社会思想为主;第二,不要脱离历史人物自身的实践;第三,要分别历史人物的体系思想和局部论点。普列汉诺夫在《论个人在历史上的作用问题》一文中曾经指出,有些人"不是把社会人类活动的某些部分,而是把人类意识的某些部分说成为社会学上的特别主体,于是这个理论就显得更加荒谬了"。这句话很值得我们注意,对于研究思想史的同志,尤其值得注意。

四

历史人物的思想和行事,和他们生活的时代是紧密地联系着的,他们身上的时代烙印也同阶级烙印一样不可磨灭。不要说一个人的一生和那个时代分不开,就是一件作品也往往是那个时代的影子。当我们读到宋代著名女诗人李清照的"生当作人杰,死亦为鬼雄。至

---

[1] 梁启超:《先秦政治思想史》。
[2] 恩格斯:《社会主义由空想发展为科学》英文本导言。

今思项羽,不肯过江东"这首诗时,如果我们不了解当时中国北部已被金兵侵占、宋朝政府逃往江南这样民族危难的时代背景,你就不可能懂得诗中的真意。由于近代中国社会的变化快,给予人们的影响极为深刻。如果我们把近代历史上的著名人物一个个数下来,从龚自珍、魏源、林则徐、洪秀全、康有为、梁启超、章太炎、张謇、孙中山以至李大钊、鲁迅等人,他们身上所表现的时代特征是多么鲜明。因此抓住时代变化的环节来分析历史人物的思想和行事,从特定的历史环境去把握历史人物,对评价历史人物有着非常重要的意义,由于近代社会变化快,时代的脚步对于人们的影响更大。

正因为这样,当我们对一个历史人物进行阶级分析的时候,首先就要从历史人物的具体时代加以考察,离开具体的时代对历史人物进行阶级分析,就不能对历史人物作出正确的评价。为什么龚自珍的社会经济思想只能表现为一个地主阶级改革派?为什么李秀成这样一个忠于太平天国革命事业的英雄人物还会对曾国藩怀有某些幻想?为什么黄遵宪的《人境庐诗草》既歌颂反抗帝国的英雄也歌颂屠杀人民的刽子手?如此等等,看来好像很不调和,但是,如果就阶级的和时代的特点统一起来考察,产生在他们身上的这些矛盾却是一种调和。这种调和固然并不好,但它是历史。我们对历史人物有自己的爱憎,但不能以自己的爱憎去改变历史的事实。

阶级观点和历史观点是科学的历史唯物主义不可分割的两个基本观点,对一个人进行阶级分析不能够离开他所处的时代条件。各个社会形态的阶级关系不一样,同一阶级在不同时期在历史上所起的作用也不一样,何况一个人的阶级属性在一定的历史条件下还会发生转化,这就表明了阶级关系的变化和时代的变化是一个不可分割的统一体。但是在对历史人物的分析中,我们有时会不经意地忽视了他们所处的时代条件而以今天的行事准则作为衡量他们的尺度,这样,就不可能对历史人物作出合乎实际的评价。那末在评价历史人物中,怎样掌握阶级观点和历史观点的统一呢?我以为,第一,在论证某个历史人物的功罪时,要从他所处的那个时代的要求出发。譬如近代中国社会的时代要求是反帝反封建(反帝反封建的内容,包括了军事、政治、经济、文化、科学等方面),我们就要考察这个历史人物的思想和行事是和反帝反封建的要求相一致还是相抵触,或者有些地方相一致、有些地方相抵触,这是论证近代历史人物的功罪的重要标准。第二,一些重要历史人物的一生,不管是正面人物还是反面人物,往往都反映了那个时代的特点。譬如,近代中国的历史人物中,洪秀全、谭嗣同、孙中山等是一方,而曾国藩、李鸿章、袁世凯等又是一方,前者是代表进步阶级的一方,后者是代表反动阶级的一方,然而他们都是半殖民地半封建社会不同阶段中的具体形象。我们来论证他们的功罪,不仅要放在近代中国半殖民地半封建社会的整个历史时代来考察,而且还要就近代历史的不同阶段来考察。

评价历史人物,弄清历史人物的阶级属性,看他代表什么阶级说话,这是知人论世的必要前提。但是一个历史人物的功罪,主要应以他的言论和行动为依据。我们并不否认前人盛称的立德、立功、立言,问题看他们立的什么德,立的什么功,立的什么言,这些德、言、功的内容,既是阶级的,也是时代的。如果我们不全面地去分析德、言、功的内容,而是先设下一个框框,再从历史人物的著作和行事中去找例证,即使这个结论是正确的,但这种方法却是不科学的,事实上采取这种方法也很难求得正确的结论。必要的例证总是可以找得到的,譬如梁启超、章太炎这些人物,他们有大堆著作,别人对他们有许多记载,如果我们主观设想他们是地主阶级,就可以从他们的著作和有关的记载中找出证明他们代表地主阶级的理由,如果主观设想他们是资产阶级,同样可以找到必要的依据。显然,这不是评价历史人物的一种正确的做法。评价历史人物的正确态度和方法,应当是:严格地把握历史人物所处的时代,系统地具体地分析历史人物的思想和行事。应当使历史人物的阶级属性由他们自己的思想和行事表达出来。

对什么是历史主义的一点看法[1]

历史主义,在经典著作里,据我们的理解,它的含义往往与下述概念相同,这就是:"历史观点"、"历史地"看问题、"用历史的态度"看问题、坚持严格的"历史性"等。在历史主义和历史观点这两个概念中,我们比较喜欢使用"历史观点"一词,因为把历史地看问题当作一种"主义",虽然可以显示其中心意义,但是也容易把它绝对化起来,或者把它和历史唯物主义等同起来。本文想简略地说说我们对历史主义的一点理解和看法。

历史主义是一个富有阶级内容的概念,资产阶级的学者有资产阶级的历史主义,马克思主义者有马克思主义的历史主义,大家使用的名词是一个,在思维形式上也有某些共同的特点,但就内容来说是根本上不相同的。

资产阶级的历史主义是和客观主义、庸俗进化史观相联系的。现代资产阶级的历史主义,往往意味着历史相对主义。他们不是把历史看作一堆供人鉴赏的、毫不相属的古物,便是把历史看作是一些

---

[1] 原载《光明日报》1964年4月8日。

任凭主观臆测的事物。他们有时宣扬"毫无偏见地陈述事实,不要把它作为工具去达到任何特殊利益的目的",说什么"历史的任务在于叙述故事,其他工作应让哲学来做";有时又借用歌德的《浮士德》中所讲过的一段话来说明他们的历史观点,这就是:"过去时代是七重封印的古书,你所说的历史的精神,朋友哟,其实只是作者的精神。"在他们看来,哲学家、历史学家都是"时代的儿子",他们只能了解现在,不能了解过去,因为过去是"七重封印的古书",是无法了解的,如果对过去能有某些了解,那只是作者的精神的体现。一位外国学者说过:"历史是一个生计问题","是一种谋生的手段","我们以自己得来不易的历史知识,在这种或那种方式下,换取三餐一宿以及些许——一般总是极其微小的——生活乐趣"。这里所强调的"作者的精神"实质是他们强加于历史学科的非科学精神。

现代资产阶级对历史采取这样一种见解是可以理解的。为了避免他们即将灭亡的历史命运,他们妄图掩盖社会发展规律,把相对的时代概念绝对化起来,因而使历史事实一件件地被孤立在无限分割了的时代概念之中,于是历史便变成了一堆破烂的古董,历史发展的规律性被人为地排除了。因此,他们就用实用主义来占领这块阵地,"作者的精神"由此便成为历史事实间唯一的联系。

这样一种看法,是19世纪初期资产阶级历史观的继续和发展,但比起他们的祖师来,它又是何等的庸俗和肤浅!恩格斯曾经这样评论过黑格尔,他说:"他(黑格尔)是第一个想证明在历史中有一种发展、有一种内在联系的人,尽管他的历史哲学中的许多东西现在在我们看来十分古怪,如果把他的前辈,甚至把那些在他以后敢于对历史作总的思考的人同他相比,他的基本观点的宏伟,就是在今天也还值得钦佩。在《现象学》《美学》《哲学史》中,到处贯穿着这种宏伟的历史观,到处是历史地、在同历史的一定的(虽然是抽象地歪曲了的)联系中来处理材料的。"[1]"这种宏伟的历史观",可以说就是比较早的、资产阶级的历史主义,也是曾经为马克思、恩格斯批判地"承受并进一步发展"了的19世纪初期的资产阶级的历史主义。这种历史主义,就其思维方法来说是辩证的,因为他承认历史是发展的、相互联系的,历史事实总是出现在一定的历史阶段中,所以材料必须是历史地、即放在与历史一定联系中来处理。但它又是"抽象地歪曲了的"。为什么这样说呢?因为这样一种辩证的思维方法,是奠定在历史唯心主义的基础之上的。在黑格尔和其他资产阶级学者们那里,历史的联系只是哲学家臆想的联系。在他们看来,历史是观念的逐渐实现的过程,"历史是不自觉地、但必然地为了实现某种事先抱定的理想目的而努力"。这种目的,在黑格尔那里便是实现他的绝对观念。在他看来,力图达到这个绝对观念的意向,便是历史事变中内在联系的所在。

现代资产阶级学者发展了它的唯心的、被歪曲了的一面,为实用主义曲解历史制造"理论"根据。马克思主义者则批判了它的反动的、唯心主义的一面,把这种实质上是辩证的思维方法安放在唯物主义的基础之上,因而使它成为科学的历史观。所以,马克思主义的历史主义,首先必须是历史唯物主义的。

因为马克思主义的历史主义与资产阶级的历史主义有这样一种批判继承的关系,所以它们在思维形式上就有某些共同的特点。这就是:

第一,马克思主义的历史主义同样证明:"在历史中有一种发展、一种内在联系。"毛泽东同志说:"今天的中国是历史的中国的一个发

---

[1]《马克思恩格斯全集》第13卷,第531页。

展;我们是马克思主义的历史主义者,我们不应当割断历史。从孔夫子到孙中山,我们应当给以总结,承继这一份珍贵的遗产。"他又说:"中国现时的新政治新经济是从古代的旧政治旧经济发展而来的,中国现时的新文化也是从古代的旧文化发展而来,因此,我们必须尊重自己的历史,决不能割断历史。"毛泽东同志的论断和恩格斯所说过的下面这一段话是相互印证的,恩格斯在指出黑格尔辩证法的功绩之后,他说:"凡在历史上彼此更替的一切社会秩序,都不过是人类社会由低级到高级的无穷发展进程中的一些暂时阶段而已。每个阶段都是必然的,因此,每个阶段,对于它所借以发生的时代和条件说来,都有自己存在的理由。但是它在新的条件,即在它自己内部逐渐发展起来的更高的条件面前,就变成不巩固的东西,并失去自己存在的理由了。它不得不让位于更高的阶段,而这个更高的阶段也同样是要走向衰落和灭亡的。"[1]正因为这样,所以马克思主义经典作家们一再要求人们用历史的态度来考察问题。恩格斯曾经批评机械唯物主义者,说他们在历史领域内缺乏对事物的历史观点。因为在他们那儿,反对中世纪残余的斗争吸引住了大家的眼光,人们把中世纪看作千年内普遍野蛮状态所招致的历史行程的简单中断,对于中世纪所做的巨大成就,没有任何人加以注意。因此,就不可能有对于伟大历史联系的正确见解,而历史不过是供哲学家们来使用的例证和插图的汇集罢了。

第二,正因为历史是发展的、相互联系的,所以任何历史事实总是出现在一定的历史联系中,历史学家在考察历史问题时,就必须把材料历史地、即放在与历史一定联系中来处理。关于这个问题,列宁

---

[1]《费尔巴哈与德国古典哲学的终结》,第6页。

有过许多精辟的议论,他说:"不要忘记基本的历史联系,要看某种现象在历史上怎样产生,在发展中经过了哪些主要阶段,并根据它的这种发展去考察它现在是怎样的。"[1]"不详细考察某个运动在它的某一发展阶段的具体环境,要想对一定的斗争手段问题作肯定或否定的回答,就等于完全抛弃了马克思主义的立足点。"[2]正因为这样,所以他赞扬黑格尔,说他"卓绝地坚持哲学史中严格的历史性,反对把我们所能了解的而古人事实上还没有的一种思想的'发展'硬挂到他们名下。例如在泰勒斯那里就没有本原(即原则)这个概念,没有原因这个概念"[3]。所以他进一步教导人们:在分析任何一个社会问题时,马克思主义的绝对要求,就是要把问题提到一定的范围之内。

在历史主义所固有的这样两个特点中,我们觉得都包含着严格的时代意义在内。我们所说的"要把问题提到一定的历史范围之内",实际上是指时代的具体阶段;"不应当割断历史",实际上是指的时代与时代间以及时代的前一阶段与后一阶段的联系。在我们的现实生活中,常常可以看到这样一种情形,人们不论是讲一个故事、写一个剧本,评价一个历史人物,叙述一段历史事变,甚至每讲一课文章时,总是要事先谈谈时代背景。为什么这样呢? 就是要让这些课文、剧本、故事中的人物、事件纳入一定的历史联系中,以便人们从历史发展中来决定对于他们(它们)的态度,是赞扬或同情,还是厌恶或鄙弃。很难想象,一个历史学家,他的头脑中如果没有"时代"这个概念,怎么能把问题说清楚! 资产阶级改良主义思想,害怕群众,反

---

[1]《列宁全集》第 29 卷,第 430 页。
[2]《列宁全集》第 11 卷,第 197 页。
[3]《哲学笔记》,第 272 页。

对革命,它的本质总是反动的,但它在中国19世纪后期的短暂时期内,为什么却有其积极作用?奴隶制社会,对人们"运用野蛮的差不多野兽似的手段",但是它的产生,为什么又曾经是进步的?所有这些,只有按照严格的时代意义,才能给予合理的解释。当然,如果我们只有时代概念,而没有它们之间的联系的观点,不仅会陷入历史相对主义的泥坑中,而且有许多问题依然是无法解决的。为什么爱因斯坦的量子力学和相对论不可能是泰勒斯、毕达哥拉斯、阿基米得或欧几里得等人发现的,这并不是他们缺乏天才,而是他们缺乏自文艺复兴以来所积累起来的科学知识。可以这样说,没有毕达哥拉斯、阿基米得等人,就不会有伽利略、牛顿,没有伽利略和牛顿,也就不会有爱因斯坦。这个客观逻辑,已成为人们的常识。可是不从发展和联系看问题,也就会违背这种常识。

以上两点,是历史主义所固有的,如果我们仅仅局限于此,那也仍然不能使我们和资产阶级划清界限。在继承资产阶级历史主义的辩证法的同时,马克思主义的历史主义又批判和扬弃了它的唯心主义。恩格斯说:"黑格尔的最大功绩是在于他第一次把整个自然的、历史的和精神的世界都看作是一种过程——即永恒的运动、变化、转换和发展的过程,并且企图去揭示这些运动和发展的内在联系。"[1]但是,"黑格尔的体系没有解决它所提出的这个任务。"这个任务由无产阶级的革命导师、伟大的马克思最终地完成了。在《卡尔·马克思》一文中,恩格斯指出:在马克思使自己的名字永垂于科学史上的许多发现中,第一条就是他在全部世界史观中所实现的变革。在马克思以前,人们对于历史的见解是以下述观念为基础的,即一切历史

---

[1] 《反杜林论》,人民出版社1956年版,第22页。

变动的原因,归根到底,应当从变动着的人们的思想中去寻求,并且在一切变动中,最重要的、决定全部历史的是政治变动。可是人们的思想究竟是从哪儿来的,而政治变动的推动因素又是什么?——关于这点,甚至没有人想过。只有在法国历史学家和部分英国历史学家的新学派中,才产生了一种信念,认为欧洲历史的推动力(至少从中世纪起)是新兴资产阶级反对封建贵族、争取社会和政治统治权而进行的斗争。马克思则证明了人类社会全部过去文明的历史,乃是阶级斗争的历史,在一切不同的复杂的政治斗争中,中心问题始终是社会的这些或那些阶级争取社会上政治上的统治,始终是旧的阶级要保持统治,而新的阶级要夺取统治。可是这些阶级由什么产生和存在的呢?是由各个时代所存在的物质的、实际可以感觉得到的条件,即在各该时代社会借以生产和交换必要生活资料的那些条件。

正是由于这种历史观点的变革,它证明了全部人类社会文明的历史,迄今都是在阶级、阶级矛盾、阶级斗争中发展着的,于是唯心主义最后地被赶出了历史科学这个隐蔽所。从此人们可以清楚地看到,在历史中,发展着的、联系着的不是什么"宇宙精神""作者的精神",而是现实的人类社会本身,是阶级、阶级矛盾、阶级斗争。因此,在马克思主义的历史主义中,不论它所反映的时代概念也好,或者是它所反映的时代与时代间的联系也好,总是指的阶级与阶级斗争所处的时代,阶级与阶级斗争间的相互联系。不可能设想,离开马克思主义的阶级观点,会有什么马克思主义的历史主义。同样的,离开马克思主义的历史主义,当然也不会有马克思主义的阶级观点,这不仅是因为在马克思主义的理论原则间总是相互关联的,而且是因为任何一个阶级,它总是一定历史条件下的产物。马克思说:"我所作出的新东西就在于证明下列几点:(一)阶级的存在仅仅是跟生产发展的一定历史阶段相联系的;(二)阶级斗争必然要引导到无产阶级专政;(三)这个专政本身不过是进到消灭任何阶级和进到无阶级社会的过渡。"[1]这种提法,既是阶级的,又是历史的,是历史主义和阶级观点相统一的典范。这里的"一定历史阶段",指的是由原始社会到共产主义社会间的数千年来的文明历史的阶段,那末,阶级斗争为什么"必然引导到无产阶级专政"呢?这里必然包含着一个由低级到高级的发展过程,因此,哪些阶级与哪些历史阶段相联系,事实上是由历史的客观法则所规定的。在这方面,毛泽东同志的许多论证更是光辉的榜样,在《关于正确处理人民内部矛盾的问题》一文中,他说:"人民这个概念在不同的国家和各个国家的不同的历史时期,有着不同的内容。拿我国的情况来说,在抗日战争时期,一切抗日的阶级、阶层和社会集团都属于人民的范围,日本帝国主义、汉奸、亲日派都是人民的敌人。在解放战争时期,美帝国主义和它的走狗即官僚资产阶级、地主阶级以及代表这些阶级的国民党反动派,都是人民的敌人;一切反对这些敌人的阶级、阶层和社会集团,都属于人民的范围。在现阶段,在建设社会主义的时期,一切赞成、拥护和参加社会主义建设事业的阶级、阶层和社会集团,都属于人民的范围;一切反抗社会主义革命和敌视、破坏社会主义建设的社会势力和社会集团,都是人民的敌人。"这里清楚地说明:"人民"和"敌人"这两个概念,既有阶级属性,又是历史范畴。显然,对于事物的认识,阶级分析和历史观点是不可分割的统一体。因此,我们认为马克思主义的阶级观点是马克思主义历史主义的基础和指导思想,而马克思主义的历史主义则又是它的阶级观点在历史中的具体运用。

---

[1] 《马克思恩格斯文选》(两卷集)第2卷,第452页。

阶级观点和历史主义的统一，是论证一切事物的前提，不管是评价历史人物也好，分析农民战争也好，探讨意识形态上的问题也好，都不能例外。因此，离开阶级观点谈历史主义是非马克思主义的历史主义，离开历史条件谈阶级分析也不是马克思主义科学的阶级分析。事实上对于马克思主义者来说，当他对事物进行阶级分析时，就是以具体的历史条件为依据的；当他在进行历史考察时，就是以阶级分析为指导的。虽然如此，两者的含义究竟不能相等地看待，它们的区别在于：阶级观点是针对人和事的社会关系而言，历史主义是针对人和事的时代关系而言，我们论述前人，常分别指出他们的阶级局限和时代局限，就因为两者有着不同的含义。尽管对人和事的阶级分析不可能抛开具体的历史条件，但在实际运用中，忽视历史关系的论证也不是没有的，如把古人现代化或以现代水平要求古人等非历史主义倾向，就是这种情况的反映。所以历史主义这个概念的存在和使用，有它相对的独立作用。当然，那种认为在论证历史事物时，阶级观点多了就加点历史主义，历史主义多了就加点阶级分析，这不仅是把人们在运用马克思主义时所发生的偏差和马克思主义观点的本身混同起来，而且也是对马克思主义的阶级斗争学说和历史主义的误解。

马克思主义的历史主义是以阶级观点为灵魂的。我们说历史主义有相对的独立性，是指它的时代意义，特别是指在我们探讨问题中忽视历史条件时所起的制约作用。至于有些人，大嚷只要历史主义，不欢迎"时髦的阶级斗争学说"；或者认为阶级观点只适用于对近现代社会的分析，而不适用于对近代以前社会的分析；或者表面上接受阶级观点，实际上却把一切都归之于时代影响。所有这些，都是把历史主义孤悬于阶级斗争学说之外，然后又以历史主义来抗拒阶级斗争学说。这和马克思主义的历史主义毫无相同之处,我们坚决反对这样的历史主义。

马克思主义的历史主义,是历史唯物主义的内容之一,是辩证地考察历史事物的方法,和阶级斗争学说有本质的联系。它的具体意义是:(一)历史的延续性,即不能割断历史看问题;(二)历史的阶级性,即把一切事物都要放在一定的历史范围内去考察。如果抛开这种严格的时代意义来谈历史主义,那就无异是对历史主义这个概念的否定。毛泽东同志说:"我们的结论是主观和客观、理论和实践、知和行的具体的历史的统一,反对一切离开具体历史的'左'的或右的错误思想。"然而不管是历史的延续性也好,历史的阶段性也好,都应该要从具体的历史中启发和引导人们去改造世界、创造历史,而不是死啃历史。那些死啃着历史的陈迹不放的人,不是食古不化,就是"复古主义"的表现。

论"史论"[1]

一

"论",是一种文体,历来是作为一种议论、说理性文字出现的。刘勰称"论"为"弥纶群言,而研精一理"[2],是较早地对"论"的笺释。

"论"的品流很多,而且随着时代的发展,条分缕析,日益增加它的种类。现在常见的"论",有政论,有时论,有经论,有文论,有史论,等等。明人徐师曾根据《文心雕龙》"论说"篇中提出的陈政、释经、辨史、铨文等目,参考《昭明文选》的分类方法,把它列为八品:一曰理论,二曰政论,三曰经论,四曰文论,五曰史论,六曰讽论,七曰寓论,八曰设论。[3] 这种分法,虽然不甚科学,但也从中可以看出"论"体的复杂性。本文所论,只是这种复杂的"论"体中的一个方面——史论。

史论,顾名思义,它是各种论史的文章,发源很早,除寓论于史的

---

[1] 原载《学术月刊》1963年第6期。
[2] 《文心雕龙》,第327页。
[3] 见《文体明辨序说》。

"春秋"笔法不谈外,先秦诸子中差不多都有论史的文字。刘知几说:"春秋左氏传每有发论,假君子以称之。"[1]《左传》中的"君子曰……",可以看成是史论的滥觞。其后西汉初年,如陆贾的《新语》、贾谊的《新书》中,有关论史的文字那就更多了,而《新书》中的《过秦论》,更是开辟了我国散文中史论体裁的先河。贾谊以后,史论的发展,大体可以分为两个方面:

第一,史家在史籍中的附论。这类文章,在不同的史籍中,往往以不同的名目出现,刘知几曾给它们排过一个队,如"太史公曰""史臣曰"等,不过除刘氏指出这种"篇终各书一论"的形式外,各种正史中,也还有不少可以看作史论的东西,如范蔚宗的《党锢列传序》《宦者传论》等,就是一例,甚至如司马迁的《货殖列传》,名为传,实际也未尝不是一种史论。

第二,文人论述历史上的人和事的文章。这种史论,文胜于史,过去的选家多把它们和其他"论"体文混在一起,所选的史论倒反只限于史籍中的附论。除上举的《过秦论》外,如陆机的《辨亡论》、江统的《徙戎论》、柳子厚的《封建论》等,皆属于这样的史论,历代的文集中所在皆是。这种史论,较与政论接近。其他如诗人的咏史、吊古,也可以说是以诗的语言论史。

自唐以后,在中国封建社会经济、文化发展的基础上,由于设馆修史的影响,和史学自身的发展,史论逐渐从史籍附论中,从文人的散论中独立出来,成为史学领域中特有的一种形式。刘知几的《史通》就是这时产生的一部有与夺、褒贬、鉴诫、讽刺的历史评论的著作。而宋明以来,社会矛盾日益复杂,矛盾着的不同方面,都要借史

---

[1]《史通》论赞第九。

论来为自己辩护,史论的形式更有所发展。虽然它还没有能和编年体、纪传体、纪事本末体并列为一种史体,但是史论的专著却源源不断地产生。不仅有像吕祖谦的《东莱博议》,张溥的《历代史论》,王船山的《读通鉴论》《宋论》这一类流传颇广的论著;还有章实斋的《文史通义》,是继《史通》而后的又一部史学评论名著。

伴随着资产阶级史学而来的"章节"体兴起后,其中"论"的比重更大了,史论的产量也更多了。作为中国近代资产阶级史学建立者的梁启超,就写了很多史论。

"五四"以来,在马克思列宁主义的指导下,史论的壁垒一新,它成为先进思想对反动思想进行斗争的有力武器之一。李大钊同志写的《史观》《马克思的历史哲学》《由经济上解释中国近代思想变动的原因》《唯物史观在现代史学上之价值》等文,是这种史论的开端。它的发展,由对历史唯物主义的探讨,进而以历史唯物主义来分析研究历史上的人和事,并且是直接地在反对封建阶级的正统史学和资产阶级的唯心史观中日益丰富起来的。在史学这个领域中,史论比起其他史体来,它能较快地反映新的论点,展开论战。如果说杂文是文学中的匕首,就一定的形式来看,史论也可以说是史学著作中的短剑。近年来史论的旺盛和活跃,正反映了我们这个时代史学发展的特点。

历史科学的对象,是历史上的阶级斗争和生产斗争。史论的对象,常常是局部地论述历史上的人和事,那就是说,它论述的是某些历史人物的功过是非和某些历史事件的成败得失,这些功过是非和成败得失,不是阶级斗争中的部分,就是生产斗争中的部分。所以它不应孤立地来论述一个个人和一件件事,而是把人和事放在整个历史过程中来考察,又通过人和事来阐明历史发展的规律性。这里不仅是史和论的关系问题,也有方法论的问题,史学理论和史学评论,就是这种方法论的概括和总结。从《太史公自序》开端,以至《史通》《文史通义》和梁启超的《新史论》等,即属于这方面的史论,可以说是一种特殊化了的事。上述李大钊同志的文章,也属于这方面的史论,但它已大不同于以往这种形式的史论,而是对马克思主义历史科学的探讨。

二

在阶级社会里,人是作为阶级的人出现的,人的活动都要打上深刻的阶级烙印。这是人所共知的真理。在学术讨论的领域内,史论反映的阶级观点是很强烈的,因为史论随同史学是在阶级斗争、政治斗争中发生发展起来的,是阶级斗争、政治斗争的有力工具之一,而史论必有议论,它就比其他史体使作者更加不能回避赞成什么和反对什么。现在我们大多数人对过去的史论,一看就知道哪些是封建阶级的论点,哪些是资产阶级的论点,哪些又是买办阶级的论点。因为不同阶级的人所写的史论,常常取材不同,即使取材相同,也常常得出不同的结论。这种事例充满于各种史论中,这里就不费辞了。

在史论中,不同阶级的人,对于同一个问题写出不同的结论来,既普遍地存在;那么不同阶级的人,评论同一个人或同一件事的史论,是否可以得出大致相同的结论呢?我看这是可能的,也是事实。问题在于他为什么得出这个结论,怎样得出这个结论。毛泽东同志说:"孙中山和我们具有各不相同的宇宙观,从不同的阶级立场出发去观察和处理问题,但在二十世纪二十年代,在怎样和帝国主义作斗争的问题上,却和我们达到了这样一个基本上一致的结论。"[1] 观察

---

[1] 《毛泽东选集》第4卷,第1477页。

和处理社会问题既可以获致基本上一致的结论,观察和评论历史上的人和事也同样可以获致基本上相同的结论。

历史上有这样几种人,常被不同阶级的史论家所一致肯定:第一,是科学技术上有贡献的人,如张衡、祖冲之等;第二,是民族英雄,如岳飞、郑成功等;第三,是某些政治家、思想家或艺术家,如诸葛亮、杜甫等。那么历史上有没有一些人物,好像某种山水画一样,可以供不同阶级的人共同欣赏呢?能不能从这种共同欣赏中进而引导出超阶级的结论呢?回答应当是否定的。我们只要分别地考察一下,封建阶级的史论家、资产阶级的史论家、无产阶级的史论家,为什么肯定那些历史人物,怎样肯定那些历史人物,就不难从中发现出深刻的阶级内容。

中国的封建社会,由于生产不发达,科学技术上的贡献给统治阶级带来的利益有时还不显著,所以他们对有关人物的肯定,往往是轻描淡写的。到了近代社会就不同了,资产阶级的史学家在极力颂扬西方科学技术的同时,对张衡、祖冲之等人的发明也有所肯定。这是不是说这些历史家们为历史而历史呢?事实并不如此。因为恭维了历史上的科学家,却可以鼓励当代的科学家们去积极地进行创造发明,而科学技术在资本主义范围内的发展,就会使资产阶级获得巨大的财富。谁都知道,科学技术掌握在资产阶级手中,只能是资产阶级牟取利润的手段。

对于民族英雄的论定,情形也大致如此。当一个民族受到另一个民族压迫的时候,劳动人民受到迫害,统治阶级某些阶层也受到迫害。从自己的阶级利益出发,历代的统治者,不论是封建地主阶级或者是资产阶级,他们有时也歌颂民族英雄。但是他们对于民族英雄的感情和劳动人民对于民族英雄的爱戴却不可同日而语。因为在民族压迫方面,劳动人民受到的迫害比统治阶级深,所以他们对于在反对民族压迫斗争中的英雄人物特别尊重。岳飞、郑成功的故事在民间流传得那样广,不是无因的。至于地主阶级、资产阶级则不然,当他们需要的时候,也可备加褒扬。如清朝统治者乾隆帝对曾经与他们坚决为敌的史可法,居然"赐谥称颂",说他"支持残局,力矢孤忠,终蹈一死以殉",是"一代完人"。当他们有另一种需要时,如洋务派官僚丁日昌竟可以说:"延宋祚者,秦桧也,岳飞、韩世忠皆不达时务之人。"[1]因为前者欲借史可法以风励臣节,为爱新觉罗氏的统治效忠;后者则意在歪曲历史,为洋务派的对外投降政策辩护。

  无产阶级也有自己的利益。因为无产阶级的利益和最大多数劳动人民的利益是一致的,所以反映这种思想也是符合人类社会发展要求的。马克思主义史论家对于历史上的科学技术人物的肯定,是从历史唯物主义出发的,因为自然科学是在生产斗争中发生与发展的,是生产知识的结晶。科学技术上的创造发明,有助于人类征服自然,推动社会发展。对于民族英雄的评价,也仍然是这个标准。人们都清楚地知道,在民族压迫方面,不仅被压迫民族的人民要受到迫害,压迫民族的人民,也要受到不同程度的迫害。所以反对民族压迫,不仅有解放本民族人民的作用,同样也有助于压迫民族中劳动人民的解放,它符合大多数人的利益,有利于社会进步。

  对于历史上的政治家、思想家、艺术家的评价,反映在论者笔下的情况就更为复杂了。譬如诸葛亮这个人,封建阶级说他好,资产阶级说他好,我们也说他不错。看来结论是基本一致的了。但仔细分析起来,各个阶级对他的评价也是趋舍异路的。封建阶级说他好,因

---

[1] 中国近代史资料丛刊《洋务运动》(1),第130页。

为他"鞠躬尽瘁",有一颗忠于汉室的心;资产阶级说他好,因为他是三国时代出色的政治家、军事家;我们说他不错,不仅因为他在政治上、军事上表现出卓越的才能,更因为他在三国那个动荡的年代里,在蜀国做了些发展生产有益于人民的事。

不同阶级的论者对反面历史人物的评价,有时也可以得出相同的结论来,即同样对反面人物加以贬斥。远的不说,以近代的曾国藩而论,除地主买办阶级奉之为"圣贤",视之为模范,表现为反动阶级的共鸣外,资产阶级和有民族感的地主阶级人士却大骂他是汉奸,是"认贼作父"。章太炎在20世纪初年说:"曾国藩者,誉之则为圣相,谳之则为元凶。要其天资,亟功名善变人也。……稍游诸公名卿间,而慕声誉,沾沾以文辞蔽道真,金陵之举,……所志不过封彻侯,图紫光。……死三十年,其家人犹曰:吾祖民贼。悲夫!虽孝子慈孙百世不能改也。"[1]不要说辛亥革命时期的资产阶级小资产阶级革命派和地主阶级反满派如此,就是后来有的资产阶级史学家,在他们的著作中也对曾国藩的反动面目作了揭露。在这一点上,看来好像和马克思列宁主义者所持的态度一致。但是资产阶级毕竟要现出本相来的。他们对于曾国藩的评论,认为不应以个人的爱恶,也不应以私人的情感或关系为臧否其人的原则,尤其不应以政治的见解作为断定是非的权衡。好一副"超然"的面孔,实际上是以"尤不应以政治的见解作为断定是非的权衡",来反对马克思列宁主义者评价人物的政治标准。这难道不是资产阶级反对阶级和阶级斗争的一种手法吗?所以资产阶级对曾国藩的否定,只是从狭隘的民族主义出发,而马克思列宁主义者对曾国藩的否定,却是鲜明的无产阶级立场和爱

---

[1]《检论》第8卷,杂志。

国思想的体现。

显然,历史上只有各种不同阶级的史论,不存在什么超阶级的史论。对于马克思主义者来说,并不拒绝别的阶级的人士愿意和我们持相同的论点,但是我们要从相同中看出不同来,不能被那些"似而不是"的东西迷惑,而应该对那些"以紫乱朱"的东西予以无情地揭露。因为"在一般词句的掩饰下偷运各种私货,是一种很常见的现象"[1]。

历史上各个阶级都以自己的阶级利益为标准去评论历史上的人和事,那么同一个阶级的史论家,对于同一对象的论证,是不是总会得出相同的结论呢?事情也不完全如此。譬如对康熙帝的评价,严复在1895年写的《救亡决论》中说:

> 处今日而言救亡,非圣祖(按即康熙)复生,莫能克矣。圣祖当本朝全盛之日,贤将相比肩于朝,则垂拱无为,收视穆清,宜莫圣祖若矣!而乃勤苦有用之学,究察外国之事,亘古莫如。其所学之拉体诺,即今之辣丁文,西学文字之祖也。至如天算、兵法、医药、种植诸学无不讲,亦蔑不精。庙谟所垂,群下莫出其右,南斋侍从之班,以洋人而被侍郎卿衔者,不知凡几,凡此皆以备圣人顾问者也。夫如是,则圣者日圣,其于奠隆基致太平也何难。

而邹容在1903年写的《革命军》却说:

> 一般服从之奴隶,有上尊号,崇谥法,尊谥为圣祖仁皇帝、高宗纯皇帝(按即康熙帝、乾隆帝)者,故在黑暗之时代,所号为令主贤君,及观《南巡录》所纪,实则淫掳无赖,鸟兽洪水,泛滥中国。嗟夫!竭数省之民力,以供觉罗玄烨(按即康熙)、觉罗弘历(按即乾隆)二民贼之

---

[1]《列宁全集》第23卷,第278页。

行止,方之隋炀、明武为比例差,吾不知其相去几何?

这是中国资产阶级在上升时期评价康熙帝极有代表性的论点。可是严复眼中的圣主,在邹容笔下却一变而为昏君,因为一个是要借"祖功宗德"作为变法维新的依据,一个是志在推翻这个列祖列宗遗留下来的帝王之业,出发点不同,取材不同,得出的结论也大异其趣。既然同是代表资产阶级的论断,为什么如此相互矛盾呢? 这是因为论者的政治路线不同,着眼的方面不同使然。在历史上,同是封建阶级的史论家或资产阶级的史论家,对同一对象作出互为水火的结论,是不罕见的。所以如此,除了以偏概全的认识原因外,主要的还是因为剥削阶级中又有阶层、政治集团的不同,史家的依附关系不同,因而常常立论不同。

但是依我们看来,康熙帝既没有那么圣,也未必如此昏,他虽是一个封建皇帝,却不失为一个有所建树的皇帝。

那么同是以马克思列宁主义为指导思想的史论家,为什么对于同一对象也会得出不同的结论呢?这里除了和掌握马克思列宁主义这个科学武器的成熟程度极有关系外,其中还有占有资料和具体研究方法的因素,不过这种不同所反映的,多数是认识程度和准确与否的问题。

当前有些文章以史论的形式出现,却有史无论,或者论得很少,在阶级分析方法的面前显得踌躇不前。有的人甚至是对作为马克思列宁主义核心的阶级观点的有意抗拒,这是资产阶级思想在今天我们的史学领域中的一种表现形式。

三

史论有深刻的阶级烙印,也有鲜明的时代迹象。史论的时代关系有两个方面:一是所论对象的时代关系,一是论者的时代关系。这里不谈所论对象的时代关系,专谈论者的时代关系。

我们知道论述历史上的人和事,不能违背所论人和事的时代,即使历史剧可以虚构,而虚构的内容也要和时代环境相吻合。但不管史论也好,历史剧也好,都不能不反映作者自己的时代,纵然作者想避开这一点,也是避开不了的。因为一切论著从形式到内容,总不能没有时代的迹象。恩格斯说:"每一时代的理论的思维(我们这一时代的理论的思维也是如此)都是一种历史的产物,在不同的时代具有非常不同的形式,并且具有非常不同的内容。"[1]后人伪托前人的著作,所以往往被人揭发出来,正是由于作者掩饰不了自己的时代关系,也就不能不露出作伪的痕迹来。

史论是理论思维的一种形式,当然也和其他理论思维一样不能没有时代的影响。历史上常常看到这样一种现象,由于时代的不同,人们对于同一个历史事件,或同一个历史人物,有时会得出极不相同的结论来。究其原因,除人类认识史的发展受到限制外,多半是因为阶级斗争形势或政治斗争形势变了,人们需要调整一下理论思维的形式,来为自己已经变了的阶级地位、阶级利益服务。下述两个事例即可说明这一问题。

第一个事例是西汉时对"汤武革命"先后评价的差异。《史记》中的《留侯世家》记郦食其向汉王(刘邦)建议说:

> 昔汤伐桀封其后于杞,武王伐纣封其后于宋。今秦失德弃义,侵伐诸侯社稷,灭六国之后,使无立锥之地。陛下诚能复立六国后世,毕已受印,此其君臣百姓必皆戴陛下之德,莫不乡风慕义愿为臣妾。

---

[1]《自然辩证法》,第23页。

汉王表示首肯。从这里可以看出,当汉的帝业尚未建成时,刘氏集团对"汤武革命"是抱肯定态度的。可是过了不久,到汉朝的统治已经巩固的景帝时,刘家君臣对"汤武革命"就有争执和保留了。《史记》中的另一篇——《儒林列传》有一段记载说:

> 清河王太傅辕固生者,齐人也,以治《诗》,孝景时为博士,与黄生争论景帝前。黄生曰:"汤武非受命,乃弑也。"辕固生曰:"不然。夫桀纣虐乱,天下之心皆归汤武,汤武与天下之心而诛桀纣,桀纣之民不为之使而归汤武,汤武不得已而立,非受命为何?"黄生曰:"冠虽敝,必加于首;履虽新,必关(贯)于足,何者?上下之分也。今桀纣虽失道,然君上也;汤武虽圣,臣下也。夫主有失行,臣下不能正言匡过以尊天子,反因过而诛之,代立践南面,非弑而何也?"辕固生曰:"必若所云,是高帝代秦即天子之位,非邪?"于是景帝曰:"食肉不食马肝,不为不知味;言学者无言汤武受命,不为愚。"遂罢。是后学者莫敢明受命放杀者。

这个例子生动地说明了阶级斗争形势与理论思维形式之间的关系。当楚汉纷争时,刘邦处在向封建帝王转化的过程中,所以他需要肯定"汤武革命",为自己的夺取政权行动取得理论的和历史的依据。郦食其口中的汤武正包含着这个时期这个集团的政治要求。到了汉景帝时,形势变了,刘氏集团早已成了汉帝国的实际统治者。在这种情况下,否定"汤武革命"吧,无异否定自己取得政权的合法性;肯定"汤武革命"吧,岂不是鼓励别人来反对自己?黄生和辕固生各看到了一面。作为汉帝国最高统治者的景帝,权衡得失,认为两种提法都不能全面地反映自己所处统治地位的需要,但又得不出对自己完全有利的论断来,于是只好把"汤武革命"比作有毒的马肝,要人们不去讨论它。可见刘邦和郦食其眼中口中的"汤武革命",汉景帝和黄生、辕固生眼中口中的"汤武革命",都反映了他们自己所处时代地位的要求。

第二个事例是北宋和南宋的著名史籍处理"正统"的不同。王应麟的《困学纪闻》中说:"三国鼎峙,司马公《通鉴》以魏为正统,本陈寿;朱子《纲目》以蜀汉为正统,本习凿齿。"司马光的《资治通鉴》写于北宋,宋太祖篡夺了后周的政权,类似曹魏代汉,司马代魏,因此他与西晋的陈寿一样也以魏为正统。朱熹的《通鉴纲目》写于南宋,南宋所处的偏安局面有似蜀汉,因此他和东晋的习凿齿一样也以蜀汉为正统。这种变化,正是作者所处时地不同的关系。同时《资治通鉴》写到唐代历史时,仍和采用其他帝王年号一样采用武后年号,而《通鉴纲目》却不以实际执政的武后纪年,反以被废黜的唐中宗为纪年的依据,书为"帝在房州"和"帝在东宫"。这又是自南宋道学家对封建正统观念进一步加深的时代烙印。

这两个事例,只是无数历史论著中的一鳞半爪,从中已不难看出历史上的是非,不仅这个阶级名之为是,那个阶级斥之为非,就是同一个阶级今天颂之为是,明天又有可能贬之为非。所以明代的李卓吾说:"夫是非之争也,如岁时然,昼夜更迭,不相一也。昨日是而今日非矣,今日非而后日又是矣,虽使孔子复生于今,又不知作如何非是也。"[1]这里说明了部分历史现象,也反映了史论为政治服务的一般情况。但是李卓吾这个历史上著名的思想家,面对历史上的是是非非,竟失去了论断的能力,不知如何是好,所以他只能出之以怀疑者的慨叹。

在我们看来,对于历史上的人和事的论断,尽管可以因时代的不

---

[1] 《藏书·世纪列传总目前论》。

同而有截然不同的是非，各是其所是，各非其所非，但是历史上的客观事实是不变的，是不以人们意志为转移的。因此不管"汤武革命"也好，不管魏、蜀谁为正统也好，也不管康熙帝是圣主或昏君也好，只要有事实为依据，总是可以得出合理的结论来的。何况评价历史上的人和事，还有其客观标准，即这个人或这件事，对于当时社会的发展是否起过推动或促进的作用。如果说"明王道""正名分"是孔子是非春秋242年中的人和事的标准，那么对社会发展是否起推动或促进的作用问题，就是我们是非上下数千年中的人和事的标准。所不同者，一个是唯心史观的标准，一个是科学的历史唯物主义的标准。有人以历史上的是非，今天和昨天的说法不同，给人一种印象，推论明天和后天的说法也将不同，因而就像康有为所说："理难定美恶，是非随时而易义。"[1]要是这样，请问历史唯物主义给我们揭示的客观标准还有什么实际意义？须知，康有为的话，在当时反对那种"天不变而道亦不变"的顽固守旧思想，有其积极性。如果我们把它在时间上的相对关系绝对化起来，其结果必然导致对客观真理的否定，也将使自己陷入为"此亦一是非，彼亦一是非"的相对主义。

前人写的史论反映前人的时代关系，马克思主义者写的史论反映马克思主义者的时代关系，而且马克思主义者认识到历史发展的规律，为了引导人们向前看，把史论赋予更鲜明的时代意义。1944年4月，毛泽东同志在《学习和时局》一文中说："近日我们印了郭沫若论李自成的文章，也是叫同志们引为鉴戒，不要重犯胜利时骄傲的错误。"[2]这是指郭沫若同志纪念李自成领导的农民起义军攻克北京

---

[1] 康有为:《上清帝第四书》。
[2] 《毛泽东选集》第3卷，第952页。

300周年的《甲申三百年祭》。在这篇文章中,论述了李自成等进入北京后生活享乐,发生宗派斗争,不久即招致失败的教训。这里既是历史的真实,又体现了当时人民革命的时代要求,它和封建阶级、资产阶级的史论歪曲地反映历史时代的要求,具有性质上的差别,所以史论反映的时代要求,也是不同阶级的要求。

马克思主义者所写的史论,也将受到时代的限制。

恩格斯说:"大概说来,我们还差不多是处在人类历史的起端,而将来会纠正我们错误的后代,远比较我们现在傲然以视、想要纠正其错误的前代要多得多了。"[1]这是就人类历史进程和认识发展说的。"我们还差不多是处在人类历史的起端",所以在我们所写的史论中,也必然要受到所处时代的认识水平的制约,它正是我们和我们的后代一步步排除错误、为真理而奋斗的标志。但是,这与"理难定美恶,是非随时而易义"的唯心史观根本不是一回事。当然,无产阶级有自己阶级的利益,马克思主义者在每个历史时期内所写的史论自然要反映在这个时期内无产阶级的需要。正如我们上面谈过的那样,无产阶级的阶级利益是与最广大劳动人民的利益相一致的,在任何历史时期内也要求和科学、和客观真理相一致。因此这种要求体现在史论中,必然是革命精神和科学精神的结合。

四

革命精神和科学精神在史论中的结合,往往表现为对古今关系的正确处理。史论家所处的时代是"今",所论述的对象是"古";史论要体现"今"的时代要求,又要不违背"古"的历史时代,"古为今

---

[1]《反杜林论》,第87页。

用"这个命题,正是在这种情况下被提出的。

不过,"古为今用",可以是无产阶级的命题,也可以是资产阶级的命题,甚至是其他任何阶级的命题。因为任何时代、任何阶级的史论家,都不能没有自己所处时代的"今",也不能没有自己所论述对象的"古",古今相对关系的存在,正是他们都必须毫无例外地遵循着这个命题的客观依据。

因此,如果我们不承认这个命题,那就会陷入资产阶级超政治的泥淖;只承认这个命题,也不能把我们与其他阶级的史论家最后地区分开来。什么是我们区别于其他阶级史论家的标志呢?毫无疑问是历史唯物主义。历史唯物主义在史论中的具体运用,即以历史的客观规律论述历史上的人和事,从而引导人们向前看,为无产阶级的政治服务。以此来衡量当前的若干史论,有不少值得商榷的地方。

第一,为了赋予历史上的人和事以现实意义,使人们从中得到启发和借鉴,这种用心是好的。但是有时不免移古就今,把古代的人和事现代化了。对正面人物的言行和作为恭维得超越了历史时代,如评价曹操、武则天的有些论文即如此;又如贾宝玉和林黛玉虽然是小说中的人物,但他们是在一定历史背景下塑造的典型形象,论者将这种具有叛逆性格的艺术形象仿佛说成为反封建的民主革命战士。这就把中国社会 18 世纪中叶塑造的典型人物,变成了 19 世纪中叶以后才有可能出现的形象。这样,给予人们的印象,是古人同于今人,古事同于今事。因此超越历史时代所能达到的境界的论证,其实质也是对当代事物的贬低。

第二,把现代的东西往古人头上硬套,移今就古,视今天的许多概念为古已有之。我们知道 19 世纪后期,中国的资产阶级改良派提倡向西方资本主义学习,害怕顽固派说他们"用夷变夏",于是硬说西方资本主义的许多事物是由中国传过去的,后来中国失传了,现在该把它学回来。当时改良派的用意,是在"劝人行此制,告之曰:吾先哲所尝行也;劝人治此学,告之曰:吾先哲所尝治也;其势较易入,固也"[1]。这种"求助于过去的亡灵",想用"来演出世界历史的新场面",原未可厚非。可是今天有些先生们牵强地把一些科学概念甚至马克思主义的若干原理,都说成为往圣先哲的遗产,这不但不是"古为今用"的本意,而且变成了"今为古用"。我们反对这种在古人脸上贴金的崇古态度。

"今为古用"拆穿来说,其实质仍是"古为今用",只不过不是无产阶级的"古为今用",而是资产阶级乃至其他反动阶级的"古为今用"罢了。《史记》的《秦始皇本纪》有一段关于今古之争的文章,颇能说明这个问题,引述如下:

> (秦始皇三十四年,)博士齐人淳于越进曰:"臣闻殷周之王千余岁,封子弟功臣,自为枝辅。今陛下有海内,而子弟为匹夫,卒有田常六卿之臣,无辅拂,何以相救哉?事不师古而能长久者,非所闻也。……"始皇下其议。丞相李斯曰:"五帝不相复,三代不相袭,各以治,非其相反,时变异也。今陛下创大业,建万世之功,固非愚儒所知。且越言乃三代之事,何足法也?"

接着李斯进一步指出淳于越这些愚儒所以"道古以害今""饰虚言以乱实"的历史背景。淳于越为什么这样热衷于今事必须"师古"呢?很明显,是为了要使"六王毕、四海一"的"今",重回到战国纷争的"古",是"今为古用";要是他的建议得以实现,那必然是六国残余势力的复辟,所以他口中的"古",又是代表这批残余势力挣扎的

---

[1] 梁启超:《清代学术概论》,第64页。

"今",是一种反动的"古为今用"。然而时代不会倒流,六国残余势力的"今"终究是一去不复返了。

在我们看来,古与今的关系,也是一种对立的统一的关系。今是古的继续,又是古的否定与发展。历史科学的任务,就在于清除剥削阶级对于历史的歪曲,阐述人类社会由低级到高级的发展过程,揭示它的内在联系,用以武装人们的思想,成为促进社会历史新发展的物质力量。因此"古为今用"是历史发展的客观要求在人们意识中的反映,它不需要强古就今,更不应该强今就古。应当承认,在古今关系问题上的不正确处理,有的可能是思想方法问题,有的却是阶级斗争在学术思想领域内的反映。

历史上的人和事千千万万,我们不能把千千万万的人和事都一一去论述,只可能论述和人类社会的发展极有关系的部分。对史论来说,论哪些,不论哪些,看能否更好地表达"古为今用"的要求,又常是史论家取舍的标准。郭沫若同志写的《甲申三百年祭》、范文澜同志写的《汉奸刽子手曾国藩》、胡绳同志写的《帝国主义与中国政治》,这些专论或专著,都很好地体现了"古为今用"和史论为政治服务的要求。

但是在取舍和论述中,许多史论常常产生这样的矛盾:一方面就历史本身固有的逻辑来说,历史上的一个个人、一件件事,都是阶级斗争生产斗争中的部分,必须把他们或它们放在整个历史规律中考察;另一方面,就研究方法上来说,又不能不把历史上的一个个人、一件件事,从整个历史发展中分离出来,进行个别的研究,史论就是这种个别研究的一种形式。由于这种研究方法上的限制和论者自己带来的主观性,在论断历史上的人和事时,以偏概全和轻重失宜的现象是不少见的。

就对中国近代范围的史论来说,近年来以讨论事件的"性质"和人物的"阶级属性"为最多。在讨论这些"性质"和"阶级属性"的问题中,一般总形成为这样、那样和既有这样又有那样三种互不相让的意见。如果我们把讨论广东"社学"的性质、太平天国革命的性质、洋务运动的作用、会党组织的成分一系列问题排排队,也把讨论冯桂芬、石达开、梁启超、章太炎、黄兴等人物的论点排排队,基本上都可概括为三种意见。据此我们不难设想有些未曾展开讨论的人和事,也可以估计出三种不同的意见来。为什么这样呢?这反映了中国近代社会变化发展的复杂性,许多事物都处在转化的过程中,常常是新的在成长,旧的在挣扎,而新的要排除旧的,旧的又拖住新的,扭作一团,难分难解。在讨论的过程中,你看到这一面,我看到那一面,他又在你我矛盾中就事物的某些特点宣布了自己的意见。这正像荀子所说的那样:

> 慎子有见于后,无见于先;老子有见于诎(屈),无见于信(伸);墨子有见于齐,无见于畸(不齐);宋子有见于少,无见于多。[1]

客观事物总是包含着这种先与后、屈与伸、齐与不齐诸方面的矛盾。各人从各个不同的角度出发,各有所见,各有所蔽,是很难免的。并且其中有些问题出现三种不同意见,可能是阶级立场的不同,也可能是正、反、合辩证法则的体现。然而不可否认好些互不相让的意见,是固执一面,没有跳出形而上学的思维逻辑,以为"是则是,否则否,除此以外都是鬼话";也有的是从调和或立异出发。这就损害了我们可能获得一致而符合真理的结论。

区别主要和次要,是分析一切事物的基本方法,分析历史上的

---

[1]《荀子·天论篇》。

人和事同样不能离开这个方法。这个方法，今天的史论家都懂得，也都在运用。可是一碰到对具体的人和事的探讨，特别是在争论的时候，你说这是主要，他说那是主要。譬如对康有为《大同书》的探讨，其中的"去九界"，在康有为的心目中到底以去哪一界为第一遭？有的说是"去国界"，有的说是"去产界"，有的说是"去家界"，最近又添了第四种意见，说是"去形界"为第一遭。继此以往，说不定还会有第五种以至第九种意见出现，"九界"在论者的笔下都有可能做第一遭的机会，因为你从《大同书》中都可以找到你认为那是第一遭的辞句为理由。然而主观毕竟不能代替主要，立异也未必是真知。

五

史论的发展，有鲜明的阶级性，有密切的时代关系，它又是议论历史得失以体现"古为今用"的重要形式。在马克思列宁主义和毛泽东思想的指导下，史论从形式到内容，今天正和整个历史科学一样向着更完善的方向迈进。

史论的种类不一，有论人、论事、史学评论的不同。其中又都包括叙事、考异、论证等内容，这些内容，又常常融炼在一起和汇集在一篇史论中。一篇史论尽管有所侧重，要是没有这种融炼和汇集，就很难说是一篇成熟的史论。

论史要有依据，要有必要的引证，所以有人说，史学家唯恐一字无来历。这说明历史上的事物是客观存在的，要掌握丰富的资料，不容许杜撰和臆断。但不是说依据等于引证，要有依据，就是满纸引号。现在有些史论动辄两三万言，引号数百个，察其意，既不是孔夫子的"述而不作"，也不是考据家的旁征博引。这样的史论，权且称之为"引"论吧!

那么,写一篇好的史论,究应从何处着眼和何处下手呢?

第一,以史和论的关系来说,是先有史而后有论,不是先有论而后有史,论是从史的分析综合的结果。恩格斯说:"在我说来,事情不能在于把辩证法的规律,从外注入于自然界中,而是在于在自然界中找出它们。"[1]把这种观点运用到历史科学中来,那就是我们不能把辩证法的规律(更不用说个人的偏见了)从外注入于历史事实中,而是从历史发展过程的自身找出它的辩证规律来。如果不是这样,那就会像刘勰所说:"斤利者,越理而横断;辞辨者,反义而取通,览文虽巧,检迹如(知)妄。"[2]因为违背事实的诡辩,终归不免于妄。虽然史先于论是一个客观真理,但它并不和以先进思想作指导的要求相抵触,而且是恰恰有了先进思想,更有助于我们从纷繁的历史中得出恰当的结论来。因为规律寓于事实,理论来自实践,就是马克思列宁主义认识论的科学依据。所以毛泽东同志教导我们要"学会应用马克思列宁主义的立场、观点和方法,认真地研究中国的历史,研究中国的经济、政治、军事和文化,对每一个问题要根据详细的材料加以具体的分析,然后引出理论性的结论来"[3]。

第二,一篇卓越的史论,应是史才、史学、史识和史德的综合体现。刘知几说修史要兼有才、学、识三长,为历来史家所公认;后来章实斋觉得在"三长"之外,还应具有史德,他在《文史通义》中写了"史德"篇。我们今天仍然认为刘知几和章实斋提出的要求是有意义的,不管是一本历史专著或一篇史论,写得好否,都有这几方面的关系。

---

[1]《反杜林论》,第9页。
[2]《文心雕龙》,第328页。
[3]《毛泽东选集》第3卷,第816—817页。

但是我们对这些要求的理解,却已与过去大不相同了。以史德来说,章实斋谓为"著书者之心术",我们却以为它是无产阶级的政治标准在史学上的运用,而且它是写好一篇史论的核心。刘知几曾经把史才比作生财的本领,史学比作生产资料,是很生动形象而有见地的;而"好是正直,善恶必书,使骄主贼臣所以知惧"[1],就是他所指的史识,和章实斋所说的史德有相近之处。在我们看来,史才是指谋篇能力和文采,史学是指掌握材料和知识,史识指见解和辨别能力。其中史识,甚至可以说是治史的眼睛,清初学者傅山曾自负地说,"一双空灵眼睛,不唯不许今人瞒过,并不许古人瞒过"[2],恰好点出了治史者需要的识力。但是傅山是一个有崇古思想的人,以为"今人"比"古人"的欺骗性大,所以把不要被"古人瞒过"放在次要的地位。我们倒可以把他的话颠过来,即"不唯不许古人瞒过,并不许今人瞒过",怎样才不至被古今人瞒过,那就必须具有马克思列宁主义的观点、立场、方法,加上自己的学力和识力,才有可能写出正确而又优异的史论来。因此史才、史学、史识和史德的综合体现,归结起来,又仍然是内容和形式的统一、观点和材料的统一。

第三,史论不只是敷陈其事、略抒己见而已,而是事有选择、论有目的的战斗性文字。史论的特点,所论是往事和古人,和时论的对象是今人今事不同;所论是历史经验和历史规律,又和直接论政的政论不同。但是那些以史论政的史论往往具有政论的特色,也赋有时论的意义,而这种史论在历史上却是最有生命力的,也就是说它担任了政治斗争或思想斗争的任务。因此我们今天所需要的史论,在于深

---

[1] 《刘子玄传》,见《旧唐书》第 102 卷。
[2] 《傅山的杂文》,载《人民日报》1962 年 4 月 24 日,第 6 版。

入地论证历史上的人和事,总结历史经验,阐明历史规律,从而通过史论这种特有的形式来学习和发扬马克思主义和毛泽东思想,以丰富历史唯物主义的内容。那就不仅要使史论更好地发挥它在文化战线上的批判和继承的作用,更要把它放在史学领域两条战线上的斗争的前哨。

论史与志[1]

方志之为体，原是正史中的一端，即二十四史中的"书"或"志"，是从马史班书中抽绎出来的。专以记载一个地方的事物。

由于中国地域辽阔，自秦置三十六郡以来，历两千余年的递嬗演变，今天拥有30个省市区，计2 100多个县旗。各地气候物产，民情风俗，大有不同。而国史综全国之大要，很难烛照各地的经济生活及人事沧桑。方志之产生，正是基于这种客观状况，用以作国史的必要补充。

方志始于何书，论著不一，有的说始于东汉袁康著的《越绝书》，有的说当数晋常璩的《华阳国志》为最早，也有的说唐开元间所修的《沙洲图经》为最早。总之开始于个别地方的个别人士，就自己的兴志及其观察所得写出了富有地方色彩的书。到唐宋以后，由于各地社会经济发展的不平衡，日益注意各地方的差异，撰修方志的地方官和士人慢慢多起来了。明代已有不少方志流传下来。

但方志的大备是在清代，康熙、雍正年间通令全国撰修方志，并规定每过60年续修，从两起数字看就可见其梗概：（一）尚存方志计

---

[1] 原载《上海研究论丛》1989年第2期。

有7 000余种,据朱士嘉所编《中国地方志综录》一书著录的5 832种,清代所修即达4 655种;(二)据《湖南省志总序》说,可查考的府厅州县志,宋代修的56种,元代修的5种,明代修的156种,清代截至同治止有363种。事实上,汉以后中国有后代为前朝修史的传统,唐宋以来又形成了修方志的传统。

清代方志之所以特盛,一则由于方志经过1 000年左右的赓续修撰(公私修撰),它本身已发展到了枝叶茂盛的成熟阶段;再则由于康熙乾隆政治的统一,社会经济繁盛的结果。正是在这样的情况下,产生了方志学的权威如章学诚这样的学者。

至此,方志已不只是从正史中抽绎出来的一端,已经成为包括正史的纪、表、志、传的全部内容,由附庸变为敌体。如章学诚在乾隆四十二年至四十四年间,应永清知县邀请所修的《永清县志》,凡分纪(皇言、恩泽)、表(职官、选举、士族)、图(舆地、建置、水道)、书(吏、户、礼、兵、刑、工)、略(政略)、列传六体。各方志尽管有伸缩进退,大体都是这样的结构。

事实上志与史很难区分其异同,不同者,正史是各个朝代的历史,记载其盛衰兴亡;方志乃各个地方的历史,记载其沿革变迁。所以二十四史有《三国志》,郑樵的《通志》本来就叫"通史",晚近连横所著的《台湾通史》,其体例就是方志的体例。地方志即地方史,方志家即史学家。

鸦片战争后一些记叙世界史地的著作,如魏源的《海国图志》、徐继畬的《瀛环志略》、王韬的《法国志略》、黄遵宪的《日本国志》等,均称"志",其实是外国史地或外国史。由那时的封建大一统观念来看,这些书不过是方志的扩大或延伸。我们知道,当时学习外国语的学校叫作"广方言馆",以此类推,这类书也可以叫作"广地方志"。

史和志的区分,当自资产阶级史学体系在中国建立以后,即 20 世纪初期才逐步可以把两者区分开来。其区分的要点:

(一)史以年代为经,章节为序;志以地域为经,各目并陈。

(二)史依次叙述重大事件的背景(原因)、经过和结果(影响),力求变为读者的知识和认识,志则依类记载其状况和演变,在于供用者的采择和查考。

(三)史以政治活动为中心,联系到经济、文化、社会的各个方面;志是地方的专史,以地方状况为中心,包括地域和各个方面的状况(梁启超的《历史研究法补编》把"地方的专史",列为"人的专史""事的专史""文物的专史""断代的专史"等五种专史之一)。

方志与国史或通史有了区分,国史和通史是我们必需的教材,并不能代替方志,除国史或通史综合各地发展不平衡的特殊情况外,方志虽产生和发展于封建时代,但它这种机构,很有利于广泛地保存资料,不仅是国史或通史的基础,而且它所提供的社会生活面往往是"国史"或"通史"所不能遍及的,这些内容都是我们进行经济建设、研究社会问题、改善人民生活参考的资料。所以它具有较长的生命力,或者它具有永恒的价值,就是在于它能客观地保留丰富的资料。我们今天对方志的修撰,尽管与前人有所不同了,这个不同,一是指导思想的不同,二是体例的推新和增补,作为方志的骨架仍是以前方志的那个骨架。"文革"前《湖南省志》所列的总目 15 款,即可见一斑。这 15 款是:(一)湖南近百年大事记述;(二)地理志;(三)工矿志;(四)农林水利志;(五)交通志;(六)财政贸易志;(七)教育志;(八)卫生志;(九)文化艺术志;(十)学术志;(十一)文物志;(十二)民族志;(十三)宗教志;(十四)人物志;(十五)杂记。把这个 15 款拿来与过去重要方志比较,是不难看出其中继承关系的,而且这种继承关系比其他史著更为突出。

那么,我们在马克思列宁主义、毛泽东思想的指导下,撰修方志和国史或通史的区别何在呢？除了前面说到的那些形式上的不同外,关键在于：史要说明规律,志中的内容是规律之内的,但不说明规律,给说明规律提供素材。方法上,史在于综合概括结合具体分析,或者从具体分析到综合概括；而志在于纲目分明,叙事状物,丽然并陈。可以这样说：志是史的基础,史是志的升华。

就史和志的这种关系来看,我觉得全国30个省市区及其2 100多个县,以至于某些乡镇,还有名山大川,都可修志,也应该修志,不只是展示我们祖国万里河山,丰富多彩的面貌,更重要的还是为我们掌握国情,分析国情,给改革与建设提供全面的可靠的资料。事物是发展变化的,国情是流动的,方志不可一劳永逸,我们不一定像清朝那样规定每60年续修一次,每经过一段历史时期视各地情况而定,即续修一次。随时掌握变化中的国情,保持修志传统的连续性。

至于地方史,我认为不一定每个省市县都双管齐下,既修志,也写史。只有具有典型意义或有独特性的地区和城市,在修志的基础上并写史,如上海、天津、广州与近代历史特别密切这样的城市,如北京这样的古都,如杭州、桂林这样的风景区,如台湾这样有特殊意义的地区,其他以此类推。

初中本国史(编)

例　言

一、本书参照各书局最近出版之初中本国史教科书编定，务期适合初中学生升学及一般阅读之用。

二、本书内容共分总论、上古史、中古史、近世史、现代史及名词汇释六编。

三、本书体裁分问答、表解及名词汇释三种。

四、本书为应实际需要起见，所拟问题尽量参照各省市历届初中会考及高中入学考试试题。全书共318题，逐题解答，其比较繁复之答案，则采用表解，以便记忆。

五、若干历史上名词，为一般读者所难索解者，本书特汇纂注释，共151条，依首字笔画次第，极便检阅。

六、本书仓促草就，遗误之处，在所难免，尚望识者指正。

民国三十年十二月十九日编者识于贵阳大夏大学

第一编　总　论

1. 何谓历史？

历史就是记载人类过去的一切活动,使我们明了社会演变的一般情形及其发展的阶段。

2. 我们为何要学习历史？

我们学习历史的意义:(一)人类知识是累积的,历史供给我们过去人类的许多知识;(二)历史常叙述着国家民族的发展,使个人明了与国家民族的关系;(三)人类文化永久是流动的,历史就是告诉我们流动的复杂现象。

3. 何谓"史前时代""原史时代""历史时代"？

没有文字记载以前,谓之"史前时代"。文字还没有产生,而有实物的遗留,谓之"原史时代"。有了文字记载以后,谓之"历史时代"。

4. 试述"中华"二字的来源。

古时,我国四周为蛮夷戎狄所居,故我自称其地为中国,称自己的民族为华夏;华夏含有文明的意思,这是"中华"二字的来源。

5. 称成中华民族的主要份子是哪几族？以何族为主？

中华民族,是合汉满蒙回藏苗等族而成;就中以汉族为主干,她支配着中国整个历史。

6. 中国文化的发源地在何处？

中华民族早期定居于黄河流域的平原，土地肥美，灌溉便利，故以农立国；也就在那里播下了五千年的文化种子，发扬而为今日的中华民国。

7. 我国什么时候经过"渔猎时代""游牧时代"而入"耕稼时代"？

"渔猎时代"当燧人氏时，"游牧时代"当伏羲氏时，到神农氏时，始为"耕稼时代"。

8. 石器、铜器、铁器各应用于何时？

石器应用于夏以前，是为"石器时代"；铜器应用于商周，是为"铜器时代"；铁器的应用，始于春秋，是为"铁器时代"。

9. 从三代起，你能依次指出历代的名称吗？

夏、商、周、秦、汉、三国（蜀魏吴）、晋、宋、齐、梁、陈、隋、唐、五代（后梁、后唐、后晋、后汉、后周）、宋、元、明、清、民国。

10. "三代"的开国君主各为谁？

夏——启。商——汤。周——发（武王）。

11. 秦隋二代有何相同的地方？

秦隋二代相同的地方：（一）建国短促；（二）秦筑长城，隋开运河；（三）秦始皇与隋文帝皆尚武功；（四）秦杀豪杰，销兵器，隋诛谋臣与宿将。

12. 秦始皇筑长城，隋炀帝开运河，各有何动机？

秦始皇筑长城的动机：（一）防止匈奴侵扰；（二）天下统一，弭消兵力。隋炀帝开运河的动机：（参看第三编第五章第2条）。

13. "郡县制"与"行省制"各创于何代？

"郡县制"创于秦代,"行省制"创于元代。

14. "井田制"与"均田制"各行于何代?

"井田制"行于周代,"均田制"行于北魏(隋及唐初仿行此制)。

15. 试述历代的变法者,谁成功?谁失败?

战国时,秦商鞅变法成功,以后西汉王莽的变法、北宋王安石的变法、清康有为的变法,皆大败。

16. 六朝与五代各为何人统一?

六朝为隋文帝杨坚所统一,五代为宋太祖赵匡胤所统一。

17. 佛教何时传入中国?何时最盛?

佛教于汉时传入中国,以六朝隋唐时代为最盛。

18. 我国前代有何科学上的发明及制造?

发明与制造
- 指南车——相传为黄帝轩辕所发明
- 蚕桑——相传为黄帝妻嫘祖所发明
- 墨——相传为周邢夷所发明
- 笔——秦蒙恬所发明
- 纸——东汉蔡伦所发明
- 浑天仪——东汉张衡所发明
- 地动仪——东汉张衡所发明
- 木牛流马——三国诸葛亮所发明
- 印刷术——五代冯道所发明
- 活字版——宋毕昇所发明

19. 中国有何六大古都?

中国六大古都为长安、洛阳、开封、北平、南京、杭州。

20. 汉唐明清四代有何英武君主?

汉唐明清四代英武君主
- 汉
  - 高祖——建立汉帝国
  - 武帝——交通西域,扩大中国版图
  - 光武帝——使汉中兴
- 唐
  - 太宗——创立唐帝国,致贞观之治
  - 明皇——致开元之治
- 明
  - 太祖——"民族革命"与"平民革命"成功者,建立明帝国
  - 成祖——遣使通西洋,交通中西文化
- 清——圣祖——文治武功,极一时之盛

21. 汉高祖与明太祖有何相同的地方?

汉高祖与明太祖相同的地方:(一)以平民革命而得天下;(二)残杀功臣;(三)封建藩王,以固王室。

22. 中国女子参政始于何人?第一个女皇为谁?

中国女子参政始于西汉吕后,第一个女皇为唐代武则天。

23. 张骞、班超、岳飞、郑和、于谦、戚继光、郑成功、林则徐、左宗棠、曾纪泽等各为何时人?各有何事迹为后世称道?

(一)张骞——汉人,通西域。

(二)班超——汉人,平西域。

(三)岳飞——宋人,抵抗金人。

(四)郑和——明人,下西洋。

(五)于谦——明人,败鞑靼。

(六)戚继光——明人,平倭寇。

(七)郑成功——明人,据台湾以抗清。

(八)林则徐——清人,禁鸦片烟。

(九)左宗棠——清人,平回。

(十)曾纪泽——清人,与俄交涉,收回伊犁。

24. 黄巢、李自成、张献忠等各为何种人？他们为什么会起来称乱？

黄巢、李自成、张献忠等皆为流寇，因政治及饥荒的压迫，号召民众作乱。

25. 中国以何代受外族压迫最甚？

中国受外族压迫，以东晋与南宋为最盛。

26. 中国曾于何时遭受外族的统治？

元时受蒙古人的统治，清时受满人的统治。

27. 中国历代版图，何代最大？何代最小？

中国历代版图以元代最大，南宋最小。

28. 列举在中国定的不平等条约，有哪些贻害最大？

不平等条约中贻害最大的：（一）关税协定；（二）领事裁判权；（三）驻屯外军；（四）租界及租借地；（五）外轮内河航行权；（六）外人经营实业权。

第二编　上古史

第一章　太古至黄帝

1. 我国"开天辟地"的传说怎样？

据传说开天辟地者是盘古氏。在未开辟以先，天地混沌，像一个鸡蛋；待盘古氏生，经过一万八千年，天每日高一丈，地每日厚一丈，盘古氏也日长一丈，天益高地益厚了。盘古氏死，他的身体就化为日月星辰山岳江河，天地乃开辟。据马骕《绎史》卷一引徐整《三五历记》。

2. 你能举出"三皇""五帝"的名字吗？

"三皇""五帝"，各书所举的人有别，比较通行的："三皇"为燧人氏、伏羲氏、神农氏（见《尚书大传》）；"五帝"为黄帝、颛顼、帝喾、帝尧、帝舜（见《史记·五帝本纪》）。

3. 有巢氏、燧人氏、伏羲氏、神农氏，他们是怎样得名的？

发明构木为巢，故称他为有巢氏。发明钻木取火，故称他为燧人氏。画八卦，造书契，作琴瑟，定嫁娶的礼节，并教百姓驯养牲畜，就称他为伏羲氏。神农氏则因其教民种植五谷，发明医药而得名。

4. 说明汉族建国的情形。

汉族的建国 { 根据地——黄河流域
年代——公元前 2690 年左右
经过——驱逐蛮夷荤粥九黎等于他地
建国者——黄帝 }

5. 试述黄帝的制作及武功。

制作：制衣服,造宫室,铸货币,发明指南针。武功：战败炎帝于阪泉,擒杀蚩尤于涿鹿,又逐走北方的荤粥。

6. 黄帝与蚩尤之战的影响怎样？

蚩尤系九黎的酋长,作刀戟大弩,扰乱天下,势力很大;涿鹿一战,黄帝杀了蚩尤,汉族建国的势力才稳定,也是中华民族抵御外侮的第一声。

第二章　唐虞夏商

1. 唐虞时代行什么政体？

唐虞时代的政体,是选贤与能的"禅让制度"。尧传给舜,舜传给禹,因他们有才德的表现,被大家推举出来为帝。近人研究的结果,以这种政体是原始社会部落的酋长制。

2. 虞舜的政教设施怎样？

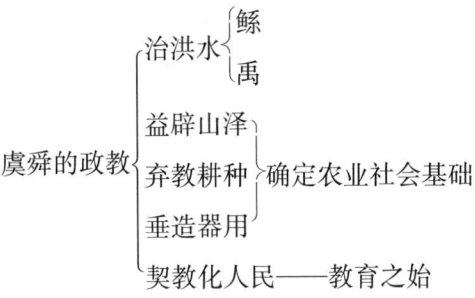

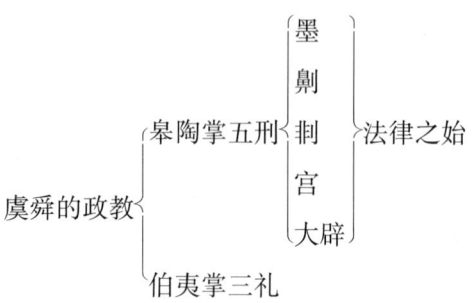

3. 谁治水失败？谁治水成功？并说明其原因。

唐虞之世，洪水为灾。舜叫鲧去治，没有成功；又要鲧子禹去治，经过十三年（有谓八年与九年的）的努力，洪水才平定。鲧用堙塞以堵水，禹用疏通以归水，故禹成功。

4. 何谓"君主世袭"？始于何人？

"君主世袭"，就是"家天下"，把帝位私产化，世代承袭下去。这种制度是禹开其端，把帝位传给他的儿子启，成立大夏帝国。一直沿用到清末，民国兴起，才废除。

5. 禹传帝位与启，古书上有何不同之说？

《书经》《孟子》皆说因启贤，由人民拥戴而得帝位；《竹书纪年》则说启杀益（益是当时的贤臣）而得帝位。

6. 少康怎样使夏中兴？

夏自启传至相，约八十余年，权臣寒浞篡位，夏室中绝，幸少康崛起，以田一成（方十里为成），以众一旅（五百人为旅），号名旧众，恢复帝室，使夏中兴。少康亦为帝业中兴者第一人。

7. 何为"贵族革命"？始于何人？

商汤推翻夏桀，开革命的先例；但汤也是当时的诸侯，所以称为"贵族革命"。

8. 何代的帝位行"兄终弟及"制？该制度系何种社会的残余？

商代的帝位,多系"兄终弟及",就是兄死以弟继承帝位。论者谓这种制度是"母系社会"的残余。因为不以子继而以弟继,当出于母权。

9. 夏商二代亡国之君为谁?他们有何相似之点?

夏的亡国君为桀,商的亡国为纣,后世称二人为中国历史上最暴虐的君主。两人的行为,据历史上的记载,类多相似:(一)好女色;(二)兴土木;(三)拒忠谏;(四)酗酒;(五)好残杀;(六)二人的末路,桀为汤所擒而夏亡,纣为武王所诛而商亡。

10. 伊尹与伯夷是何时人?各有何事迹见称?

伊尹,商人,太甲的丞相。太甲无道,伊尹把他放逐于桐,后太甲悔过自新,始迎回朝。伯夷,商末人,孤竹国君之儿,因让位与兄弟叔齐逃亡于首阳山,以义不食周粟而饿死。

第三章 周

1. 略述周开国的经过。

周的先世,居黄河西部的泾渭流域,修文德武功已久,到文王更发扬光大,天下三分有其二了。他的儿子发(武王)乃起而灭商,建立大周帝国,施行封建政治。

2. 封建政治的情形怎样?

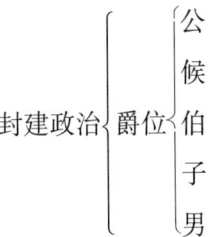

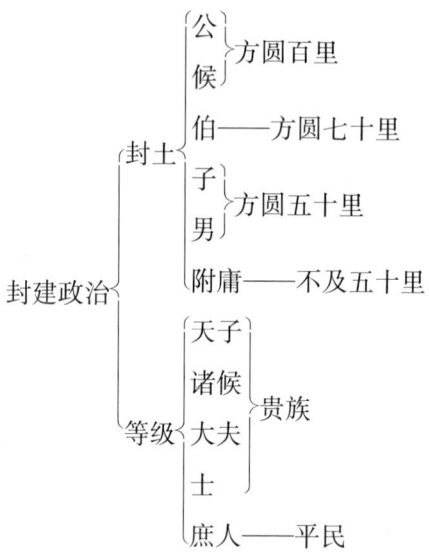

3. 周平王为什么要东迁?

周幽王宠褒姒,废申后,申后的父亲申侯,引犬戎入寇,杀幽王于骊山之下。平王即位后,因畏犬戎,乃由镐京(陕西长安县西)而东迁于洛邑(洛阳)。

4. "五霸"何名?

五霸,为齐桓公、宋襄公、晋文公、秦穆公、楚庄王。

5. 略述吴王夫差与越王勾践雪耻的事。

吴越相争,吴王阖闾,被越王勾践战败而死;他的儿子夫差即位,誓雪父仇,数年后,兴师伐越,越大败,捕囚越王勾践,越国几不保。勾践受了这种奇耻大辱,卧薪尝胆,力谋报复,经过十年生聚,十年教训的预备,吴终被他灭掉。

6. 战国时代,有哪"七雄"?"七雄"中以哪国为最强盛?

经春秋长期的兼并,至战国仅余齐、楚、秦、燕、韩、赵、魏等国,是为"七雄"。就中以秦国为最强盛。

7. 秦国为什么特别富强?

秦国富强的原因,不外下列几点:(一)乘各国战争不休,闭关休养,培植国力;(二)土地肥美,物产丰富;(三)地势险固,进可以战,退可以守;(四)广征人才,收纳军饷;(五)用商鞅变法,施行新经济政策,生产增加;(六)武力与策略并用。

8. 管仲与商鞅为何时人?有何建树?

管仲,春秋时人,相齐桓公,九合诸侯,一匡天下,而成霸业。商鞅,战国时人,相秦孝公,废井田,开阡陌,一行保甲,更赋税之法;使秦国富强,树立统一六国的基础。

9. 六国灭亡的原因安在?

六国灭亡的原因:(一)秦利用优越的条件,打破过去"七雄"的均势;(二)六国本身不能联合以抗秦,此与秦战,彼与秦和,与秦以各个击破的机会;(三)六国的国策无一定方针;(四)当时社会背景,需要一个统一的政府,"七雄"中只有秦能负此使命,六国不得不同归于尽了。

10. 春秋战国时代,何以学术思想特别发达?

春秋战国学术思想发达的原因:(一)长期兼并的结果,贵族没落,过去贵族专有的学问,渐传播于民间;(二)阶级制度破坏后,言论自由;(三)纷乱的局面中,许多有识之士,想研究一个新的制度来建立新的社会秩序;(四)战争的结果,交通渐发达,知识容易传播;(五)自孔子后,私人讲学的风气盛行。

11. 春秋战国学术思想发达的结果,有何派别?

春秋战国学术思想发达的结果,派别很多,有所谓"九流""十家"。十家即阴阳家、儒家、墨家、名家、法家、道家、农家、纵横家、杂家、小说家;十家之内,除去小说家,则称为"九流"。

12. 儒道墨法四大家的创始人为谁？各家思想的要点又怎样？

四大家 {
 儒家——孔子，实现"仁"为思想的境界
 道家——老子，主张自然，反对礼教
 墨家——墨子，主张"节用""薄葬""兼爱"
 法家——管仲，主张法治
}

13. 春秋战国时代的社会风尚有何特征？

春秋战国时代的社会，有下列各风尚：（一）尚义侠；（二）盛行游说诡辩；（三）杀君篡位的事情特多；（四）男女社交解放；（五）巫术阴阳之说流行。

14. 战国时代有何大文学家？他有何著作？

战国时代的大文学家为楚人屈原，著有《离骚》。

第三编 中古史

第一章 秦

1. 第一个统一中国者何人？他何以能统一中国？

第一个统一中国者是秦始皇，他所以能统一中国者：（一）由于春秋战国的扰乱，"封建制度"已破坏，需要一个新的制度来维系社会；（二）工商业已渐发达，必在统一的政治下，才能货畅其流；（三）秦国当时比各国强盛，更秦始皇的雄才大略，故能临时而成统一之业。

2. 秦始皇的重要政策是什么？

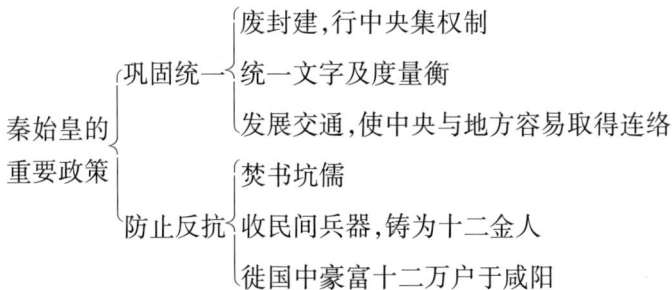

3. 略述秦代统一文字的经过。

秦以前，各国的文字不一，秦统一后，感文字不统一，施行政策的困难;故下令禁止与秦不同的文字通行。李斯、赵高乃将周代的"大篆"省改为"小篆",后程邈更作"隶书",使笔画简便,容易通行,即今"楷书"的来源。

4. 万里长城造成的经过怎样?

战国时候,燕赵秦尝筑城以防胡入,秦始皇统一六国后,匈奴常为边患,遂将战国时原有长城大加修葺;从临洮(今甘肃泯县)延长至辽东(今辽宁辽东半岛),共长五千余公里,称为万里长城。

5. 秦代中央与地方官职的设置怎样?

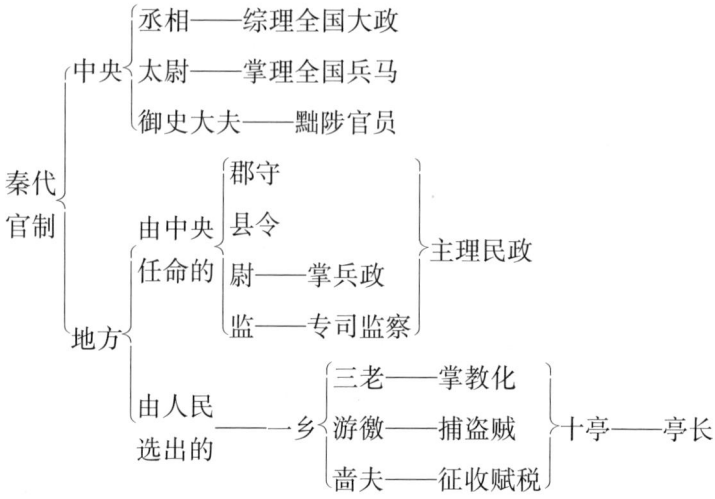

6. 秦代何以速亡?

秦传至二世,历十五年就灭亡了。其速亡的原因:(一)改革太骤,新制未能完善;(二)法治尚未成熟,不免过于苛刻,而招民怨;(三)二世庸弱无能,行政效率失其运用的机能;(四)六国遗民仇恨太深,群起反对。

7. 对秦首发难端者是哪些人？

对秦首发难端者为陈胜、吴广，其后项梁、项羽、刘邦等群起。

8. 秦的疆域怎样？

秦代疆域 { 东——东海
南——安南
西——临洮羌中（今青海）
北——阴山 }

第二章　汉

1. 何谓"楚汉之争"？结果怎样？

秦亡后，项羽和刘邦争天下，项羽立国叫楚，刘邦立国叫汉，故史称"楚汉之争"。结果：汉兴楚亡，项羽败走垓下，自刎于乌江。

2. 何谓"平民革命"？首先成功者何人？

"平民革命"就是以平民起来推翻政局，首先成功者为刘邦，他灭秦败楚而建立大汉帝国。

3. 汉初有哪"三杰"？各有何专长？

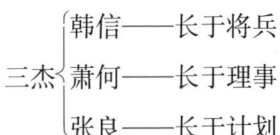

三杰 { 韩信——长于将兵
萧何——长于理事
张良——长于计划 }

4. 略述"诸吕之变"的原委。

汉高祖死后，吕后临朝参政，大量引用吕家私人，如吕产、吕禄等皆列重位，遂谋篡乱，为周勃等平定，史称"诸吕之变"。

5. "七国之乱"是怎样一回事？

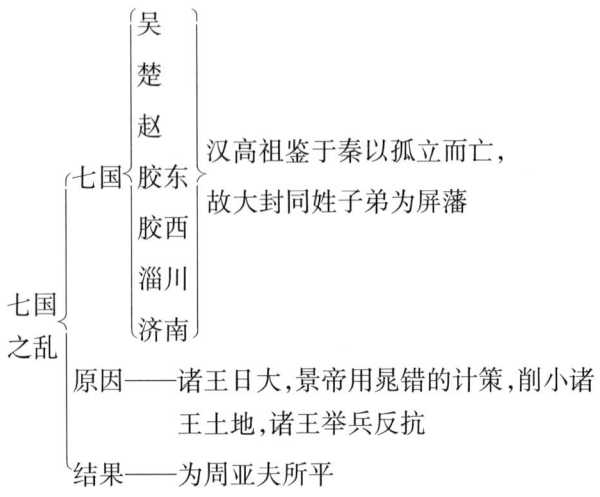

6. 略述汉武帝的武功。

汉武帝时,伐匈奴,通西域,平朝鲜,臣服西南夷,故为汉代武功最盛的时候。

7. 汉武帝时有何名将？他们有何勋业？

汉武帝时,最著名的武将为卫青与霍去病。卫青先后伐匈奴七次,以功拜大司马大将军,封长平候。霍去病先后伐匈奴十余次,以功拜大司马骠骑将军,封冠军候。

8. 西域今何地？汉曾派何人通西域？

西域在现今新疆省境(边际自玉门关至大秦昔皆称为西域),西汉时,分为三十余关,武帝曾派张骞两次通西域,东汉明帝派班超平定之。

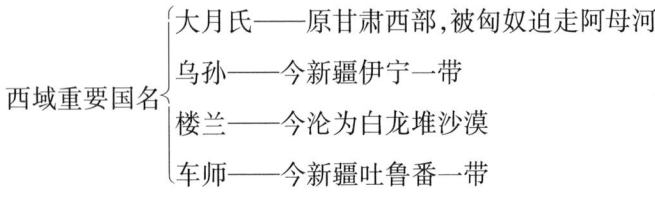

西域重要国名 {
  大宛——今俄领中亚细亚一带
  康居——今新疆西北一带
  安息——今伊朗北部一带
  身毒——今印度
  于阗——今新疆于阗县
  鄯善——楼兰的更名
  疏勒——今新疆疏勒县
  莎车——今新疆莎车县
  龟兹——今新疆库车县一带
}

9. 汉武帝怎样统一思想？其影响又怎样？

汉武帝用"罢黜百家，独尊儒术"的方法，统一全国思想。其影响：自汉以后直至清朝末年，独尊儒教不改，使学术思想受了很大的限制。

10. 中国帝王的年号，始于何人？

中国帝王的年号始创于汉武帝。

11. 王莽的改革政策怎样？结果怎样？

王莽的改革 {
  政策 {
    理财务——设"五均""司市""泉府"等官
    行王田——收天下之田曰"王田"，不得买卖
    禁奴婢——以奴婢为私属，故不得买卖
    改易币制——废五铢钱，屡经更易
  }
  结果——因新制改革太骤，运用不善，而遭失败
}

12. 西汉"重农抑商"政策的原因与结果怎样？

重农抑商政策 {
  原因 {
    商人投机居奇，贫富悬殊
    儒家学说耻营利，轻视商人
  }
  结果 {
    民食丰富，形成文景的繁庶
    益坚定了中国的农本主义
  }
}

13. 汉"中兴"的君主为谁？"中兴"的经过怎样？

汉中兴的君主为刘秀（即汉光武）。西汉被王莽篡位，汉室中绝，时各地野心家均乘机而起；刘秀乃汉的宗室，英武有为，起而推翻新莽，平定众杰，而成中兴大业。

14. 汉光武提倡"气节"的影响怎样？

光武见西汉末年，经王莽的篡乱，士风败坏，廉耻丧尽，特提倡"气节"，以移世风，也是他欲巩固帝位的一种手段，一时士气大变，皆以砥砺学行、不慕虚荣为清高。徇至太学生的舆论，可以左右朝政；但因攻击宦官太烈，固执太深，而酿成"党锢"之祸。

15. 略述东汉"党锢之狱"的经过。

东汉桓帝、灵帝时，宦官专政，跋扈已极，李膺与太学生贾彪、郭泰等，联合攻击宦官。桓帝亲信宦官，反捕囚当时名士，禁锢终身不用，牵连的有四百余人，诬为"党锢"。灵帝时，窦武引用陈蕃等，谋杀宦官，反被宦官所乘，悉遭诛戮。是为东汉"党锢之狱"的经过。

16. 试述"黄巾之乱"的原委。

东汉末年，"党锢之祸"迭起，政治腐败，天灾流行，人民流离失所，巨鹿张角假借道教以妖言惑众作乱，头戴"黄巾"为标记，故称为"黄巾贼"。后被皇甫嵩等所讨平，这是平民以宗教倡乱的开始。

17. 两汉有哪些著名的外戚祸患？

两汉著名的外戚祸患：惠帝时有"诸吕之变"；西汉末有王莽的篡窃；灵帝时有窦武的专政。

18. 两汉主要的外患为何？与其和战的经过怎样？

两汉主要的外患为匈奴。西汉初，匈奴很强盛，汉帝常以和亲政策羁縻之，至武帝时，先后派卫青、霍去病等大将征讨，匈奴乃日衰，东汉和帝时，窦宪等大举北伐，匈奴被迫而逃欧洲，引起欧洲种族大迁徙。

19. 西羌系何族？居今何地？汉怎样对付？

西羌为西藏族，散居今甘肃西南及青海西藏诸地，北连匈奴，素为中国边患。武帝时，特置河西四郡，隔断西羌和匈奴的交通；宣帝时，赵充国讨平先零羌；和帝时，讨平烧当羌；桓帝时，护羌校尉段颎又大张挞伐。故终汉之世，西羌未得一逞。

20. 中国与日本欧洲正式的交通，开始于何时？

东汉光武时（公元57年），日本遣使来献方物，是为中国与日本直接交通的开始。桓帝时（公元166年），大秦王安敦遣使从日南（安南南师）入买方物，是汉中国与欧洲直接交通的开始。

21. 两汉对外水路交通的中心是何地？有何通国外的道路？

两汉对外交通的中心：陆路首指敦煌（今甘肃敦煌县）；水路首指徐闻（今广东海康县）、合浦（今广西合浦县）。通外国的道路有二：（一）南道，天山南路；（二）北道，天山北路。

22. 两汉各为何人所亡？他们有何借口？

西汉被王莽篡位而亡，假口周公辅成王的故事；东汉被曹丕篡位而亡，假口尧舜禅让的故事。

23. 试述佛教的创始者及其教义，并于何时传入中国？传入的经过又怎样？

佛教
- 创始者——印度释迦牟尼
- 教义——以平等法性救度众生
- 传入中国的年代——东汉明帝永平八年（公元65年）
- 传入经过
  - 始求佛法者——蔡愔
  - 最早东来的西僧——摄摩腾、竺法兰
  - 最初建筑的僧寺——明帝在洛阳筑的白马寺
  - 最初翻译的佛经——《四十二章经》《十住经》

24. 张衡有何发明？

张衡有"浑天仪"和"候风地动仪"，前者用以测日月的运行，后者用以测地震。

25. 赵过对于农业有甚贡献？

武帝时，赵过为搜粟都尉，创"代田"制度，又作耕器。教民改用"牛耕"，影响于农业的进步甚大。

26. 除《挟书律》者为谁？有甚影响？

秦设《挟书律》禁止人民挟带书籍。汉惠帝时始废掉。其影响：开学术自由研究之路，使秦火后散失的古籍，次第整理出来。

27. 试举出两汉著名的经学家、史学家、词赋家。

（一）经学家——董仲舒、郑玄等；（二）史学家——司马迁、班固等；（三）词赋家——司马相如、扬雄等。

28. 汉朝盛时的版图怎样？

汉朝的版图
- 东——朝鲜
- 南——两广、安南
- 西南——云南、贵州、四川
- 北——大漠
- 西北——天山南北路

第三章 三 国

1. 由汉的统一怎样会演变为三国的分立？

东汉末，汉室已失掉了统治的力量，州牧坐大，各据地称雄，势力弱者渐为强者所并，互相转战，乃形成蜀、魏、吴三国鼎立的局面。

2. 三国的建国者各为何人？各据何地？

三国的建国者及其所据地方
- 蜀——刘备——据长江上游
- 魏——曹丕(曹氏势力乃曹操建立,至丕始篡位称帝)——据黄河流域
- 吴——孙权(操其父兄孙坚、孙策的旧业)——据长江下游

3. 三国中首屈一指的人才当推谁？

三国中首屈一指的人才,当推诸葛亮的政经计划,其次要算曹操的雄才大略了。

4. "赤壁之战"是怎样一回事？对于三国的鼎峙有何关系？

"赤壁之战",曹操领大兵南下,刘备使诸葛亮联合孙权以抗曹操,战于赤壁(山名,今湖北嘉鱼县西北),曹操大败,操受此挫折后,不敢南向,孙刘得以休养,始可与以抗衡,而形成三国均势的局面。

5. 曹操何以要推翻儒家的忠孝节义？有甚事实表现？

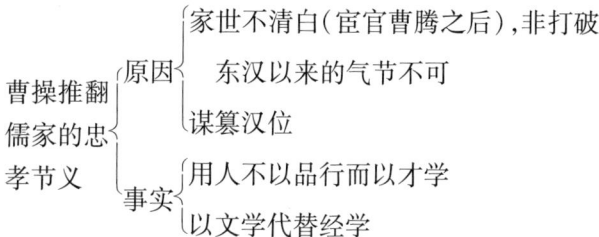

6. 三国中以何国建国最早？何国国祚最短？灭亡的先后又怎样？

魏建国最早,蜀国祚最短,仅四十三年而亡,蜀亡国在先(被魏所灭),魏次之(司马氏篡位),吴最后(被晋所灭)。

第四章　两晋南北朝

1. 略述三国统一的经过。

魏的政权,自文帝以后,完全落在司马氏手里,及灭蜀,权势

倾朝野；咸熙二年（公元265年）司马炎（晋武帝）遂篡魏称帝，改国号为晋，再过了十五年，派杜预打吴；于是三国鼎峙的局面又归一统。

2. 晋武帝有何两大开国政策？其原因与结果怎样？

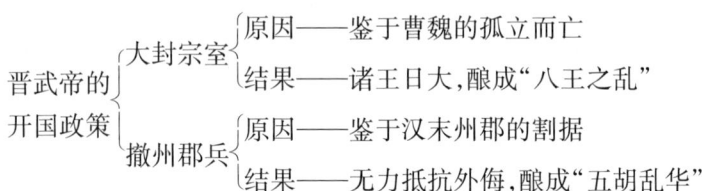

晋武帝的开国政策
- 大封宗室
  - 原因——鉴于曹魏的孤立而亡
  - 结果——诸王日大，酿成"八王之乱"
- 撤州郡兵
  - 原因——鉴于汉末州郡的割据
  - 结果——无力抵抗外侮，酿成"五胡乱华"

3. 略述"八王之乱"的经过与影响。

惠帝庸弱，贾后专政，以残害异己为事，使楚王玮杀汝南王亮（因亮辅政），旋又杀楚王玮，赵王伦起兵入宫杀贾后自立，于是齐王冏、成都王颖、河间王颙、长沙王乂、东海王越等皆起而互相残杀；先后参加者八王，故称"八王之乱"。"八王之乱"后，州郡空虚，盗贼四起，外族乃乘机扰乱中华——"五胡之乱"。

4. "五胡乱华"是怎样形成的？

当两汉盛时，征服的外族，多迁居塞内，他们久渐汉化，势已日强，待晋室兴起，州郡兵撤废，国防空虚，又遭"八王之乱"，国本动摇，故他们乃乘机作乱。

5. "五胡"起兵作乱最早的是谁？又以何族所建何国为最强？

"五胡"中最早起兵作乱的，是匈奴族刘渊。建国最强的，先有羯族石氏所建的后赵，后有氐族苻氏所建的前秦。

6. 何人主张"徙戎"？

江统曾作《徙戎论》，主张徙戎塞外，还其本域。郭钦也奏请晋武帝徙关内杂胡于边地,以防止他们作乱,然皆未能实行。

7. 晋为什么东迁?

永嘉五年(公元 311 年),刘聪攻陷洛阳,掳怀帝北去,愍帝立,乃迁都长安,不到五年,又被刘曜掳去,黄河流域以北全为外族势力范围,当时镇守建康(今南京)的晋宗室琅琊王睿,就在建康即帝位,建都于该地,是为晋室东迁。

8. 略述"淝水之战"。

淝水之战
- 年代——晋太元八年(公元 383 年)
- 原因——苻坚欲灭东晋统一中国
- 经过——苻坚领大兵八十万南下,晋谢玄、谢石以兵八万迎战于淝水(今安徽省境内)
- 结果——苻坚大败,逃回长安
- 影响——北方分为七国,与东晋分裂成南北对峙的局面

9. "五胡十六国"的建国者及其都城表。

五胡十六国
- 匈奴
  - 汉改赵——公元 304—329 年,建国者刘渊,都城平阳(今山西临汾)、长安(今陕西西安)
  - 北凉——公元 397—439 年,建国者沮渠蒙逊,都城张掖(今甘肃张掖)、姑臧(今甘肃武威)
  - 夏——公元 407—431 年,建国者赫连勃勃,都城统万(今陕西怀远)
- 羯——后赵——公元 308—350 年,建国者石勒,都城邺(今河南临漳)、襄国(今河北邢台)

五胡十六国
- 鲜卑
  - 前燕——公元307—370年,建国者慕容皝,都城邺(见前)、龙城(今热河朝阳)
  - 后燕——公元384—409年,建国者慕容垂,都城中山(今河北定县)
  - 南燕——公元398—410年,建国者慕容德,都城滑台(今河南滑县)、广固(今山东益都)
  - 西秦——公元385—431年,建国者乞伏国仁,都城苑川(今甘肃榆中)
  - 南凉——公元397—414年,建国者秃发乌孤,都城西平(今甘肃西宁)
- 氐
  - 改成汉——公元304—347年,建国者李雄,都城成都(今四川省会)
  - 前　秦——公元351—394年,建国者苻健,都城长安(见前)
  - 后　凉——公元386—403年,建国者吕光,都城姑臧(见前)
- 羌——后秦——公元384—417年,建国者姚苌,都城长安(见前)
- 汉
  - 前凉——公元317—376年,建国者张重华,都城姑臧(见前)
  - 西凉——公元408—421年,建国者李暠,都城敦煌(今甘肃敦煌)
  - 北燕——公元409—435年,建国者冯跋,都城龙城(见前)

(实际当时有二十二国,十六国乃指其最著者而言。)

10. 东晋兵权落于何等人的手中?后被何人篡位?

晋东迁以前,因战争的关系,兵权操于藩镇将领的手中,后即被镇将刘裕篡位以宋代晋。

11. 北魏孝文帝的汉化政策怎样？

北魏孝文帝施行的汉化政策：（一）禁止胡服胡语；（二）提倡和汉人通婚，改用汉人的姓氏；（三）一切礼仪制度都模仿南朝。结果：他们的血统、风俗、语音都和汉族同化了。

12. 北魏创立何种新田制？西魏创立何种新兵制？

北魏创立均田制，西魏创立府兵制。（参看第六编"均田制"条、"府兵"条）

13. "清谈"怎样产生？当时有哪些著名的清谈者？

东汉提倡气节，士人以不做官为高尚，已开清谈之端；后来曹操又下令征求"不仁不孝而有治国用兵之术"的人，于是由过去重视气节礼法的风尚，一变而为放荡不羁的习气，"清谈"因此产生。最著名的清谈者，有王弼、何晏、阮籍等。

14. "九品中正"于当时社会有何影响？

"九品中正"是一种选拔人才的制度，选拔的标准以门第为主，因此流为"上品无寒门，下品无世族"的现象，使社会士庶阶级的划分益趋严格。（参看第六编"九品中正"条）

15. "门第观念"造成的影响怎样？

门第观念造成的社会影响：（一）使阶级裂痕日深，形成"士族""庶族"两大壁垒，社会的和谐性丧失；（二）使人民的注意力集中于家族，而忘记了国家民族。

16. 江南文物是什么时候才兴盛？

江南文物，自晋室东迁以后，因民族的迁徙，才大兴盛，这也是中国文化由黄河流域转入长江流域的一大关键。

17. 南朝与北朝的风尚有何不同?

南朝与北朝风尚:(一)南朝人民长于舟行,北朝人民长于骑射;(二)南朝习俗奢靡,北朝习俗勤朴;(三)南朝盛行"玄学",北朝盛行"儒学"。

18. 南北朝君臣篡弑的事情何以特别多?

南北朝君臣篡弑多的原因:(一)朝代短促,君臣共起于草创,对于幼主瞧不上眼;(二)自曹魏以来,节义的风气已破坏;(三)华夷混乱,过去的礼仪丧失。

19. 南北朝,有那些国外的思想和文艺传入我国?

南北朝时,由国外传入的思想,为印度佛教,由国外传入的文艺,为胡人的音乐诗歌。

20. 南北朝兴亡的大概情形怎样?

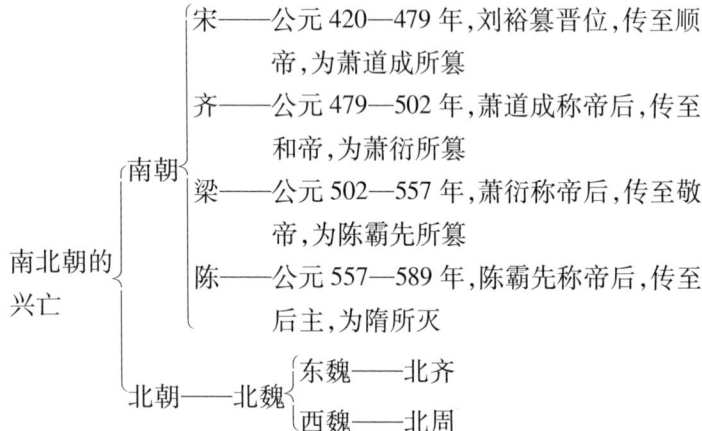

北朝始统一于北魏太武帝,后分为东西魏。东魏为高洋所篡,是为北齐;西魏为宇文觉所篡,是为北周。后北齐为北周所灭,北周又为隋所篡。

第五章 隋　　唐

1. 隋文帝怎样统一南北朝的局面？

隋文帝杨坚,既篡了北周的天下,复用兵江南,把陈灭掉,于是三百年分裂的局面,到此又归统一。

2. 炀帝开凿运河的动机与影响为何？

炀帝开凿运河 { 动机 { 东南财富可以直运至洛阳 / 游览江南,可以由洛阳直达 ; 影响 { 南北文化,得以融合 / 与秦时长城共为中国的世界二大工程 }

3. 隋为什么灭亡特快？

隋速亡的原因：（一）历年侵略域外,所费不少；（二）开运河,造宫苑,劳民太深；（三）征高丽大败,精华耗尽；（四）炀帝荒淫无度,不务朝政。

4. 炀帝怎样经略域外？

炀帝经略域外 { 亲出长城到金河,受突厥的朝奉 / 南平林邑 / 西克吐谷浑 / 东略琉球 }

5. 炀帝被何人所弑？继隋建国者为谁？

炀帝被宇文化及所弑。继隋建国者为唐高祖李渊。

6. 略述"贞观之治"。

唐高祖在位九年,传位于其子世民,是为唐太宗。太宗既削平群雄,从艰难奋斗中得天下,复能勤于听政,明于用人,勇于从谏,好于学问,内任房玄龄、杜如晦为相,魏征、王珪为谏官,减轻人民租赋,宽用刑罚,奖励文学,广设学校,外任李靖、李勣等名将,征抚四方,文治武功,盛极一时,史称"贞观之治"。

7. 唐代的武功怎样?

太宗、高宗两代,为唐武功全盛时期,平高丽,灭突厥,破吐谷浑,更征服天竺,平定西域,亚洲大陆全部,几皆为唐所控制,其版图如下表:

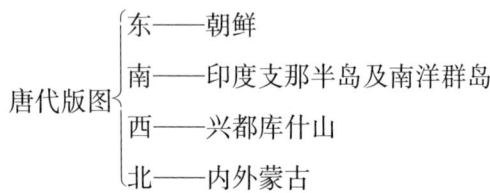

8. 武则天怎样取得政权?

武则天的取得政权:因为高宗晚年弱而多病,她以其聪明才力,从旁取决国家大事,待高宗死,大权遂落在她的掌中,任其为所欲为了。其篡唐的经过及其失败的原因如下表:

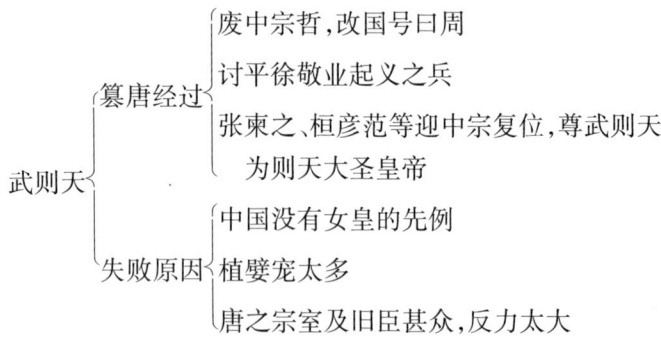

9. 略述"开元之治"。

唐玄宗时,用姚崇、张九龄为相,革除许多弊政,国威一时大振,史称"开元(玄宗年号)之治",不过晚年耽于晏安,酿成"安史之乱"。唐室益趋衰微。

10. "安史之乱"的经过怎样?

玄宗时,于边境设置十节度使,操兵政大权,安禄山厚结杨贵妃,进为平卢、范阳、河东三镇节度使,旋与杨国忠(杨贵妃之兄)争权,遂联史思明拥兵反,陷洛阳,逼长安,称燕帝,后为郭子仪、李光弼平定,史称"安史之乱"。

11. 略述唐"女后""宦官""朋党"之祸。

"女后"之祸,有武则天、韦后、杨贵妃、张良娣等。"宦官"之祸,始于玄宗时的高力士,终于昭宗时的韩全诲,几乎每朝皆有。"朋党"之祸,有"牛李党争"(牛即牛僧孺,李即李德裕)。

12. 说明唐代"藩镇之祸"的起因及其影响。

唐代"藩镇之祸"的起因,由于玄宗时节度使的设立,武臣握有财政兵马大权,日益骄横,形成尾大不掉之势。其影响:自"安史之乱"以后,唐室日衰,到了朱全忠,唐乃灭亡。

13. 略述"黄巢之乱"的始末。

乾符中(公元874—879年),岁大饥荒,黄巢聚众作乱,转战山东河淮两浙闽广湘荆等地,更渡江淮,陷洛阳,破潼关,入长安,自称大齐皇帝。后黄巢被李克用战败,为其部下所杀。

14. 唐行何种兵制?

唐行"府兵制",府兵破坏后行"彍骑兵",天宝以后行"藩镇兵"。(参看第六编"府兵""藩镇""彍骑"各条)

15. 唐代有哪些宗教?

唐代宗教:佛教、道教、回教、景教、祆教(拜火教)、摩尼教等。就中以佛道二教最盛。

16. 唐有何著名的僧人?他对于佛教的贡献怎样?

唐代最著名的僧人为玄奘,他经历高昌各国,到中天竺,精研佛典,带回经论六百五十余部,对于我国佛教贡献甚大。

17. 唐代有哪些外患?

唐代的外患,有回纥、吐蕃、南诏等。

18. 唐代有何繁盛的都市?

唐代繁盛的都市,有洛阳、长安、扬州、交州、广州等。

19. 略述唐代的文艺及其代表作家。

唐代的文艺作品,是以气魄伟大著称的,当时社会尚称殷富,更兼统治阶级着重文艺,科举制度以诗赋取士,愈使唐代文艺兴盛。下面列出各种文艺的代表作家:

唐代文艺 {
  诗歌——李白、杜甫、白居易
  散文——韩愈、柳宗元(其古文运动,影响甚大)
  小说——元稹(著《会真记》)、杜光庭(著《虬髯客传》)
  书法——欧阳询、褚遂良、颜真卿、柳公权
  图画——吴道子、王维
}

20. 唐代灭亡的原因安在?

唐代灭亡的原因:(一)藩镇的跋扈;(二)宦官的擅权;(三)流寇的猖獗;(四)天灾流行,民生困苦。

21. 科举制度,始于何代? 完成于何时? 有何特色?

科举制度,始于隋代,完成于唐代。其特色:就是考试制度的前身,没有阶级的限制。

22. 隋唐工商业的大概情形怎样?

工业方面,有瓷业、造纸业、造船业、制糖业、纺织业等。商业方面,以茶业为最盛,丝业次之。商业组织方面,有"柜房"为行商寄存货物,又有所谓"飞钱",以流通金融。下列隋唐商业概况表:

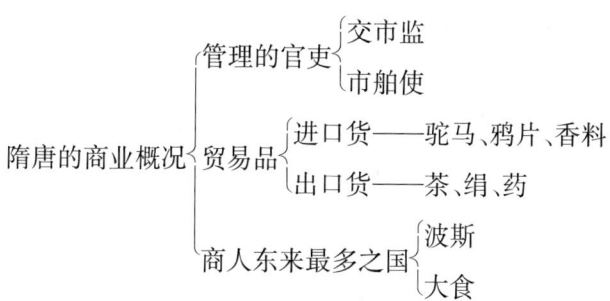

23. 说明隋唐工商业发达的原因。

隋唐工商业发达的原因：(一)政治上的统一，没有地域的限制，使货畅其流；(二)交通发达，运输便利(如开运河修驿等)；(三)与外人直接的来往日密；(四)度量衡的划一及币制的改革。

24. 隋唐时与外国互市，陆路水路各以何地为中心？

隋唐时与外国互市，陆路以武威、张掖为中心，水路以广州为中心。

25. 隋唐对外交通的路线如何？

隋唐对外交通的路线：(一)陆路：西路以渴槃陀(今塔什库尔干，为葱岭的正脊)为中心，南路由云南大理经缅甸至印度；(二)水路：东路，一从山东登州经朝鲜达日本，一经江苏东海或浙江鄞县达长崎，南路从扬州、泉州、广州、交州等地，经马来群岛、印度洋达波斯湾。

26. 略述隋唐间中国与日本的关系。

隋时，日本小野妹子两次来求佛经，并带来留学生八人。唐时，曾遣使来中国者九次，亦派留学生来留学，学问僧来研究佛经，故日本的"文化革新"，实是唐文化的移植。

第六章　五　代

1. 五代各代系何人创国？都城何在？

五代
- 后梁——朱全忠，都于汴梁
- 后唐——李存勖，都于洛阳
- 后晋——石敬瑭，都于汴梁
- 后汉——刘知远，都于汴梁
- 后周——郭威，都于汴梁

2. 五代谁为汉族？谁为沙陀族？

后梁、后周为汉族所建，后唐、后晋、后汉为沙陀族所建。

3. 燕云十六州今何地？曾于何时系何人割与何族？

燕云十六州分属于现在河北、山西、察哈尔三省。五代时，后唐石敬瑭曾割与契丹。

4. 五代时，各国扰乱已极，有哪几个国比较安静？并说明其原因。

五代时的许多国家，以吴越、南唐、后蜀比较安静，因为吴越立国比较长久，南唐文风极盛，后蜀处蜀中天险，固不易由外攻入。

5. 统一五代十国者为谁？

统一五代十国者为宋太祖赵匡胤。

6. 试述十国的国名、据地，及其建国者。

十国
- 吴——淮南——杨行密
- 南唐——江南——李昇
- 闽——福建——王审知
- 前蜀——四川——王建
- 后蜀——四川——孟知祥
- 南汉——广州——刘隐
- 北汉——山西——刘崇
- 吴越——两浙——钱镠
- 楚——湖南——马殷
- 南平——荆南——高季兴

第七章 宋

1. "陈桥兵变"是怎样一回事？

赵匡胤本为后周大将,率师将御北汉之兵,行抵陈桥驿(今开封东北),军中大哗,即以黄袍加诸其身,回师入汴(今开封),遂即帝位,史称此事为"陈桥兵变"。

2. 宋太祖用何种政策收军政大权于中央？其影响怎样？

宋太祖鉴于唐代藩镇的跋扈,故把节度使的防地全收归中央管辖,改派文官知州事,于是地方政权入于中央了,又解除禁军旧将的兵权,另定"更戍法"(参看第六编"更戍法"条);使禁军轮流戍守边地,将无常兵,兵无常将,于是兵权也归中央了。结果：重内职,轻外官；重文臣,轻武将；能免内乱,而不能御外侮,终宋之世,受外族的压迫。

3. 略述"澶渊之盟"的经过。

真宗景德元年(公元 1004 年),辽发大兵直逼澶州(今河北濮阳县西南),寇准力劝真宗渡河亲征,宋兵顿时勇气百倍,辽兵大惧,与宋议和,划定白沟河为宋辽国界,每年给辽银十万两、绢二十万匹,辽主以兄事宋,史称"澶渊之盟"。

4. 试列举王安石新法的内容。

王安石的新法
- 农田水利法——各路设水利官,管兴筑陂塘、灌溉等工作
- 青苗法——农作物未熟时,政府借款给平民,收获后,加息归还
- 募役法——改差役为雇役
- 方田均税法——按田地的肥瘠,定五等征收赋税
- 保甲法——即寓兵于农
- 军器监——设专官监造军器

5. 王安石变法的起因及其结果怎样？

变法的起因，神宗时，感兵备废弛，国库空虚，即想变法图强。结果：（一）遭司马光等旧臣的反对；（二）引用吕惠卿等非其人，致操切从事，完全失败。

6. 北宋有何新旧党争？

王安石既倡议变法，司马光等反对之，因形成两大壁垒，前者称"新党"，后者称"旧党"，互相争持，此起彼伏，致使国政日非，与外人以可乘之机。

7. 宋为什么要南渡？南渡后的局势怎样？

金人陷汴京，掳徽、钦二帝北去，故康王构（即高宗）只得南渡临安（今浙江杭州）即帝位。此后宋仅据东南半壁，北有金夏二国，成鼎峙的局面。

8. 辽系何族？勃兴于何时？

辽属鲜卑族，本来服属唐代，至酋长阿保机统一诸部，建元称帝，是为契丹太祖，传至太宗德光，改国号曰辽，裕为北方大国。

9. 西夏系何族？在今何地？与宋的关系怎样？

西夏系党项羌族，据今绥远、陕西一带，屡侵宋边，宋用韩琦、范仲淹等讨之，终不能胜，乃与成立和约：宋册元昊为夏国王，每岁并赐银绮茶绢各二十五万五千；夏奉宋正朔。

10. 北宋约金灭辽，南宋约元灭金，其结果怎样？

北宋迭遭辽的侵略，故约金灭辽，辽虽灭，而金人再起，更强于辽，掳徽、钦二帝北去，宋室被迫南渡。待蒙古（元）勃兴，南宋乃约元灭金，金虽灭，而元兵南下，宋乃被元所灭。

11. 金败宋后，曾建立何伪组织？

金败宋后的伪组织，初立张邦昌为楚帝，后立刘豫为齐帝，未几，即废除。

12. 南宋有何名将？各建何殊勋？

南宋抗金名将,有韩世忠、岳飞、虞允文等。韩世忠驻守淮水一带,大败金人于黄天荡(在江苏镇江附近);岳飞驻守鄂州一带,大败金人于朱仙镇(今河南开封县西南);虞允文大败金主亮于采石矶(今安徽当涂县西北二十里)。

13. 南宋亡时,有何民族英雄？

南宋亡时的民族英雄,有文天祥、陆秀夫等。文天祥竭力抵抗,被元所掳,不肯屈服,就义而死;陆秀夫当宋退守广东崖山,知力不能支,乃负帝昺蹈海而死。

14. 两宋有何外患？

北宋的外患为辽、金、西夏;南宋的外患为金、元。

15. 辽、夏、金等国汉化的情形如何？

辽夏金的汉化 ┬ 辽的汉化——太祖阿保机时,汉人教以增减隶书笔画作契丹文,未能通行,后辽室诸帝,均以通晓汉学著称
　　　　　　├ 西夏的汉化——元昊时,一切开国规模,全由汉人张吴二生所策划,且仿汉字造西夏文,谅祚更改用汉人仪节
　　　　　　└ 金的汉化——金的制作,几全盘汉化,金世宗曾说他的儿有不会女真字的,可见其汉化之深了

16. 两宋有何著名的理学家？

北宋著名的理学家,有周敦颐、邵雍、程颢、程颐、张载等;南宋著名的理学家,有朱熹、陆九渊等。

17. 宋朝理学兴盛的原因何在？

宋朝理学兴盛的原因：（一）佛教传入后，中印文化的融合；（二）道家自然思想的发达；（三）对于过去经学解释的怀疑，提出新的哲学范畴。

18. 朱熹与陆九渊的主张有何不同？

朱熹主张"道问学"，以读书穷理为主，认为宇宙间事物，一一细心体会过去，后来自然会豁然贯通的。陆九渊主张"尊德性"，以万物全备于心，只要扩充我们的心，一切即迎刃而解。

19. "浙东"派的主张怎样？该派有何主要人物？

"浙东"派反对空想，注重事功，故也叫"事功派"，主要人物为陈亮、叶适。

20. 宋代文艺方面有何名家？

宋代的文艺家 ｛ 散文家——欧阳修、曾巩、王安石、苏轼等
诗家——范成大、陆游等
词家——晏殊、柳永、周邦彦、辛弃疾、姜夔等
书家——苏轼、黄庭坚、蔡襄、米芾等
画家——米友仁、马远等

21. 略述宋代工商业的一般概况。

宋代手工业相当发达，且有工厂手工业，就中以瓷业为最进步，如"汝窑""定窑"都很有名。商业方面，因国外贸易的发达，货币甚流行，有所谓"交子""见钱关子"一类的纸币，都市发达的，有广州、泉州、明州（今浙江鄞县）设有"市舶司"，征收赋税，波斯、大食、南洋等国商人来贸易者甚众，他们的居留地叫作"蕃坊"。

22. 宋朝的社会现象怎样？

宋朝理学很盛，提倡名教，奖励妇女守节，有"饿死事小，失节事

大"的话,此后加与妇女的是无限的痛苦与束缚。当时商人与豪富的势力很大,常兼并田地,王安石曾想改革,但所行的"方田均税法",只是清丈土地,平均税则罢了,没有顾到土地的分配问题,结果小民流亡,富户也无所保障,社会经济因而崩溃。

第八章　元

1. 蒙古崛起于何地？至何时才最强大？

蒙古崛起于外蒙古斡难河源不尔罕山(肯特山),至铁木真成吉思汗时才最强大,就是蒙古太祖,为中国历史上武功最大的雄杰。

2. 试述蒙古盛时的武功。

蒙古武功,为中国历史上最盛时期,势跨欧亚两洲,雄视一世,如下表:

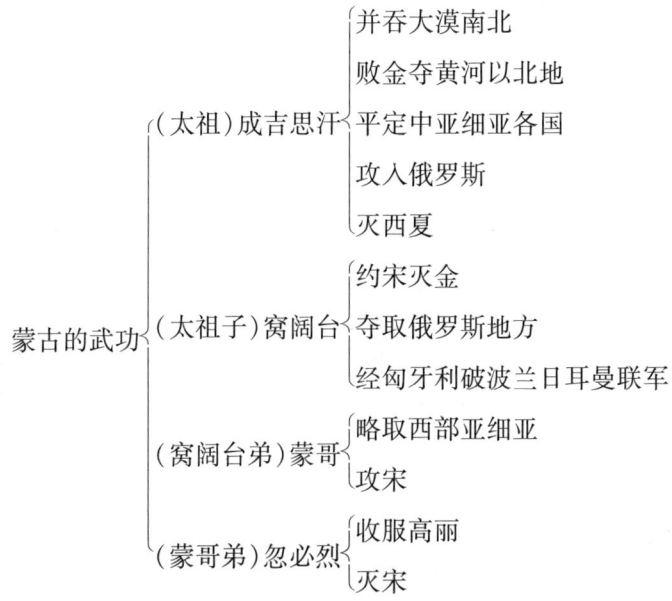

3. 元的武功既盛及一时,其版图的扩张怎样?

元的版图 { 东——高丽
南——喜马拉亚山
西——小亚细亚半岛和欧洲俄罗斯
北——西伯利亚

4. 元至何人始统一中国?统一的经过怎样?

元至世祖忽必烈才统一中国。蒙哥死,世祖即位,都于燕京(北平),改国号曰元。到了至元十五年(公元1279年),派兵攻宋,宋兵退守广东崖山,兵力不支,丞相陆秀夫负帝昺沉于海,宋乃亡,元始完全统一中国。

5. 元灭宋以后,怎样统治中国?

元对中国的统治政策:(一)分国人为蒙古人、色目人(指西域人)、汉人(灭金所得之人)及南人(灭南宋所得之人)四等,重要职务以蒙古人、色目人充任;(二)禁止南人挟持兵器,每十家设一甲长,以监视其行动;(三)汉人重儒,元偏轻儒,有"九儒十丐"之说;(四)他如喇嘛的横暴、官吏的贪污、将帅的掠夺,都是压制着汉人。

6. 欧人所称之"黄祸"是指什么?

欧人所称之"黄祸",即指元代武力扩充至欧洲,欧人受其影响甚大,以元为黄种人而称为"黄祸"。

7. 中国的行省制创于何代?

中国的行省制创于元代。

8. 元代中西陆路的交通怎样?

元代中西陆路的交通,分为两线:(一)经天山北路,出西伯利亚南部,以入俄罗斯国境;(二)经天山南路,出中亚细亚,经阿剌伯以至欧洲。

9. 元时外商来贸易者甚众,当时有何重要商埠?

元时因外商相率来中国贸易,特在上海、广州、泉州、温州、庆元(宁波)、杭州、澉浦等地设"市舶司",以征收关税,广州与泉州尤为当时世界驰名的大商埠,故更设"蕃长"以管理之。

10. 蒙古族的活动,对于世界文化的影响,有何明显的证据?

蒙古武力的扩张,几度攻入欧洲,因此中西交通日繁。中国的罗盘针、活字版、火药皆于此时传入欧洲,罗盘针与活字版经过阿剌伯人的媒介,火药则是蒙古第三次西征时直接传去,西方的天文算学,亦于此时传入中国。

11. 元时有何国著名的商人来中国? 著有何书? 有何影响?

元时意大利商人马哥孛罗(Marco Polo)来中国,在中国十余年,归后,著了一部《马哥孛罗游记》(*The Travels of Marco Polo*),盛称中国的富裕。因此引起欧洲人对中国的羡慕,乃努力开发航路。

12. 蒙古除大汗国在中国建立元朝以外,更有何四汗国? 试作表明之。

四大汗国 { 钦　察——咸海和里海以北,建立者术赤(太祖长子)
窝阔台——阿尔泰山一带和新疆北部,建立者窝阔台
察哈台——今锡尔河流域,建立者察哈台(太祖次子)
伊　儿——今阿母河以西,里海黑海以南,波斯湾以及阿剌伯一带,建立者旭烈兀(太祖孙)

13. 蒙古帝国分裂的情形怎样？

元世祖时，各汗国都已独立，不受中央政府的统治，渐成分裂的局面；帝国分裂后，除钦察汗国立国较久外。其余均不及百年，先后灭亡。

14. 略述蒙古帝国衰亡的原因。

蒙古帝国衰亡的原因：（一）蒙古无固有文字，文化落后；（二）蒙古人强悍长于战争，缺少组织力；（三）领土辽阔，民族复杂，不易统治；（四）汗国并列，分裂的局面容易形成；（五）因武力的强大，自己益骄傲贪残。

15. 元代文艺以何种为最盛？有何派别？各有何代表作品？

元代文艺，以戏曲为最盛，分为"南派""北派"。"南派"以高则诚的《琵琶记》为代表作品，"北派"以王实甫的《西厢记》为代表作品。

第九章 明

1. 我国民族革命首先成功者为何人？

我国民族革命首先成功者为朱元璋（明太祖），驱除蒙古族而建立明帝国。

2. 元末起来发难的有哪几人？明太祖是怎样统一的？

元末起来发难的，有方国珍、刘福通、张士诚、陈友谅等，待朱元璋以平民崛起，用刘基的计谋，剪灭江淮众雄，然后派大将常遇春、徐达等领兵北伐，把元顺帝赶回蒙古，定都应天（南京）成统一之业。

3. 略述明太祖开国政策。

明太祖的开国政策：（一）集权中央，加强君主势位；（二）笼络人才;(三)大加封建,以厚王室,(四)禁止宦官秉政与母后临朝。

4. 明太祖扩张君权有何事实?

明太祖扩张君权的事实:(一)"跪对",凡百官大臣朝见皇上,皆须跪下对答;(二)"廷杖",假使对旨有触皇上之怒,可以当廷杖责。君主的淫威,至此乃登峰造极。

5. 明太祖杀戮功臣的原因何在? 并兴何大狱?

明太祖的杀戮功臣,因为太子早死,太孙幼弱,恐功臣将来谋篡,故先加以剪除。先后兴"胡惟庸之狱"与"蓝玉之狱",株连者至数万人。

6. 略述"靖难之变"的原委。

明太祖鉴于宋元王室的孤立,乃分封诸子为王,以巩固皇家的系统,及惠帝立,诸王日益跋扈。惠帝与黄子澄、齐泰商量削藩,时燕王棣镇守燕京(北京),势力最大,乃起兵以杀黄齐清君侧为号召,建文四年(公元1402年)进攻应天,惠帝逃亡,不知所终,燕王棣即位,迁都燕京,是为明成祖。

7. 明成祖的武功怎样?

明成祖的武功 { 亲征鞑靼,削平北方外患
                征服安南,改置郡县
                遣使郑和下西洋

8. 郑和下西洋的动机经过及影响怎样?

郑和下西洋即俗所谓"三保太监下西洋",其动机经过及影响如下表:

郑和下西洋 ┤
- 动机——明成祖即位,因惠帝下落不明,特派郑和寻找
- 经过——游历南洋、印度洋、西洋各国。先后七次经四十余国,招谕诸蕃,三擒外族酋长,明声威大振
- 影响——从郑和交通南洋以后,东西互市大开。各国都来朝贡,中国人寄居南洋的也日多

9. 略述"土木之变"的经过。

明英宗时,北方瓦剌(鞑靼别部)强盛,正统十四年(公元1449年)也先倾兵大举南侵,英宗出居庸关亲征。到土木堡(今察哈尔怀南县西)为瓦剌所掳,明廷大震,咸主张迁都以避,于谦独反对,拥英宗之弟景帝即位,也先见无间可乘,乃送还英宗,与明议和,是为"土木之变"。

10. 何谓倭寇？怎样为明患？其后为何人所平定？

倭寇是日本的一种浪人,勾结中国沿海奸民为患,沿海各省皆遭其涂炭,江苏、浙江尤甚。到嘉靖时,始为戚继光、俞大猷等所平定。

11. 略述明与鞑靼的关系。

蒙古自被驱逐出塞后,不久即改称鞑靼,鞑靼别部瓦剌很强,造成"土木之患"(见前)。鞑靼自脱脱不花数传以后,分为数部,诸部中以俺答最强,属为明患,夺河套等地,后俺答崇信喇嘛教,迎活佛于青海,与明始相安无事。

12. 略述明与朝鲜的关系。

明时,日本权臣丰臣秀吉派兵攻入朝鲜,直逼鸭绿江,明属出兵援朝鲜,终不能胜,后丰臣秀吉死,日本才撤兵。

13. 明有何三大案？各发生于何时？

三大案 { 梃击案——发生于神宗时
　　　　红丸案——发生于光宗时
　　　　移宫案——发生于熹宗时

14. 明代有何党争？

神宗时，顾宪成、高攀龙等讲学东林书院（在今江苏无锡县），好批评时政，附和者甚众，称为东林党。与之对立者为"非东林党"，他们依附宦官势炎，囚杀东林党杨涟、左光斗等十三人，正人日去，明室益危。

15. 明太祖禁止宦官专政，后来宦官怎样取得政权？

太祖立国之初，禁止宦官专政，后因成祖得位，宦官有功，为所倚重，于是宦官势炎日甚；熹宗时宦官魏忠贤，尤无恶不作。

16. 明末有何著名流寇？

明末著名流寇有张献忠、李自成等。

17. 略述明末与清兵抵抗的经过。

自吴三桂领清兵入关破李自成后，清兵即据为己有，更加紧向明进逼。那时明福王由崧即位南京，守扬州的史可法忠勇抵御，然以兵力薄弱，扬州终被陷，南京失守。于是唐王立于福建，桂王立于肇庆，不久相继为清兵扑灭。江西杨廷麟又倡设忠义社，远近至者三万余人，与清兵战，可见当时民气的激昂了。

18. 明有何民族英雄可与宋文天祥比拟？

明民族英雄史可法的忠勇以身许国与宋文天祥相同。

19. 试述郑成功的功绩。

台湾原为荷兰人所占领，明末，郑成功驱逐荷兰人，据其地，奉明永历的年号。郑成功死,其子郑经袭职,至康熙二十二年(公元1683年)才被清兵所破。

20. 明时有何大学者来贵州?他的学说怎样?

明时大学者王守仁(阳明),因贬谪来贵州,居龙场驿(在今贵州修文县)。他主张"知行合一",以为"知是行之始,行是知之终。知而未行,只是未知",以人皆"良知良能",学者称为"王学"。

21. 明代传理学于日本者是何人?

明末理学家朱舜水避清兵,逃亡于日本,因此明之理学乃传播于日本。

第四编 近世史(清)

1. 略述欧人东来的动机。

因《马哥孛罗游记》出版以后,欧人多憧憬着东方的黄金世界,当十五六世纪,欧洲各国都在发展工商业,故他们的动机,一方面想攫取原料,另一方面想独占市场。

2. 新航线发现的原因与经过怎样?

原因:15世纪时,土耳其兴盛,东西交通受阻,欧人急在另觅新航路。经过:明宪宗成化二十二年(公元1486年),葡萄牙人发现非洲南端的好望角,明孝宗弘治十一年(公元1498年),又从好望角绕道印度,这时中西交通的新航线才被发现,后西班牙人哥伦布(Christopher Columbus)从欧洲横渡大西洋,乃发现美洲。

3. 欧人首附航路来中国者是何国何人于何年?

欧人首附航路来中国者,为葡萄牙人勒斐尔比斯特罗(Rafael Perestrello),时在明武宗十一年(公元1516年)。

4. 欧人由海道来中国通商者,何国最早?何几国次之?

欧人由海道来中国通商者,以葡萄牙为最早,西班牙较后,荷兰、英、法又在后。

5. 我国租地于外人，始于何时何地？

我国租地于外人，始于明嘉靖十四年（公元1535年），葡萄牙租我澳门。

6. 略述天主教的传入与西学的东来。

跟着商人和兵士而来的欧洲人，是传教士。当明万历九年（公元1581年），意大利传教徒利玛窦（Matteo Ricci）来澳门，在广东肇庆传教，学习中国语言，穿中国衣服，完全中国化。他后来到南京与士大夫交结，又在上海设立天主堂。然因利玛窦的传教，西洋科学乃因之输入，兹将输入的起因种类及影响列表如下：

西学之输入
- 起因——利玛窦见在中国传教不易，故借中国所缺乏的实际科学为传教的手段
- 种类
  - 数学
    - 《几何原本》
    - 《乾坤体义》
    - 《测量法义》
    - 利玛窦译著
- 火器
  - 制造原因——与满洲开衅，需用枪炮
  - 监造者——罗如望、阳玛诺等
- 历法
  - 修定大统历
  - 制造仪器
  - 由汤若望、南怀仁等担任
- 地理
  - 中国的——《皇舆全览图》——教士用经纬线实测而成
  - 世界的——《职方外纪》——艾儒略所著
- 影响
  - 当时士大夫如徐光启、李之藻等皆从利玛窦受学，自后西洋学术渐为我国人士所重视
  - 天主教信仰者日众，教士在内地益形猖獗，酿成以后许多国际交涉

7. 满人出于何族？原居何地？其最初建国者为何人？

满人本是金后裔,为女真族的部属,散居混同江一带,至努尔哈赤始强盛,自称为"汗",建元天命,改国号后金,这便是初建国的清太祖。

8. 满洲在哪一年才改国号为清？

清太祖死后,太宗皇太极即位,于明思宗崇祯九年(公元1636年)改国号为清。

9. 略述清统一中国的经过。

清太宗时,先平定内蒙古及朝鲜,太宗死,世祖顺治帝即位。顺治元年(公元1644年),流寇李自成攻陷北京,明思宗自缢。吴三桂因急欲破李自成,引清兵入关。清兵入关以后,逐渐剪除明室在南方的势力而统一中国。

10. 清入关后,汉人为之主持政务者为谁？

清入关后,用汉人洪承畴主持政务。

11. 清统一中国后,对付汉人的政策怎样？

对付汉人的政策：(一)高压政策,中央和地方的长官,都用满人主持,更任意圈占民田以给旗人,又屡兴文字狱,以消灭汉族的民族意识;(二)怀柔政策,设"博学弘词"科以笼络知识阶级,整勅吏治以安定社会。

12. 略述"三藩之乱"的经过？

清的统一中国,明朝降将的功绩甚大,清圣祖故封吴三桂为平西王,镇守云南;封尚可喜为平南王,镇守广东;封耿继茂为靖南王,镇守福建;称为"三藩"。康熙十二年(公元1673年),清廷恐其日大,命他们离藩归养。吴三桂乃举兵抗于云南,尚之信(尚可喜之子)、耿精忠(耿继茂之子)相继响应,结果皆为清兵所平定。这次事变经过约九年,蔓延长江流域、粤江流域及黄河流域的一部分。

13. 清代为什么要大兴"文字狱"？当时有何著名"文字狱"？

清代大兴"文字狱"的原因：（一）欲压制汉人民族思想；（二）由于清以异族入主中国，多怀猜忌。所兴著名大"文字狱"如下表：

清代的文字狱
- 康熙时
  - 庄廷鑨之狱——因《明史》稿中有排满语
  - 戴名世之狱——因《南山集》中有若三桂语
- 雍正时
  - 查嗣庭之狱——因"维民所止"试题
  - 谢济世之狱——因注《大学》，毁谤程朱
  - 陆生枏之狱——以著《通鉴论》，为托古泄愤
  - 吕留良之狱——因曾静讲吕氏文评，求川陕总督岳钟琪反
- 乾隆时
  - 胡中藻之狱——因诗有"一把心肠论浊清"句
  - 王锡侯之狱——因改《康熙字典》为《字贯》
  - 徐述夔之狱——因诗有"举杯忽见明天子""清风不识字"等句
  - 沈德潜之狱——咏牡丹诗中有"夺朱非正色，异种也称王"之句

14. 清代盛时武功怎样？

清代盛时武功
- 太宗——征服朝鲜，并有内蒙古（未入关以前）
- 世祖——灭明统一中国
- 圣祖——削平"三藩"，平定台湾，收服西藏及外蒙古
- 世宗——讨平青海，征服苗族
- 高宗——平定天山南北路、大小金川，并征服哈萨克、浩罕、阿富汗、尼泊尔、不丹、缅甸、安南等国为藩属

15. 清代盛时，东、西及西南有何藩属国？

清代盛时的藩属国：东有朝鲜，西有哈萨克、布鲁特、浩罕、巴达

克山、博罗尔、阿富汗及布哈尔,西南有尼泊尔、哲孟雄、不丹、缅甸、暹罗及安南。

16. 清代盛时的版图怎样？

清代盛时的版图之大,仅次于元代,其范围如下表:

清代盛时版图 { 东、南至于海 / 东北——库页岛 / 北——西伯利亚 / 西——葱岭

17. 准噶尔的来源怎样？清于何时始平定之。

元亡后,蒙古分漠南内蒙古、漠北喀尔喀蒙古、厄鲁特蒙古三大部,明时,厄鲁特蒙古被瓦剌所占领。瓦剌衰落,再分裂为四部。以准噶尔(今伊犁一带)为最强,康熙十二年(公元1673年),噶尔丹汗即位后更盛。康熙三十六年(公元1697年),圣祖亲征噶尔丹,大破于克鲁伦河附近,至高宗时,才完全平定,设将军于伊犁。

18. 青海于何时才归入中国版图？又系何人讨平？

青海于清世宗时才归入中国版图,因为青海罗卜藏丹津亲王与准噶尔的策妄阿布坦结合谋乱,世宗派年羹尧、岳钟琪讨平之。

19. 清欲使汉人满化,有何事实表现？为什么后来满人反而汉化？

清欲使汉人满化的事实:(一)勒令汉人剃发易服;(二)奖励汉人入旗籍。然因满文化不及汉文化,结果满人反而汉化。

20. 何人建议"改土归流"？收效怎样？

原来湘桂黔等地苗民,任其自选首领,叫作"土司"。乾隆时,云南总督鄂尔泰有"改土归流"的建议,即废除原有"土司",积极经营,

招服贵州生苗千余寨,广西云南诸土司也缴纳印信,而收行政统一之效。

21. 中国与欧洲各国缔结条约,与何国所订何约为最早？该条约的内容怎样？

中国与欧洲各国缔结条约,以与俄国订的《尼布楚条约》为最早,时在康熙二十八年(公元 1689 年)。该条约的内容,系议定中俄边界,西以额尔古纳河,东自格尔必齐河,以外兴安岭为界,岭南诸川流入黑龙江的,都属我国。

22.《恰克图条约》与何国所订？订于何时？内容怎样？

《恰克图条约》乃我国与俄国所订,时在雍正五年(公元 1727 年)。内容:(一)以恰克图为两国通商地;(二)俄国商人得三年一至北京,以二百人为限,居留不能超过八十日;(三)两国边吏,彼此查捕逃人,送还本国。

23. 清初对外有何平等条约？

清初对外的平等条约,为与俄国缔结的《尼布楚条约》与《恰克图条约》。

24. 清初英国怎样维持在中国的通商？交涉的经过怎样？

明神宗二十八年(公元 1600 年),英商在印度成立东印度公司,后又从葡人方面取得船舶出入澳门的权利,英商业在中国渐次发展。康熙二十三年(公元 1684 年),清廷许英人在广州设"商馆",英商以广州关税过重,再三请求,始许在浙江的舟山、宁波等地通商,中国又将这些地方的关税加重,英国虽每次派使臣交涉,没有效果。于是他们遂以舰队为发展商业的后盾,而引起鸦片战争。

25. 略述鸦片战争的起因、经过、结果及其影响。

鸦片战争
- 起因
  - 远因——英国请求改善通商,未能如愿以偿
  - 近因——林则徐焚烧英商鸦片二万二百余箱,并禁止入口
- 经过——道光二十年(公元1840年),英人以海陆军进攻广州、福建而犯浙江,陷定海,封宁波,进逼天津,清廷乃派琦善代林则徐职,不料琦善庸弱无能,时战时和,英兵复进逼南京,东南大震
- 结果——订立《南京条约》
  - 割香港
  - 五口通商(广州、福州、厦门、宁波、上海)
  - 赔款二千一百万元
  - 准许英人自由贸易,协定关税及居留地
- 影响
  - 鸦片不受阻碍大量地输入
  - 外商自由贸易于通商口岸
  - 法美等国继起效尤与中国订约通商
  - 《南京条约》是中国外交上一切不平等条约的原始

26. 我国割地赔款,始于何次所订条约?

我国割地赔款,始于鸦片战争所订的《南京条约》。

27. 略述太平天国的起灭与失败的原因。

道光三十年(公元1850年),两广大荒,更兼鸦片战争对外失败的影响,洪秀全等乘机聚众起兵于广西桂平县金田村,翌年建号太平天国,自称天王,由广西下湖南、湖北、江西、安徽,遂占江宁(南京),定为国都,改名天京,自起事至灭亡约十五年,经历十六省。其失败的原因:(一)诸王互争政权,内讧太甚;(二)上帝教教义不合中国礼教;(三)许多制度违反了豪族阶级的利益;(四)遇劲敌——湘军;(五)欧美各国因战争妨碍商务,放弃中立态度。

28. 太平天国建国后有何开明的制度？

太平天国建国后的制度：（一）建均田制，禁止土地私有；（二）更改历法；（三）不许私藏金银；（四）禁烟戒酒；（五）禁止妇女缠足、卖娼、置妾、贩奴。

29. 太平天国的首领是谁？有何重要将领？

太平天国的首领是洪秀全，重要将领有杨秀清、萧朝贵、冯云山、韦昌辉、石达开等。

30. 何谓湘军？有何重要将领？

太平天国起，各地办团练自保，曾国藩奉命在湖南招练乡勇，组成湘军。"湘军"重要将领除曾国藩外，还有左宗棠、胡林翼、曾国荃、彭玉麟、罗泽南、江忠源等。

31. 试述白莲教的起因及其起事经过。

清统一中国后，虽尽力压制汉人的反抗运动，但民族思想的潜力依然存在。民间多组织秘密会社，以信仰宗教为名，白莲教即这种秘密会社最著的一种。起初安徽白莲教徒刘之协图谋起事，清政府搜捕刘之协，株连的达数千人，于是白莲教徒纷起事，蔓延鄂川陕甘豫五省，经历九年才平定。

32. "捻党"起于何地？首领是何人？怎样平定的？

"捻党"初起于山东，首领为张洛行，当太平天国陷南京时，与之呼应，蔓延数省，到同治七年（公元1868年），为李鸿章所领的淮军讨平。

33. 略述云南回乱与西北回乱的经过。

云南回乱，起于咸丰五年（公元1855年），回民杜文秀，占据大理，声势日大，后为岑毓英平定。西北回乱，起于同治二年（公元1863年），糜烂陕甘二省，并引浩罕兵入寇，阴和英俄土诸国通使，想建立一回教国，为左宗棠所平。

34. 新疆省为何时所建？

西北回乱平定后，光绪八年（公元1882年），因刘锦棠的建议，合并天山南北路，改设为新疆省。

35. 我国借外债始于何时？

我国借外债，始于同治年间。因平回之役，借外债以充军饷。

36. 太平天国及捻、回等役，对于清室政权有何影响？

太平天国及捻、回等役，先后由湘军与淮军平定。因此湘军、淮军皆起而当国防的重任，清朝的兵政大权渐移入汉人手中，而埋伏了驱逐鞑虏的基石。

37. 试述"英法联军之役"的起因及结果。

"英法联军之役"的起因：远因，乘我国太平天国之乱，又因《南京条约》开广州为商埠，广州人民阻止英商入境；近因，咸丰六年（公元1856年），广东搜查挂英国旗的中国商船，并拔去其旗。至于法国，则因西林杀法教士。因此英法两国组织联军，攻陷广州，更北上攻陷天津大沽炮台，结果缔结《天津条约》以和。

38.《天津条约》系与何国缔结？该条约的要件怎样？

《天津条约》系我国与英法缔结（见上题）。该条约的要件：（一）允许教士入内地传教，外人商船可以自由航行内河；（二）开牛庄、登州、台湾、潮州、琼州等地为商埠，俟太平军平定后，许在长江沿岸选三口通商（后开镇江、九江、汉口）；（三）在华英法人民讼案，归英法领事审判；（四）赔英款四百万两，法款二百万两。

39.《天津条约》影响中国主权的有何要点？

《天津条约》影响中国主权的：（一）领事裁判权的确定；（二）开外国商船航行内河的先例，后军舰亦与商船享受同等权利。

40. 为什么缔结《北京条约》？该条约的要件怎样？

《天津条约》订立的明年，英法公使来北京换约，被清兵击阻而退，于是战云重起，联军进占大沽天津，并攻陷北京，文宗逃避热河，因俄使的调停，乃结《北京条约》以和，该条约的要件：（一）实行《天津条约》；（二）增开天津为商埠；（三）割九龙与英；（四）赔款，英增为一千二百万元，法增为八百万元。

41. 《瑷珲条约》订立的经过及其内容怎样？

俄国也趁着太平军、英法联军和回乱的机会，侵略我国东北和西北的边境，咸丰八年（公元1858年），俄出兵迫胁清廷，会议于瑷珲，订立《瑷珲条约》。其内容：（一）割外兴安岭以南黑龙江以北的土地给俄；（二）自乌苏里江以东抵海的地方，中俄共管；（三）黑龙江、松花江、乌苏里江航行权，也归中俄共管。

42. 中俄《北京条约》订立的原因及其内容怎样？

中俄《北京条约》的订立，由于英法联军进占北京时，俄使居间调停，恃功要索，其内容：（一）开新疆的喀什噶尔为商埠；（二）乌苏里江以东地，割与俄国。

43. 略述《伊犁条约》订立的经过，及改订条约的内容。

同治十年（公元1871年），俄人借口回乱，为维持商务，派兵占据伊犁。回乱既平，清廷派崇厚赴俄交涉，俄多方要挟，成立条约。后由英国调停，另派曾纪泽使俄改订该约，其内容：（一）偿俄金九百万卢布；（二）收回伊犁；（三）割霍尔果斯河以西地与俄。

44. 试述中法之战的经过。

光绪八年（公元1882年），法派兵攻越南（安南），越南不得已与法订约，承认为其保护国。清廷命刘永福、岑毓英领兵击法军，光绪十年（公元1884年），中法乃发生第一次战争，清兵不利，乃与法订立合约，承认越南为其保护国。待法来接收谅山，中国军队未得撤兵命令，致相冲突，于是法以海陆大军向中国进攻，发生第二次中法战争。后在天津订约，承认法与越南所订的一切条约。

45. 中法之战，与法订和约，有何错误？

中法第二次开战，起初是法国胜利，后来法渐不支，海军方面被刘铭传所败，陆军方面为冯子材所败，当时法在欧洲又败于德，所以对我急于议和。清廷不明战况与外势，贸然接受英使调停，订立失败和约，这是其大错。

46. 中法《天津条约》订于何时？内容怎样？

中法《天津条约》订于光绪十一年（公元 1885 年），除承认越南为法保护国外，更订充约，开龙州、蒙自、蛮耗为商埠。于是法的势力渐由越南侵入云南。

47. 越南、缅甸、暹罗均为我藩属，怎样丧失的？

光绪十一年（公元 1885 年），在天津缔结中法媾和条约，承认法为越南的保护国。道光末年，英兵攻缅甸，自是南部属英；英后恐法国势力扩张，乃于光绪十二年（公元 1886 年），全并缅甸。光绪十九年（公元 1893 年），暹罗在英法二大势力掩护之下，又离我独立。

48. 略述中日"甲午之战"的经过。

光绪二十年（公元 1894 年），朝鲜有东学党之乱，照《天津条约》，中日共同派兵平乱。乱平，日本不肯撤兵，更乘我不备，袭击牙山驻军，清廷仓皇应战，失利。日兵连陷大连湾、旅顺口各地，并侵入山东，威海卫各要口也失落，我国黄海舰队完全消灭。因这年的干支是甲午，故称"甲午之战"。

49.《马关条约》为何订立？该条约的要件怎样？

《马关条约》即因"甲午之战"，清失败，派李鸿章为全权大臣，渡海至马关,和日本伊藤博文订立之和约,该条约之要件:(一)承认朝鲜为自主国;(二)赔偿日本军费二万万两;(三)割辽宁、台湾和澎湖列岛给日本;(四)开沙市、重庆、苏州、杭州为商埠;(五)日本人民在中国各通商口岸,得自由从事各种工业制造。

50. "甲午之战"对于中日有何影响?

"甲午之战"的影响,我国国际地位一落千丈,日本乃一战而为世界强国。

51. 俄、德、英、法各在中国强租些什么地方?

(一)俄租旅顺、大连湾;(二)德租胶州湾;(三)英租威海卫及九龙司;(四)法租广州湾。

52. 列强在中国的势力范围怎样造成?各划何势力范围?

自鸦片战争,我国对外节节失败,列强租借港湾,图谋发展,因此各自造成一势力范围,其势力范围的分配如下表:

各国势力范围 { 俄——东三省 / 德——山东省 / 日——福建省 / 英——长江流域 / 法——广东、广西、云南

53. 日本的"大陆政策",发端于何时?建基于何时?主要目的为何?

日本的"大陆政策",发端于"明治维新"时,建基于"甲午之战",目的为侵略中国大陆的传统政策。

54. "开放中国门户宣言"是何国发端的?命意如何?后来发生什么影响?

"开放中国门户"是美国发表的,因为英、俄、德、法等列强皆在中

国划定势力范围,美恐中国市场全被他们垄断,有碍自己工商业的发展,故提出是项宣言,使各国的工商业机会均等。当时列强也觉得彼此有冲突的危机,先后赞同美国的主张,我国便于列强均势之下,得免瓜分的惨祸。

55. 试述"维新运动"产生的原因。

维新运动产生的原因:(一)对外屡次失败,感物质的不如人,故曾国藩、李鸿章等提倡洋务;(二)欧西学术思想日益输入,始知他们有更好的政治制度及精神文化,故康有为、梁启超等主张革新更烈。

56. "戊戌政变"的经过怎样?

光绪二十四年(公元 1898 年即戊戌),德宗(光绪)起用康有为、梁启超等变法图强,并引拔许多新派人物,一时大有振兴气象,但因慈禧太后及旧党的反对,完全失败,康梁逃亡国外,谭嗣同等六人被害,维新政治仅昙花一现。

57. 清末主张革新者有哪两派?各派的首领是谁?主张有何不同?

清末的革新者,有"立宪派"与"革新派"。"立宪派"的首领康有为,主张保存清室,实行变法维新,也称"保皇党";"革新派"的首领孙中山,主张推翻清朝,建立民国,也称"革命党"。

58. "义和团"产生的时代背景为何?有何口号相号召?

"义和团"产生的时代背景,因"戊戌政变",列强袒护维新人物,旧党仇外心理更甚,加之各国传教士的猖獗,他们在这样情形下产生了,以"扶清灭洋"的口号为号召,因此酿成"八国联军之役"。

59. "八国联军"是哪八国组成的?这次战争的直接起因与经过怎样?

"八国联军",即英、美、德、法、俄、日、意、奥八国组织的。直接起因:由于"义和团"排外的猖獗。经过情形:各国公使向清廷责问"义和团"的排外,不得要领,因此八国组织联军,由大沽攻陷天津、北京,更分兵南至正定,北至张家口,东至山海关,光绪二十七年(公元1901年)议和于北京,订立《辛丑和约》。

60.《辛丑和约》中有何要件?

《辛丑和约》的要件:(一)赔款四万万五千万海关两;(二)分派亲王大臣向德日谢罪;(三)使馆界内,各国得常驻戍兵;(四)毁大沽炮台,津京间至山海关等处,许各国驻兵。

61.八国联军入京,东南各省怎样采取一致行动?

八国联军入京,东南方面,由两江总督刘坤一发起,联合各省,不奉乱命。与各国领事订立互保条约,东南赖以安全。

62.日俄战争的起因与结果怎样?

日俄战争的起因:远因由于俄人干涉日本归还辽东,近因由于俄人占领东三省,不实施撤兵的诺言,因此战端乃起,结果日本得英国的暗助,俄国大败。1905年,由美总统的调停,媾和于美国朴资茅斯(Portsmouth),订立《朴资茅斯条约》。

63.日俄战争影响于我者怎样?

日俄战争影响于我者,不仅划辽东为战区,他如库页岛的割让、朝鲜的放弃、东三省利益的划分、旅顺大连的转租,皆有我国主权在内,日俄不邀我参加,擅自取夺我主权,轻视孰甚。

64.略述中英片马的交涉。

自英占我缅甸后,中英滇缅分界的问题遂起,宣统二年(公元1910年),英突以兵占我云南片马,并声言高黎贡山以西的地方,均为英领土,历经交涉,终无效果。(现定民国卅一年元月中英重划滇缅未定界线。)

65. 何谓"半殖民地"？我国是怎样沦为半殖民地的？

"半殖民地"言其无宗主国的保护，尚不及完全的殖民地，我国自鸦片战争以后，列强以武力的经济的侵略，使我沦为"半殖民地"。

66. 清代的兵制怎样？

清初设"旗兵"和"绿营"，"旗兵"分满洲八旗、蒙古八旗、汉军八旗，后"旗兵"与"绿营"废弛，代之而起的为"勇营"，"勇营"不可恃，又募壮丁来充当，叫作"练兵"，光绪三十三年也行过"征兵制"。（参看第六编"八旗"条、"绿营"条）

67. "厘金"产生于何时？废于何时？

太平天国之役，清廷征收厘金，充作军饷，是为征收厘金的起始，至民国二十年（公元1931年）1月1日才废除。（参看第六编"厘金"条）

68. 清初"四大学者"是谁？

清初四大学者，为顾炎武、黄宗羲、王夫之及颜元。

69. 清代"朴学"是怎样盛的？有何著名的朴学家？

"朴学"的兴盛，因鉴于宋明以来理学的空洞（尤其是王学），乃转而讲求经世致用的学问。当时著名的朴学家，如清初"四大学者"（见前）及惠栋、戴震、万斯同、全祖望等。

70. 何谓《四库全书》？编撰于何时？

包括经、史、子、集四种，故称为《四库全书》，编于清乾隆年间。

71. 略述清代"今文学派"的开创及影响？

清的"今文学派"，开创于庄存与，发扬于刘逢禄，后来影响于政治甚大，康有为承合"三世""大同"诸说，成为"维新运动"的基础理论。

72. 略述清代文艺。

清代文艺
- 散文家
  - 桐城派——方苞、姚鼐
  - 阳湖派——恽敬
  - 湘乡派——曾国藩
- 诗家——吴梅村、王士祯、钱谦益、袁枚、黄遵宪
- 词家——朱彝尊、陈维崧、纳兰性德
- 书家——邓石如、何绍基、沈曾植
- 小说家——曹雪芹(著《红楼梦》)、吴敬梓(著《儒林外史》)、蒲松龄(著《聊斋志异》)、林纾(翻译西洋小说)

第五编　现代史（中华民国）

1. 试述兴中会和同盟会的起源。

兴中会与同盟会是"辛亥革命"的原动力。兴中会组织于光绪二十年（公元1894年），孙中山联合国内三合会、哥老会、洪门会等秘密会社为基础，成立于檀香山；同盟会组织于光绪三十一年（公元1905年）。自兴中会成立，宣传三民主义，留日学生大为感动，多组织革命团体，如黄兴、宋教仁等的华兴会，章炳麟、蔡元培的光复会，孙中山为集中革命力量，因将各会联合，在日本东京改组为同盟会。

2. "辛亥革命"有何原因？

"辛亥革命"的爆发，远因——（一）汉人受满人压迫太深，起而排满；（二）清政府腐败，外力压迫益急，人人自危。近因——清政府厉行铁路国有政策。

3. 铁路国有案的经过怎样？

清末，盛宣怀为投合皇族内阁集权的心理，请厉行铁路国有政策。因大借外债，把粤汉、川汉两铁路收为国有，四川、湖北、湖南、广东等省绅民，群起反对，于是铁路国有政策一变而为"辛亥革命"的导火线。

4. "武昌起义"与民国成立的经过怎样?

革命党人,自广州失败后,乃转移目标,向武昌活动,恰因铁路国有案,四川兵变,清廷命端方从湖北带兵入川,湖北空虚,革命军便乘机起事,于辛亥10月10日(公元1911年),占领武汉,推黎元洪为鄂军都督。各省亦纷纷响应,后各省代表会议于南京,推孙中山为临时大总统,成立中华民国政府。

5. 试述"二次革命"的始末。

袁世凯被举为临时大总统以后,操纵大权,擅借外债,扩充势力,又压抑国民党,暗杀宋教仁,于是李烈钧首在湖口起兵讨袁,江苏、安徽、湖南、广东、福建等省相继响应,但因势力不足而失败,是为"二次革命"的始末。

6. 袁世凯帝制运动的经过怎样?

"二次革命"失败,袁世凯的势焰益凶,解散国民党,放逐国民党的议员。暗令杨度等组织"筹安会",于民国四年(公元1915年)12月实行称帝,改元洪宪。幸蔡锷等起义云南,各省响应,袁氏迫于情势,乃于明年取消帝制。

7. 云南起义者是谁?为什么事?

云南起义者是蔡锷,为推翻袁世凯帝制。(详情见上)

8. 拥护宣统复辟者是何人?经过怎样?

拥护宣统复辟者为张勋。民国六年(公元1917年),黎元洪免段祺瑞职,复召张勋入京调解。张勋到了天津,强迫黎元洪解散国会,与康有为等拥宣统复辟,后为段祺瑞等讨平。

9. 略述"参战问题"的经过。

黎元洪就任大总统后,当"欧战"正酣,美国联合我国对德绝交,段祺瑞主张参战。黎元洪和国会主张慎重,因免段祺瑞国务总理职,待段讨平张勋复辟之役,冯国璋入京为大总统,召集临时参议院,通过对德宣战案。

10. "护国之役""护法之役"各指何事件？

"护国之役"即指蔡锷起义云南,推翻袁氏帝制的事件。"护法之役",即民国六年(公元 1917 年)黎元洪去职,冯国璋、段祺瑞执政,召集临时参议院,修改国会组织法；孙文、唐继尧、程璧光等旧国会议员,在广州召集非常会议,起兵护法。

11. 试述"北洋军阀"的来源,后分何系别？

"北洋军阀"始于袁世凯的"北洋军",袁世凯死后分为直系和皖系。

12. 直皖战争的主要人物是谁？并略述其经过。

皖系首领为段祺瑞,直系首领为冯国璋。民国九年(公元 1920 年)直系结合奉系,对皖系进攻,皖系失败,北方政权,遂由奉系直系平分春色。

13. 奉直战争的主要人物是谁？并略述其经过。

奉系首领为张作霖,直系首领为吴佩孚,自直皖战争后,直系势力大增,奉系心生忌意,民国十一年(公元 1922 年),两系宣战,奉系失败,张作霖出关拥东三省独立,是为第一次"奉直战争"。张作霖既常怀报复,吴佩孚又想克服关外,因于十三年(公元 1924 年)复开战,直系因冯玉祥的倒戈而失败,曹吴下野,段祺瑞再执政,是为第二次"奉直战争"。

14. 外国银行团成立的经过怎样？

光绪末年,外国银行团由英法所组织,宣统年间,英、美、德、法成立四国银行团。民国元年(公元 1912 年),日、俄加入为六国银行团,他们的目的在获得中国财政的监督权。民国二年（公元1913年），美国以其妨害中国自由，乃宣布退出。

15. 略述"五九国耻"的原委。

民国四年（公元1915年）1月，日本向我国提出"二十一条"，迫我承认，袁世凯因即欲称帝，竟于5月9日正式签字，是为"五九国耻"。

16. "二十一条"的主要内容怎样？

"二十一条"的主要内容：（一）是要掠夺我山东境内从前德国所攫取的胶济铁路、矿山、租借地的让与权；（二）是要划定我国满蒙为日本势力范围；（三）是要攫取蒙回藏公司产业的处分权利和附近铁山开采权；（四）是要我国沿海港屿概不让于他国；（五）是胁迫我国聘请日人为军、警、政、财，交通、文化等项事业的顾问。

17. 巴黎和会我国有什么提案？

"欧战"告终，民国八年（公元1919年）开和平会议于巴黎，我国派陆征祥、顾维钧等出席会议，提出的议案：（一）由德国直接交还在山东的一切权利；（二）取消日本提出的"二十一条"；（三）取消列强在中国不平等权利。

18. 巴黎和会，我国提出的议案结果怎样？何以会失败？

巴黎和会不但没有意思取消列强在中国的不平等权利，并承认德国攫取山东的一切权利转让给日本。因为英法袒护日本，日本更乘意国退出的机会，多方要挟，各国竟迁就通过，我国代表乃拒绝签字。

19. 五四运动的原因、经过及影响各如何？

五四运动
- 原因——巴黎和会山东问题失败,激起全国的愤怒,尤其是青年学生
- 经过——民国八年5月4日,北京各校学生五千余人,举行示威运动,请求罢免章宗祥、曹汝霖、陆宗舆,全国学生及上海工商界的响应,政府乃罢免三人,以和缓民众
- 影响
  - 开扩大民众运动的先声
  - 促进新文化运动的发展
  - 唤起中国思想界的革新

20. "五四"时候,思想有何转变?

"五四"时候,思想界的口号是打倒"孔家店"。国外各种"派别"、各种"主义"皆先后移植到中国来,于是"儒教"在思想界就失去了支配的地位。

21. 美国召开"华盛顿会议"的原因何在?与我国有何关系?

美国召开"华盛顿会议"的原因:(一)日本垄断中国利益,违背美国的门户开放政策;(二)军备缩减问题。对我国的关系:议决,尊重中国的主权独立及领土和行政的完整。

22. 俄国侵略蒙古的情形怎样?

辛亥革命时,蒙古因俄人的诱惑,初则独立,继改自治;后来俄国革命,蒙古又自动撤消其自治;民国十年(公元1921年),得俄国的援助又另成立政府;民国十三年(公元1924年),中俄成立协定,俄虽承认蒙古为中国的领土,但事实上蒙古的军政大权,仍为俄人所把持。

23. 英国侵略西藏的情形怎样?

清末年,英人即向我西藏侵略,民国元年(公元1912年),暗助达赖独立;民国六年(公元1917年),迫我政府承认西藏自治;民国十二

年(公元1923年),领兵入西藏,逐走班禅,把持西藏政治。

24. 说明各国在华的惨杀案。

(一)"五卅惨案"——民国十四年(公元1925年)5月,上海日商枪杀中国工人顾正红,各校学生到处演讲,以唤起国人的注意。5月30日,上海公共租界捕房乃捕拘演讲者数人,枪杀四十五人,政府迭经交涉,均无结果。

(二)"六一一惨案"或"汉口惨案"——民国十四年(公元1925年)6月11日,汉口工人和英人太古公司船员发生冲突,激起罢工风潮,英租界调海陆军布防,当场枪杀工人八名,伤数十人。事后英人反向我国抗议,谓中国人排外,危及外人财产,谓中国政府注意。

(三)"沙基惨案"——"五卅惨案"消息传到广州,民情大愤,是年6月23日举行示威游行,聚众行至沙基,英法兵士开枪射击,死伤甚众,因此广州和香港的工人罢工,并封锁粮食,英人大困,此后对华外交方式也就改变了不少。

(四)"五三惨案"——民国十七年(公元1928年)5月3日,革命军进攻山东时,日本突派兵来华,杀害我军民万余人,借以阻碍革命军的进展,明年5月,日本始分批撤兵。

(五)"万宝山惨案"——民国二十年(公元1931年)6月,吉林万宝山地方的朝鲜农民,受日人指使,建筑高坝,毁我农民田,后又用机关枪扫射我民众,以期扩大事变。

25. 试述"南京事件"的经过。

民国十六年(公元1927年),国民革命军克复南京,发生军警搜劫南京英、美、日等国领事馆,各国侨民也受了影响,当时英美的军舰就向城内开炮轰击,死伤甚众,损失很大,是为"南京事件"。

26. 略述国民革命北伐的经过。

孙中山死后,广州国民政府秉其遗教,于民国十五年(公元1926年)7月,誓师北伐,蒋中正任总司令,自广东出发,所向克捷,不一年,东南皆平定,乃定都南京;民国十七年(公元1928年)6月,败走张作霖,克复北平,全国统一。

27. 国民政府怎样建立?所在地有何变迁?

民国十四年(公元1925年)7月1日,国民政府正式成立于广州,改大元帅制为委员制,委员会设主席一人。所在地的变迁,北伐胜利后,由广州移至武汉,旋乃定都南京。

28. "辛亥革命"与"国民革命"的意义有甚不同?

"辛亥革命"在驱逐满清,是为民族革命;"国民革命"在完成统一,铲除军阀。

29. 我国关税自主始于何时?

民国十八年(公元1929年)2月1日起,实行国定新税则,是为关税自主的开始。

30. 略述收回租界运动的经过。

列强在我国各通商口岸遍设租界,欧战后,德、奥租界,由我收回;苏联革命成功,退回帝俄时代的租界;民国十六年(公元1917年),国民政府由广州迁至武汉,汉口民众庆祝北伐胜利,民情十分激动,租界感不能维持,我国军警开入接收;以后九江、镇江、厦门的英租界,天津的比租界,皆先后收回。

31. "九一八"事变的经过怎样?

民国二十年(公元1931年)9月18日,日人炸毁南满铁路,诬为我国所为,借口向我沈阳驻军进攻,不数日即占我吉林、辽宁二省,11月占领黑龙江。我军退出锦州后,东三省乃沦陷于日人之手。

32. "一二八"战事的经过怎样？

民国二十一年（公元1932年）1月28日，日本假僧人冲突的事件，突向我上海闸北驻军进攻。经我军奋力抵抗，迁延两月，至5月5日，成立停战协定，日军始陆续撤退。

33. "九一八"和"一二八"我有何英勇抗日战绩？

"九一八"，日军向黑龙江进攻，马占山奋勇抵抗，嫩江桥之役，大败日军。

"一二八"，我十九路军坚守阵地，日军几度增援，终不得逞。

34. "西安事变"是怎样一回事？当时民情怎样？这种民情有何因素在内？

"西安事变"，即民国二十五年（公元1936年）12月，陕西驻军劫持全国军事委员会委员长蒋中正的事件。当时民情激烈，共声讨逆，及委员长出险，全国皆欢欣鼓舞。这种民情，（一）由于寇深国危，民族情绪的高涨；（二）大家都不愿意国内再形分裂，自己流血。

35. 略述"七七事变"与"八一三事变"。

民国二十六年（公元1937年）7月7日，日军借口卢沟桥一日兵失踪，即向我进攻，占据北平、天津等地。我国上下一心，在蒋委员长领导之下，乃揭起了抗日统一的旗帜，是为"七七事变"或"卢沟桥事件"。同年8月13日，日军又借口"虹口事件"，向我上海进攻，是为"八一三事变"。

第六编　名词汇释

（以首字笔画为次序）

1. 一条鞭法

明初的税法，分"田赋""丁役""土贡"等项，自神宗万历年间，将"丁役""土贡"并于"田赋"，皆计亩征银，号为"一条鞭法"。

2. 七雄

经春秋长期的并吞，至战国，只余秦、楚、燕、齐、韩、赵、魏等七国，史称"七雄"。

3. 八股

应科举考试的文体，"股"即对偶的意思，以经义为范围，始于明宪宗成化年间，至清末才废除。

4. 八旗

满洲户口，皆以兵籍编制，分正黄、正白、正红、正蓝、镶黄、镶白、镶红、镶蓝八旗。镶黄、正黄、正白为上三旗，镶白、正红、镶红、正蓝、镶蓝为下五旗。蒙古人、汉人归附的，又分设蒙古八旗、汉军八旗。

5. 九州

世传帝喾始划定九州，即（一）冀（今山西全部、河南北部、河北南部);(二) 兖(今河北东南部、山东北部);(三) 青(今山东中部以南);(四) 徐(今山东南部、江苏安徽北部);(五) 扬(今淮水以南,为江苏、安徽境);(六) 豫(今河南大部、湖北北部);(七) 荆(今湖北南部,及湖南全部);(八) 雍(今陕西甘肃南部,及四川全部);(九) 梁(今陕西甘肃大部)。至舜时,分出冀的北部为并,东北为幽,青的东北为营,共十二州。禹又恢复原有"九州"。

6. 九卿

三代皆设九卿。周的九卿,为少师、少傅、少保、冢宰、司徒、宗伯、司寇、司马、司空。秦以奉常、郎中令、卫尉、太仆、廷尉、典客、宗正、治粟内史、少府。以后各代多沿用此制,名称迭有变更。

7. 九黎

太古少昊氏时的诸侯,即三苗氏,因其种族繁多,多称为"九黎"。

8. 九品中正

是一种考选制度。三国魏文帝时,陈群所创,即州郡皆设"中正"官,区别当地人才,分为上上、上中、上下、中上、中中、中下、下上、下中、下下九个等级为标准,吏部据以铨授。此后至隋文帝开皇年间才废除。

9. 九国公约

民国十年(公元 1921 年)11 月,"华盛顿会议"后,中、美、英、法、日、比、意、荷、葡九国订的公约,故称为"九国公约"。其内容最重要是尊重中国之主权独立及领土与行政的完整及维持各国人民在中国全领土内之商业机会均等主义。

10. 三公

官制,职务在辅佐皇帝,经纬国事,然无实权,仅顾问而已,周以太师、太傅、太保为"三公",汉以丞相、太尉(后改大司马)、御史大夫

(后改大司空)为三公。

11. 三代

即夏、商、周三代。

12. 三省

唐代官制,即门下省、尚书省、中书省,三省长官,均为宰相。

13. 三晋

春秋末年、韩、赵、魏三家分晋,史称为"三晋"。

14. 三合会

清末秘密会社之一,又名天地会,成立于康熙十三年,乾隆时党首林爽文率众为乱,道光以后,流传于民间更广。

15. 三司使

宋初设置"三司使"。和现在的财政部门相似,当时为"计相","三司"即指盐铁、度支、户部。

16. 大食

国名,即阿剌伯帝国。回教始祖穆罕默德所创,强盛时,奄有亚洲西部、非洲北部及欧洲的西班牙,后分为二:建都于亚洲报达[1]者为黑衣大食,被蒙古所灭;建都于西班牙哥尔多华[2]者为白衣大食,被今之西班牙所灭。

17. 大秦

我国旧称罗马帝国为"大秦"。

18. 女真

种族名,居鸭绿江与松花江之间。鞑靼苗裔,宋时的金人及后的

---

[1] 即巴格达。
[2] 即科尔多瓦。

清人,皆属是族。

19. 口分田

唐行"均田制",丁男年十八以上,授田百亩,以二十亩为"永业",余为"口分",永业田得传给子孙,口分田于死后收回,禁止买卖。

20. 五均

官名,等于现在的平价委员会,其目的在"使市无二价,四民常均"。王莽曾因旧制,于长安及五郡设五均官,行赊贷之法。

21. 五铢钱

汉武帝时所铸钱币,重五铢(每二十四铢为一两)。

22. 五斗米道

东汉张陵,自称有治病降魔的法术,从他学道的须禁酒,又须出米五斗,故当时称为"五斗米道"。(参看本编"道教"条)

23. 五代十国

五代即梁、唐、晋、汉、周,当时先后建国者十,即吴、南唐、闽、前蜀、后蜀、南汉、北汉、吴越、楚、南平。史称"五代十国"。

24. 五口通商

《南京条约》开上海、广州、福州、厦门、宁波五市为通商口岸,是为外人租地在中国通商之始。

25. 五胡乱华

五胡即匈奴、羯、鲜卑、氐、羌,自汉外族来降者,多迁徙内地,及晋,他们乘"八王之乱",相继称帝,分据中原,史称"五胡乱华"。

26. 五胡十六国

五胡乱华,先后建立十六个国家,故史称为"五胡十六国",十六国即前凉、后凉、南凉、西凉、北凉、前赵、后赵、夏、成汉、前燕、后燕、南燕、北燕、前秦、后秦、西秦。

27. 六艺

即《诗》《书》《易》《礼》《乐》《春秋》。礼、乐、射、御、书、数,亦称"六艺"。

28. 六朝

吴、东晋、宋、齐、梁、陈是为六朝。

29. 六部

(一)吏部,掌官吏的升降;(二)户部,掌赋税;(三)礼部,掌礼仪;(四)兵部,掌兵备;(五)刑部,掌刑罚;(六)工部,掌土木。立六部尚书始于隋唐,统于尚书省,元时改隶中书省,明太祖时,六部始独立。

30. 六君子

"戊戌政变",谭嗣同、康广仁、杨锐、林旭、刘光第、杨深秀等六人遇害,是为"戊戌六君子"。

31. 天可汗

唐贞观四年,西北君长上尊号,称太宗为"天可汗"。

32. 天宝之乱

又称"安史之乱",即安禄山、史思明反叛的事情,因产生于玄宗天宝年间,故称"天宝之乱"。

33. 元魏

北朝后魏的别称,以别于曹魏而言,后魏本为拓跋氏,孝文帝改姓元,故称元魏。

34. 屯田

以戍卒从事垦殖,始于汉代。后遂称屯戍所开垦的田地为"屯田"。

35. 井田制度

"井田"即将田划为九方,每方百亩,中为公田,其余八方分授八家,公田则八家共耕,不另纳税,成年授田,老年还田。此制相传创始于商朝,至战国时秦商鞅始废除之。

36. 文景之治

西汉文帝景帝两朝,国家殷富,社会平安,史称为"文景之治"。

37. 文学革命

民国六年,胡适、陈独秀等在《新青年》杂志上,为文鼓吹采用白话,反对文言,嗣后白话文始盛行,是为中国近代文学革命。

38. 今文古文

秦焚书策,汉初伏生口传《尚书》二十八篇,以汉隶写出,是为《今文尚书》。后鲁共王坏孔子旧宅所得,皆蝌蚪文字,是为《古文尚书》。

39. 氐

古时西南的一种游牧民族,晋时为"五胡乱华"之一。

40. 代田

代,易也,以一亩之地,分为三,岁易处种植,用力少而得谷多,故称为"代田",为汉赵过所创。

41. 北周

北朝宇文护篡西魏,史称北周,亦称后周,后为杨坚篡位而亡。

42. 北齐

东魏丞相高洋篡位,是为北齐,历五主,为后周所灭。

43. 北魏

即北朝拓跋魏,亦称后魏,至孝武帝,为高欢所逼,西奔长安,于是分为东西魏。

44. 北宋

宋自太祖后至钦宗,皆建都汴梁(开封),地位于北,故称"北宋",亦对"南宋"而言。

45. 北京人

民国十年,北平西南房山县周口店地方,发现一种原人遗骨,据人类学家的研究,这种人距今约五十万年至一百万年,定名为"北京人",又名"中国猿人"。

46. 市舶司

官名,掌外货海舶征榷贸易的事,犹后世的海关监督。唐始设市舶司于广州,宋增置于各处,至清才废除。

47. 平准

汉官名,专司均天下的输敛,贵的粜出,贱的籴进,平赋以相准,输归于京师,所以叫"平准"。《史记》有《平准书》。

48. 甲骨文

为殷代占卜时刻于龟甲及兽骨上的话,清光绪年间在河南彰德府之小屯(即殷虚故址)发现,为研究上古史的宝贵材料。

49. 奴隶社会

即贵族阶级把大多数人民视为私有产物,有宰杀权、转让权,而整个社会的生产事业被他们(奴隶)决定着,故称为"奴隶社会"。欧洲罗马时代这种情形特别明显,中国方面,有谓商代是"奴隶社会",然尚不能充分证明。

50. 半殖民地

清末以来,中国在列强势力压迫之下,任人宰割,反不如殖民地国家尚有宗主国的保护,故称"半殖民地"。

51. 玄学

即幽奥名理的玄谈,演老庄学说绪余,盛行于魏晋时候。(参看本篇"清谈"条)

52. 玄武门之变

唐高祖平定天下,秦王世民(太宗)的功居多,太子建成不安,联接齐王元吉欲除世民,世民探悉,率兵伏于玄武门,杀建成与元吉,是为"玄武门之变"。

53. 西周

周自武王至幽王,建都镐京(长安西北距丰邑二十五里),是为西周。

54. 西汉

汉高帝既定天下,都于长安,历十二帝。至孺子婴,为王莽所篡,是为西汉。

55. 西晋

晋武帝篡魏后,都于洛阳,及刘曜、石勒陷洛阳、长安,携怀、愍二帝北去,是为西晋。

56. 西魏

北魏孝武帝被高欢所逼,西奔长安,是为西魏,后为宇文觉篡位而亡。

57. 西夏

国名,本姓拓跋,唐赐姓李,世为夏州节度使。宋时,李元昊称帝,尽据河西地,是为西夏,都兴庆(今甘肃夏宁县治),历九帝,为蒙古成吉思汗所灭。

58. 西辽

国名,辽为金灭,其族耶律大石遁于中央亚细亚,称帝于虎思斡耳朵(今土耳其斯坦吹河畔),是为西辽,后为蒙古所灭。

59. 西南夷

在今四川西南部,云南、贵州以及安南、缅甸一带。战国时,楚将庄蹻辟地通滇(今昆明),乃建立滇国,汉武帝想平定南越,先后派唐蒙等前去劝其归降,滇和夜郎(今贵州桐梓县、石阡县一带)首先来归,南粤平定以后,即将其地设置犍为等郡,后明帝时又设立永昌郡。

60. 匈奴

其族称号因朝代及所居地而异,在商周时有鬼方,有獯鬻,有猃狁,春秋以后称为戎,继称为狄,直到战国以后才称为胡,为匈奴,是古代中国北方的一种游牧民族。

61. 合纵

一作"合从",就是苏秦主张六国攻守同盟以抗秦的攻策。

62. 百粤

也作"百越",秦汉间接浙、闽、赣、两广、安南等地的民族:大约在浙江的为于粤,在福建的为闽粤,在江西的为扬粤,在两广的为南粤,在安南的为骆粤。

63. 吐蕃

国名,今西藏地,本西羌属,唐太宗时,始通中国,天宝之乱以后,屡为唐边患,其势甚强,至元世祖时改称乌思藏,郡县其地。

64. 安息

我国汉代称帕提亚国之名,即今波斯地。

65. 交子

宋庆历年间,蜀人以铁钱太重,私自为券,名为"交子",后来寇瑊于益州创设交子务,这是中国用钞币的开始。

66. 回纥

国名,也称回鹘,突厥的别称。唐时代突厥而有内外蒙古,后并于蒙古;宋元时,据有天山南路;至于清代,称其地曰回疆。

67. 回教

宗教的一种,为阿剌伯人穆罕默德所创,隋炀帝大业中,由海道传入中国,至唐时又由回纥人传入,故称为"回教",自18世纪以来,势力渐衰。

68. 竹林七贤

晋时阮籍、嵇康、山涛、向秀、刘伶、王戎、阮咸七人,善饮酒,尚清谈,不守儒家的礼法,任性无饰,以有竹林之游,乃称为"竹林七贤"。

69. 州郡制度

汉初地方政府是郡国并行制,自"七国之乱"以后,国数越灭越少,郡数越增越多,"郡国制度",乃一变而为"州郡制度"。

70. 助法

殷代赋制,每人授田七十亩,除自己耕种外,还要帮助耕种公家的田,叫作"助法"。

71. 赤眉贼

王莽末年,琅琊樊崇起兵于山东,崇恐部众与莽兵混乱,皆朱其眉,以相识别,故称为"赤眉贼",后被汉光武将冯异所破,乃降。

72. 均田制

田制,北魏孝文帝所创。凡男夫十五以上,授"露田"四十亩,妇人二十亩,老免及身没则归田;又另给"桑田"三十亩,身终不还,听其买卖;别给"麻田"十亩,妇人五亩,依照还授的方法。北齐、隋唐仍沿用此制,略有增减。

73. 地方三级制

中国地方制度,从汉以后,大概都是"三级制"。唐分道、府州、县;宋分路、府州、县;元明清分省、府州、县。

74. 更戍法

宋为集兵权于中央,令禁军轮番戍守边城,使将官不得专兵,叫作"更戍法"。

75. 见钱关子

宋高宗造"见钱关子"付州官,叫商纳钱给军,执"关子"取钱及杂货茶盐钞引,后又改为"会子",通行南方,也以三年为限,到期将新换旧,但无偿本限期。

76. 羌

古时西方的一种游牧民族,亦称西羌,散居今甘肃、西南、青海、西藏等地,汉时当为边患,至晋而为"五胡乱华"之一。

77. 两汉

即西汉与东汉,或前汉与后汉。

78. 两晋

即西晋与东晋。

79. 两宋

即北宋与南宋。

80. 两税法

唐德宗建中元年(公元780年),杨炎创"两税法",即废计丁征税的办法,并免租庸杂役,令每户按贫富分夏秋两季纳税,这就是钱粮分"上忙""下忙"的起源。

81. 府兵

即征兵制度,寓兵于农,创于西魏,唐代沿用此制,按户抽丁,充当兵员,全国置六百二十四军府以管理之。

82. 东周

周室自平王东迁以至报王,都于洛邑,是为"东周"。

83. 东魏

北魏孝武帝被迫西奔后,高欢别立孝静帝,迁都于邺,是为东魏,东西魏以黄河为界。

84. 东南互保

(见第四编第61题)

85. 东印度公司

即17世纪初年,英、荷、法、丹、奥等国经营印度贸易设立的商业组织,后英国的东印度公司日渐膨胀,变商业主义为侵略主义,强占印度过半的领土,至1885年,英以印度归政府直辖,公司遂罢。

86. 东学党之乱

东学党创于朝鲜人崔福成,他们袭取儒家佛老的学说,转相衍授,以振兴东学为宗旨。光绪二十年(公元1894年),因官吏贪污,起而反对,以此引起"中日之战"(参看第四编第48题)。

87. 祆教

又名"拜火教",为波斯人琐罗斯德(Zoroaster)所创,以宇宙有喜神恶神,太阳与火是喜神的代表,故当崇拜。南北朝时已传入中国北部,唐贞观五年(公元631年)教徒何禄入朝,因建祆寺于长安。

88. 明治维新

公元1867年,日本明治天皇即位后,命幕府归还大政,派伊藤博文赴欧美考察,归而草纂宪法,成立国会,日本从此行君主立宪政治,并采取欧美实际科学及学术思想,国益强盛,是为"明治维新"。

89. 周召共和

周朝九传至厉王,暴虐无道,为国人所逐,政务由周定公、召穆公出来主持,故称为"周召共和"。

90. 庚子赔款

光绪二十六年(公元1900年),八国联军之役,清廷失败,订立和约,赔款四万万五千万两,这年干支为庚子,故称为"庚子赔款"。后来美国一部分的赔款首先退回,作为清华大学和留美学生费用的基金,德、奥因"欧战"失败,赔款取消,其他俄、法、英、意也先后退回赔款,只有日本的悬而未决。

91. 和亲政策

就是两国用通婚的方法讲和。汉高祖和汉文帝常用此种政策以羁縻匈奴。

92. 宗法制度

即"封建社会"财产继承的方法,各封建国的国君——诸侯——死后,他所受封于天子的爵禄,规定由他的嫡长子继承,其他庶子只能另给以土地,让他们独立自成一家,都称为"祢","祢"的财产又由各祢的嫡长子继承,这就是所谓"继祢者为小宗",由"小宗"推至"大宗",由"大宗"推至国君,更上推至天子,都层层相属,所以周朝也称为"宗周"。

93. 协定关税

即进出口货,由国家定出税率,令税关按照货值征收,此种税率由两国协同议定而不能任意更改的,叫作协定关税。我国协定关税,始于鸦片战争所订之《江宁条约》。

94. 杯酒释兵权

宋初石守信、王审琦以宿将掌领禁卫军,一日太祖晚朝会饮,授意石守信辞去兵权,以全君臣之义,第二天他们即托病求免去官职,称为"杯酒释兵权"。

95. 泉府

官名,负责平赊货的利息,平民要借钱,泉府就可轻息出借。

96. 红教

喇嘛教的旧教。(参看本编"喇嘛教"条)

97. 飞钱

起于唐德宗、宪宗时(公元8世纪末9世纪初),当时商人先将现款存入各道"进奏院"或各军各使的当家,自己便可轻身出门,到他地即可对券取款,实即汇兑的雏形。

98. 突厥

种族名,出自平凉杂胡,隋唐时,奄有漠北,后分为东西二部。唐乘其内乱,会同回纥灭之。明时,突厥别族之入亚细亚者,灭东罗马,建立土耳其国。

99. 洋务

鸦片战争以后,曾国藩、李鸿章等认定西洋各国武器的精良和机器工业的发达,为我国所不及,特派学生出洋学习。又在国内举办实业和交通,当时称为"洋务"。

100. 南宋

金人掳徽、钦二帝北去,高宗即位,迁都临安,是为南宋。

101. 南诏

国名,占地当现在的云南境,其先本来有六诏,蒙舍最南,号为南诏,五诏皆被其并吞。唐开元二十六年(公元738年)册蒙归义为云南王;天宝九年(公元750年)占有云南,荐号大蒙;贞元十年(公元794年),改国号南诏,后称大理国,为蒙古所灭。

102. 南北朝

东晋后,南北对峙,据有南方者,为宋、齐、梁、陈四朝,皆汉族,称为南朝,据有北方者为北魏,后来分为东魏、西魏。东魏为北齐所篡,西魏为北周所篡,北周又灭北齐,后魏、北周皆鲜卑族,北齐为汉族而同化于鲜卑,是为北朝。

103. 柔然

种族名,亦称蠕蠕、芮芮、茹茹,乃东胡的别种,后被突厥所灭。

104. 春秋时代

孔子作《春秋》,起自鲁隐公元年(公元前722年),止于鲁哀公十四年(公元前481年),为时二百二十二年,称为"春秋时代"。

105. 乌桓

部落名,东胡别种,散布于那河(今嫩江)区域,自称为乌丸国,曾为汉边患,东汉末年,被曹操所破,势乃衰。

106. 契丹

种族名,通古斯族之一,后魏时,称号契丹;后梁时,势力强大,据有今内外蒙古、东三省及河北北部之地;后晋时,改国号为辽,公元1125年,北宋约金灭辽。

107. 奚

种族名,属东胡种,元魏时自号库莫奚,隋唐时称奚,所居在今之热河之承德、滦平、丰宁、平泉诸县。

108. 班禅

西藏黄教的教主,地位次于达赖,是为班禅喇嘛,又号班禅额尔德尼,居于后藏日喀则城的札什伦布庙。

109. 连横

一作"连衡",就是张仪主张"六国"与秦联合,而反对苏秦的"合纵政策"。

110. 岛夷

言为海岛的夷人,为北朝诋毁南朝语。

111. 索虏

即南朝骂北朝语,北人以发为辫,故嘲为"索虏"。

112. 书院

书院之名,始于唐代,意即所谓"学府",宋时有白鹿洞、岳麓、应天府、嵩阳四大书院,著称于世。

113. 贡法

夏代赋制,每人授田五十亩,要完纳一定的粮饷,叫作"贡法"。

114. 哥老会

清时最著名的秘密会社,有三合会、哥老会、白莲教三派。三合会和哥老会发生于粤江流域而延及于长江流域,系明末不服满人统治的人所组织;哥老会成立于乾隆年间,后分为"红帮""青帮",迄今流行未衰。

115. 唐虞之世

唐,帝尧时代;虞,帝舜时代。相传当时治绩隆盛,人民安息无争端,为后世所不及,史称为"唐虞之世"。

116. 郡县制度

秦始皇废除封建,改设郡县,分全国为三十六郡(后增为四十八郡),郡下分县,是为"郡县制度"。

117. 郡国制度

汉初地方行政制度,参酌封建制与郡县制,即除封地以外,又设郡县,是为"郡国制度"。

118. 理学

一名"道学",是儒教与佛教思想的渗合,专研究宇宙和人生的道理,故称为"理学"。盛行于宋代。

119. 清谈

祖述老庄的学说,排斥孔孟的礼教,玩世不恭,专尚玄理空谈,谓之"清谈"。东汉时提倡气节,士人以不做官为高尚,已开清谈之端。至魏之何晏、王弼,晋之王衍而大盛,后进仿效,遂成风气。

120. 淮军

李鸿章模仿"湘军"的办法,招募皖北淮河附近人民,称为"淮军",先后参加太平天国平粤平捻诸役有功。

121. 捻匪

一称"捻党",初起于山东,农民在农间时捻纸烧油做龙戏,说能驱除瘟疫,凡参加的称为"拜捻",结对横行,扰乱于河南、山东、安徽之间,并与太平天国联合,声势甚大。后分为"东捻""西捻","东捻"为李鸿章所平,"西捻"为左宗棠所平。

122. 常平仓

常平仓的办法:当谷价便宜的时候,由公家提高价格去收买拢米;倘谷价昂贵,就将仓里的积谷减价贱卖出去。此制始于汉宣帝时,以后各代皆援例设置。

123. 黄老之术

道家祖黄帝老子,以清静无为为养生之道,故称为"黄老之术",汉室盛行。

124. 黄花岗七十二烈士

黄花岗在广州北白云山之麓,清宣统二年三月二十九日,革命同志在广州起事,因军队未联络就绪而失败。此役战死的同志,可以指明的有七十二人,后来都公葬于黄花岗,所以叫他们为黄花岗七十二烈士。

125. 单于

读如"蝉于",匈奴君王的称号,与我们所称的皇帝相同。

126. 湘军

当太平天国起来时,曾国藩奉命创办团练,保护湖南;后来招募乡勇出战,卒能平定大乱,称为"湘军"。

127. 达赖

西藏黄教之主,即达赖喇嘛,又称活佛,居于前藏拉萨城之布达拉庙。

128. 景教

宗教的一种,耶稣教的别派,系东罗马教徒聂斯脱留斯(Nestorius)所创,盛行于伊朗,唐太宗时教徒阿罗本携带经典来长安,乃传入中国。

129. 渴槃陀

即今新疆塔什库尔干,为葱岭正脊。唐时,中国通中亚、波斯、印度等地,分西南两路,西路以渴槃陀为中心。

130. 道教

道教本出于方士神仙之说,佛教传入中国以后,他们便采佛教的形式,附会老子为太上老君,创为"道教",首创者为东汉张陵。

131. 喇嘛教

佛教的一派,唐时从印度传入中国,西藏为信奉此教的中枢。分为新旧两派:旧教衣红,也称红教;新教衣黄,也称黄教,其开宗的二大弟子,为达赖喇嘛,与班禅额尔德尼,相传化身转世,轮回不已。

132. 新建军

为袁世凯所训练的,以防御义和团南下有功,就起而代替"湘军"

"淮军"的势力。

133. 靖康之变

公元1127年,金人攻陷汴京,执徽、钦二帝及后妃皇族等三千余人北归,北宋亡,时为钦宗靖康二年,故称"靖康之变"。

134. 节度使

唐代官兵,亦称"藩镇",睿宗时始置节度使,玄宗继于沿边设十节度使,委以兵马财政诸大权。(参看本编"藩镇"条)

135. 羯

种族名,为匈奴别部,晋时入居羯室(今山西逸州境)之地,因以为号,后为"五胡乱华"之一。

136. 绿营

就是绿旗兵,因其旗帜都是绿色。起于明代,清沿用之;分马兵、步兵、守兵三等,最高的将弁称为总兵,以下有副将、参将、游击、都司、守备、千总、把总等。

137. 彻法

周代赋制,一方面行井田制度,八家各耕种自己的百亩以外,又共同耕种公田,不另纳税,也就是殷的"助法";至土地不能平均割分的地方,仍用夏代的"贡法"。这叫作"彻法"。故"彻法"就是"贡法"与"助法"的渗合。

138. 摩尼教

宗教之一,起于波斯人摩尼(Mani),系根据祆教、景教、佛教等教义而成,唐初由回纥人传入。

139. 蕃坊

即宋时居留外国商人的地。

140. 枢密院

官署名,初设于唐太宗,掌表奏宣传的事情。五代唐庄宗且命宰相兼枢密使,其权益重。宋以枢密院专掌兵事,与尚书省分掌文武二柄,号为"二府"。

141. 翰林院

"翰林"即谓是文学之林,设"翰林院"则创始于唐初,职为内廷供奉,玄宗别置"学士院",遂兼翰林,侍置禁廷,专司制诰。明设"翰林院",任秘书著作的职务,清仍设立,内分掌院、学士、侍读、侍讲、修撰、编修、检讨、庶吉士等官。

142. 战国时代

从周威烈王二十三年(公元前403年)韩赵魏三家分晋,到秦始皇二十五年(公元前222年)统一六国,其间一百八十一年,各国战争不息,称为"战国时代"。

143. 鲜卑

种族名,东胡的支裔,散居于鲜卑山(今热河科尔沁右翼地)一带,因以为号。后汉末年最盛,晋时为"五胡乱华"之一。

144. 獯鬻

为北狄的一种,一名"猃狁"。周宣王时入寇,经尹吉甫讨平,按即秦汉时代的匈奴。

145. 彍骑

唐玄宗时,因"府兵"的破坏,另募"彍骑"以应用,后并入"北御禁军"。意即能挽强弓的马兵。

146. 鸿门之会

刘邦入咸阳后,陈兵函谷,被项羽攻破,羽兵四十万在鸿门,邦兵十万在霸上。籍定明日攻邦,谋泄,刘邦与张良轻骑来籍军中,籍设宴款待,欲因而杀之未果,是为"鸿门之会"。

147. 厘金

即立"厘金局"于各城市,凡经过货物,都按百分之一抽厘,创设于咸丰年间。

148. 禅让

尧禅位于舜,舜授帝位于禹,史称为"禅让"。按即选举政治。

149. 藩镇

唐初于重要的"州"置都督府,睿宗时置节度大使,玄宗时设十道,遣置节度使,以御外藩,掌握军政、民政、财政大权,是为"藩镇"。

150. 筹安会

即袁世凯预备称帝,先命杨度等组织的机关。

151. 谶纬

"谶",是假托隐语来预决吉凶的;"纬",是依托经义来说吉祥灾变的。"谶纬"之说,汉时非常流行。

索引

人名索引

（按汉语拼音排序）

A

阿保机　276,277
阿基米得　209
阿罗本　328
艾儒略　288
艾思奇　162
爱因斯坦　94,209
安敦　261
安禄山　271,315
安徒生（Andersson）　113
俺答　284

B

白居易　272
白克兰　200
班超　246,258
班固　262
褒姒　252
保志宁　46
毕达哥拉斯　209
毕昇　245
波利比乌斯（Polybius）　147
波列伊尔　114
伯夷　250,251
布鲁尔（Breuil）　114
步达生（Black）　114
步林（Bohlin）　113

C

蔡锷　304,305
蔡子民　95
蔡伦　245
蔡廷锴　43
蔡襄　278
蔡愔　261
蔡元培　195,199,303
曹操　191,193,228,263,267,325
曹锟　305
曹丕　261,263
曹汝霖　307
曹腾　263
曹雪芹　193,194,302
曹禺　113
策妄阿布坦　291
岑毓英　294,296
查嗣庭　290
察哈台　281
长谷部彦人　111
常璩　236
常遇春　282
晁错　145,258
陈霸先　268
陈独秀　316
陈蕃　260

陈和山 163
陈景琪 39
陈立夫 36
陈良 99
陈亮 278
陈铭恩 38
陈涉 146
陈胜 148,257
陈寿 225
陈维崧 302
陈序经 94
陈应新 162
陈友谅 282
谌志远 24,40
成吉思汗 279,318
程璧光 305
程颢 277
程邈 256
程孝刚 93,94
程颐 277
蚩尤 249
楚庄王 252
褚遂良 272
淳于越 229
慈禧 74,299
次丹基(Zdansky) 113
崔福成 322

D

达尔文 89,151,152
大卫·劳伦斯 87
戴名世 290

戴震 301
道生(Dawson) 115
邓初民 162
邓公玄 39
邓石如 302
邓中夏 185
帝喾 248,311
丁勉哉 24
丁日昌 219
董狐 89
董毓祥 46
董仲舒 93,146,262
窦觉苍 42
窦武 260
窦宪 260
杜甫 193,218,272
杜光庭 272
杜鲁门 120
杜如晦 269
杜威(Dewey) 120,127,136
杜文秀 294
段颎 261
段祺瑞 304,305

E

鄂尔泰 291
恩格斯 137,151,152,158,162,163,175,182,185,194,196,197,199,205-207,209,223,227,233

F

樊迟 148

樊崇　320
樊弘　140
范成大　278
范滂　102
范蔚宗　215
范文澜　164,170,230
范仲淹　276
方苞　302
方国珍　282
方腊　82
方孝孺　89
房玄龄　269
费柯(Giovanni Battista Vico)　121
丰臣秀吉　284
冯跋　266
冯道　245
冯道应　103
冯桂芬　231
冯国璋　305
冯玉祥　305
冯云山　294
冯子材　297
夫差　252
伏尔泰　78,90
伏生　316
伏羲氏　244,248
苻坚　265
苻健　266
傅启学　40,42,47
傅山　234
傅式说　27,28

G

噶尔丹　291
皋陶　250
高承元　44
高欢　316,318,322
高季兴　274
高力士　271
高攀龙　285
高洋　268,316
高则诚　282
哥白尼　89
哥伦布　125
歌德　205
耿继茂　289
耿精忠　289
公孙述　11,143
龚自珍　201
勾践　252
顾维钧　306
顾宪成　285
顾炎武　301
顾正红　308
管仲　146,148,149,253,254
光绪帝　101,299
桂王(朱由榔、永历)　285,286
鲧　249,250
郭沫若　55,170,226,230
郭钦　264
郭绍虞　138
郭泰　260
郭威　274
郭子仪　271

H

韩德勤 44
韩琦 276
韩全海 271
韩世忠 219,277
韩信 257
韩愈 101,144,199,272
韩锺琦 53
汉高祖(刘邦) 64,78,80,83,100,145,223,224,246,257,258,323,330
汉光武帝(刘秀) 143,144,246,260,261
汉和帝 261
汉桓帝 260,261
汉惠帝 260,262,264,283,284
汉景帝 224,258,316
汉灵帝 260
汉愍帝 265,318
汉明帝 258
汉文帝 316,323
汉武帝 93,95,145,146,193,246,258,259,314,319
汉宣帝 261,327
何禄 322
何明华 43
何绍基 302
何晏 267,327
何应钦 32
何纵炎 41,46
阖闾 252
赫连勃勃 265

黑格尔 147,205,207-209
洪承畴 289
洪秀全 78,199,201,202,293,294
忽必烈 279,280
胡林翼 294
胡绳 230
胡适 88,89,93-95,97,316
胡惟庸 283
胡中藻 290
华岗 162
华问渠 38
桓彦范 270
皇甫嵩 260
皇太极(清太宗) 289,290
黄巢 247,271
黄淬伯 50
黄帝(轩辕氏) 245,248,249,327
黄生 224
黄庭坚 278
黄文山 43,44
黄兴 231,303
黄炎培 29,40
黄子澄 283
黄宗羲 198,301
黄遵宪 201,237,302
惠栋 301
霍布士 198
霍去病 258,260

J

嵇康 320
吉卜(Gibb) 113

伽利略　209
贾宝玉　228
贾彪　260
贾后　264
贾谊　101,145,215
翦伯赞　117,125,165
江统　215,264
江问渔　29
江忠源　294
姜夔　278
蒋介石(蒋中正、蒋主席)　67,84,
　　131,161,188,309,310
焦敏之　163
桀　79,223,224,250,251
金福祥　30
金圣叹　90
金世宗　277
金通尹　26
晋怀帝　265,318
晋文公　252
晋武帝(司马炎)　264,318
沮渠蒙逊　265

K

康德(Kant)　136
康广仁　315
康熙帝(玄烨、清圣祖)　191,193,
　　221,222,226,246,289,290
康有为　101,171,195,197,199,
　　201,226,232,245,299,301,304
孔子　54,62,80,93,95,99–101,
　　108,136,146–148,171,174,199,

　　200,207,225,226,253,254,325
寇珹　319
寇准　275

L

来雷　53
蓝玉　283
老子　231,254,327
勒斐尔比斯特罗(Rafael Perestrello)
　　287
嫘祖　245
黎元洪　304,305
李白　193,272
李昪　274
李存勖　274
李达　163
李大钊　196,201,216,217
李德裕　271
李翺　266
李光弼　271
李鸿章　78,90,202,294,297,299,
　　324,327
李建成　318
李将军(李广)　150
李靖　270
李克　149
李克用　271
李烈钧　304
李青崖　24,34
李清　112
李清照　200
李森科　162

李斯　148,229,256
李雄　266
李秀成　201
李膺　260
李元昊　276,277,318
李元吉　318
李之藻　288
李卓吾　90,225
李自成　226,247,285,289
李勣　270
利玛窦（Matteo Ricci）　288
郦食其　223,224
连横　237
梁欧第　48
梁启超　171,191,195－197,199,
　201,217,231,238,299
梁园东　33
列昂节夫　164
列宁　78,87,125,163,164,175,207
林黛玉　228
林肯　125
林纾　302
林旭　315
林则徐　182,201,246,293
刘备　11,263
刘崇　274
刘聪　265
刘逢禄　301
刘福通　282
刘光第　315
刘光汉　117
刘含章　45

刘基　282
刘锦棠　295
刘坤一　300
刘伶　320
刘铭传　297
刘勰　214,233
刘歆　174
刘曜　265,318
刘隐　274
刘永福　296
刘裕　266,268
刘豫　276
刘渊　264,265
刘之协　294
刘知几　215,233,234
刘知远　274
柳公权　272
柳永　278
柳宗元（子厚）　215,272
卢梭　78,90,198
鲁哀公　325
鲁共王　316
鲁继曾　24,29,33,38
鲁迅　109,196,201
陆德音　38
陆机　215
陆贾　215
陆九渊　277,278
陆生枏　290
陆秀夫　277,280
陆游（放翁）　11,14,102,110,278
陆征祥　306

陆宗舆　307
路易十四　123
吕产　257
吕光　266
吕后　246,257
吕惠卿　276
吕留良　290
吕禄　257
吕振羽　164
吕祖谦　216
罗卜藏丹津亲王　291
罗如望　288
罗斯福　120
罗泽南　294

M

马哥孛罗(Marco Polo)　281
马克思　125,151,152,164,181,
　　193,206,209,210
马骕　248
马歇尔　67,86
马殷　274
马远　278
马占山　310
马宗荣　33,38,39,45
麦克阿瑟　67
毛礼祉　36
毛泽东　65,152,157,164,177,
　　179-181,183,184,187,188,191,
　　195,198,206,207,211,213,217,
　　226,233
梅贻琦　45

蒙哥　279,280
蒙归义　324
蒙恬　245
孟轲　101
孟泰尔　200
孟雪维克　87
孟知祥　274
孟子　54,55,74,107,148
米芾　278
米友仁　278
明成祖　246,283,284
明代宗(景帝)　284
明福王(朱由崧)　285
明思宗(崇祯)　289
明太祖　78,83,246,282,285,315
明武宗　222
明英宗　284
明治天皇　322
缪勒利尔　115
摩尼(Mani)　329
莫尔根　163
墨索里尼　123,127,131
墨子　108,231,254
慕容垂　266
慕容德　266
慕容凯　266
穆罕默德　320
穆斯　84,85

N

纳兰性德　302
南怀仁　288

年羹尧　291
聂绍经　17
聂斯脱留斯（Nestorius）　328
牛顿　94,209
牛僧孺　271
努尔哈赤　289

O

欧几里得　209
欧阳修　278
欧阳询　272
欧元怀（欧校长）　9,21-32,34-37,39-41,44,47,48,50-53

P

潘子农　39
盘庚　55
盘古　248
裴斐（Nathaniel Peffer）　67,84
裴文中　113,162
彭敬五　60
彭玉麟　294
平野及太郎　112
蒲松龄　302
普列汉诺夫　125,200
溥仪　79

Q

戚继光　246,284
齐桓公　149,252,253
齐泰　283
琦善　293

乞伏国仁　266
企渊　41
启　244,250
钱穆　274
钱穆　100
钱谦益　302
钱新之　23,24,47
乾隆帝（清高宗）　82,219,221,290,291
秦桧　219
秦穆公　252
秦始皇　100,148,150,191,193,229,244,255
秦孝公　101,253
丘吉尔　127
屈原　150,254
全祖望　301

R

任宗济　44
孺子婴（刘婴）　318
阮大铖　103
阮籍　108,267,320
阮咸　320

S

山涛　320
商鞅　101,245,253
尚可喜　289
尚之信　289
少康　250
邵家麟　24,29,38

邵雍 277
摄摩腾 261
申侯 252
申后 252
沈德潜 290
沈鸿烈 40
沈曾植 302
沈志远 164
沈子善 26
慎子 231
盛宣怀 303
什之 162
石达开 186,191,231,294
石敬瑭 274
石勒 265,318
石守信 323
史可法 102,285
史思明 271,315
释迦牟尼 261
叔孙通 100,145
术赤 281
顺治帝(清世祖) 290
舜 248,249,250,331
司马光 167,225,276
司马冏(齐王) 264
司马亮(汝南王) 264
司马伦(赵王) 264
司马迁 145–147,149,173,193,215,262
司马睿(琅琊王) 265
司马谈 145
司马玮(楚王) 264

司马相如 262
司马乂(长沙王) 264
司马颖(成都王) 264
司马颙(河间王) 264
司马越(东海王) 264
司徒大使(司徒雷登) 84
斯大林 87,120,162
宋高宗(赵构) 276,321,324
宋徽宗 276,324,329
宋教仁 303,304
宋钦帝 276,324,329
宋神宗 101
宋太祖(赵匡胤) 193,225,245,274,275
宋襄公 252
宋真宗 275
宋子 231
苏格拉底 89
苏秦 319,325
苏轼 193,278
苏希轼 11,15
隋文帝(杨坚) 244,245,269,312,316
隋炀帝 222,244,269,320
燧人氏 244,248
孙策 263
孙坚 263
孙亢曾 33,43,46,51,52,60
孙科 47
孙权 263
孙中山(孙文) 77,84,85,125,184,198,201,202,207,217,299,

303-305,309

琐罗斯德 322

T

邰爽秋 31,32

太公望 149

太甲 251

泰勒斯 208,209

谭嗣同 79,102,174,195,199,202,
299,315

汤 79,223,224,244,250,251

汤若望 288

唐高宗 270

唐高祖(李渊) 269,318

唐继尧 305

唐蒙 319

唐睿宗 329,331

唐太宗(李世民) 100,269,318,
319,330

唐王(朱聿锷) 285

唐玄宗(明皇) 246,270,271,315,
329,330

唐昭宗 271

唐中宗(李哲) 270

唐庄宗 330

陶大镛 164

陶希圣 45

陶行知 137

陶愚川 34

陶渊明 19,99,193

同治帝 74,75

秃发乌孤 266

W

瓦特 125

万斯同 301

汪傀儡(汪精卫) 37

王安石 101,245,275,276,278,279

王弼 267,327

王伯群(王校长) 22-24,26-28,
31-35,37,39-49,51

王成组 29

王夫之(船山) 198,216,301

王珪 269

王建 274

王郎 143

王莽 143,174,245,259-261,
318,320

王戎 320

王审琦 323

王审知 274

王实甫 282

王士祯 302

王世杰 23,24

王守仁(阳明) 286

王韬 237

王维 272

王文湘 46

王锡侯 290

王小波 82

王衍 327

王易今 163

王应麟 225

王裕凯 24,26,30,34,41,46

王毓祥(王副校长) 21,27,28,31,

46−48,50−53
王芸生　70
王正廷　42,47
王祉伟　24
韦昌辉　186,294
韦后　271
卫青　258,260
尾崎行雄　68
魏德迈　85,86
魏孝静帝　322
魏孝文帝　267,315,320
魏孝武帝　316,322
魏源　201,237
魏征　269
魏忠贤（阉魏）　103,285
文森　119
文天祥　102,277,285
闻一多　79
窝阔台　279,281
吴澄华　51
吴道安　38,39
吴道子　272
吴广　257
吴浩然　27,38
吴敬梓　194,302
吴黎平　164
吴梅村　103,302
吴南轩　23,24,26
吴佩孚　305
吴三桂　285,289
吴铁城　47
吴泽　163,164

吴泽霖　23,26,32,33,34,38,39
武则天　191,193,228,246,270,271

X

希特勒　123,127,131,141
夏元瑮（夏院长）　30,33,39,40,
　　46,48,49,50
向秀　320
项梁　257
项羽（籍）　146,257,330
萧朝贵　294
萧道成　268
萧何　257
萧衍　268
小吴（吴元麟）　60−63
小野妹子　273
谢济世　290
谢六逸　33,36,39
谢石　265
谢嗣升　42
谢玄　265
辛弃疾　278
邢夷　245
熊佛西　45,46
熊子容　26
徐悲鸿　43
徐达　282
徐光启　288
徐继畬　237
徐敬业　270
徐师曾　214
徐述夔　290

徐整 248
许世英 47
许行 99
许学明 60
旭烈兀 281
宣统 304
玄奘 271
薛暮桥 164
荀子 231

Y

严复 199,221,222
岩村崇 112
炎帝(神农氏) 244,248,249
颜元 301
颜真卿 272
晏殊 278
扬雄(扬子云) 103,262
阳玛诺 288
杨东尊 163
杨度 304
杨贵妃 271
杨国忠 271
杨涟 285
杨麟书 24
杨秋帆 41
杨锐 315
杨森 49
杨深秀 315
杨廷麟 285
杨行密 274
杨秀清 186,294

杨炎 321
杨幺 82
杨钟健 113
尧 248,249,331
姚苌 266
姚崇 270
姚鼐 302
耶律大石 318
叶启芳 162
叶适 278
伊藤博文 298,322
伊尹 251
益 250
尹吉甫 330
雍正帝(清世宗) 290
有巢氏 248
于谦 246,284
俞大猷 284
虞洽卿 47
虞允文 277
宇文化及 269
宇文觉 268,318
禹 249,250,331
喻任声 31
元顺帝 282
元稹 272
袁康 236
袁枚 302
袁世凯 79,161,172,202,304–306,328
辕固生 224
岳飞 182,218,219,246,277

岳钟琪　291
恽敬　302

Z

早川二郎　163
曾巩　278
曾国藩　78,90,201,202,220,294,299,302,324,328
曾国荃　294
曾纪泽　246,296
张邦昌　276
张鹤生　60
张衡　193,218,245,262
张柬之　270
张謇　190,191,196,197,201
张角　260
张九龄　270
张栗原　163
张良　257,330
张良娣　271
张陵　314,328
张洛行　294
张溥　216
张骞　246,258
张士诚　282
张廷休　43
张献忠　247,285
张勋　304,305
张仪　325
张钰哲　40
张载　277
张志韩　24,25
张志让　73
张仲实　163,164
张重华　266
张作霖　305,309
章太炎（炳麟）　117,167,184,191,195,199,201,220,231,303
章学诚（实斋）　172,216,233,234,237
章颐年　32,33,35
章友三　24
章宗祥　307
召穆公　323
赵昺　277,280
赵充国　261
赵高　256
赵过　262
赵深　35
郑板桥　193
郑成功　218,219,246,285,286
郑和　246,283,284
郑经　286
郑樵　237
郑玄　262
钟泰　44
周邦彦　278
周勃　257
周定公　323
周敦颐　277
周厉王　323
周平王　252
周文王　146,148,251
周武王（姬发）　79,223,224,

244,251
周宣王　330
周亚夫　258
周幽王　252
纣　79,223,224,251
朱家和　60
朱全忠　271,274
朱士嘉　237
朱舜水　286
朱熹　225,277,278
朱彝尊　302
朱元璋　80,282
朱执信　195

诸葛亮　193,218,219,245,263
竺法兰　261
颛顼　248
庄存与　301
庄蹻　319
庄廷鑨　290
子贡　148
子路　146
邹容　221,222
邹韬奋　164
祖冲之　218
左光斗　285
左宗棠　246,294,295,327

书名、报刊名索引

（按汉语拼音排序）

B

《北京人》 113
《辩证唯物主义与历史唯物主义》 162

C

《测量法义》 288
《春秋》 146,174,315,325
《从猿到人》 151,152,162

D

《大公报》 67,88,98,111,112,162
《大同书》 232
《大夏快讯》 48,49
《大夏周报》 27
《德国农民战争》 194
《帝国主义论》 164
《帝国主义与中国政治》 230
《东莱博议》 216
《读通鉴论》 216

E

《二十四史》 101
《贰臣传》 103

F

《法国志略》 237

《封建主义》 163
《浮士德》 205

G

《革命军》 221
《公羊传》 174
《共产党宣言》 137,158,164,178,182,183
《古代社会》 163
《古代社会史》 163
《古代史》 163
《古代世界史纲》 163
《关于诸国民一般天性的新科学原理》 121
《贵州苗夷歌谣》 42
《国家与革命》 163
《国史大纲》 100

H

《哈布斯杂志》 84
《海国图志》 237
《汉奸刽子手曾国藩》 170,230
《红楼梦》 194,302
《湖南省志》 237,238
《华阳国志》 11,236
《会真记》 272

J

《几何原本》 288
《家庭、私有制和国家的起源》 163,175
《甲申三百年祭》 170,227,230
《简明中国通史》 164
《教讯》 37

K

《康熙字典》 290
《困学纪闻》 225

L

《乐》 146,315
《离骚》 254
《礼记》 146,315
《历代史论》 216
《历史研究法补编》 238
《联共党史简明教程》 164
《聊斋志异》 302
《路易·波拿巴政变记》 185
《论国家》 163
《论语》 174

M

《马哥孛罗游记》 281,287
《矛盾论》 177,178,182,184,188
《美国新闻周刊》 87
《美学》 205
《孟子》 250
《苗胞影荟》 37
《明史》 290

N

《南山集》 290

P

《琵琶记》 282

Q

《乾坤体义》 288
《虬髯客传》 272

R

《人类是怎样长成的》 162
《人民日报》 177
《人怎样变成巨人》 162
《日本国志》 237
《儒林外史》 194,302

S

《三国志》 237
《三五历记》 248
《沙洲图经》 236
《尚书》(《书经》) 146,169,250,315,316
《尚书大传》 248
《社会斗争通史》 162
《社会发展简史》 162
《社会发展史纲》 162
《社会发展史讲授提纲》 162
《社会科学与实际社会》 164
《社会史简明教程》 162
《社会主义从空想到科学的发展》 164

《社会主义史》 164
《社会主义思想史》 164
《圣经》 114
《诗经》 146,169,315
《十批判书》 55
《十住经》 261
《史记》 145-150,223,224,229,248,317
《史通》 215-217
《世界文化史讲话》 163
《四库全书》 301
《四十二章经》 261
《宋论》 216

T

《台湾通史》 237
《通鉴纲目》 225
《通志》 237

W

《文史半月刊》 41
《文史通义》 216,217,233
《文心雕龙》 214
《物种起源》 151

X

《西厢记》 282
《先资本主义的社会经济形态》 163
《现象学》 205
《新大夏》 28-30
《新建设》 163
《新经济学大纲》 164

《新青年》 316
《新史论》 217
《新书》 215
《新语》 215
《星岛日报》 85
《学习》 162,163

Y

《易传》 146
《绎史》 248
《瀛环志略》 237
《越绝书》 236

Z

《昭明文选》 214
《哲学史》 205
《政治经济学》 164
《职方外纪》 288
《中国地方志综录》 237
《中国革命与中国共产党》 164
《中国历史简编》 164
《中国社会史纲》 164
《中国史纲》 117,165
《中国通史简编》 164
《中世世界史》 163
《周易》 315
《竹书纪年》 250
《资本论》 73,164
《资本主义》 164
《资治通鉴》 167,225
《自强》 44
《字贯》 290
《左传》 215